COFIO

I Margaret, Lowri a Leah,
ac er cof am Mam a 'Nhad

Cyhoeddwyd gan Wasg y Dref Wen,
28 Ffordd yr Eglwys,
Yr Eglwys Newydd, Caerdydd CF14 2EA
Ffôn 029 20617860

Argraffwyd ym Mhrydain.

Mae'r cyhoeddwr yn cydnabod cefnogaeth ariannol Cyngor Llyfrau Cymru.

COFIO PWY YDW I

Huw Ceredig

Testun gan Aled Islwyn

DREF WEN

Haf 2005

Colli Bawd

Fel garddwr fe ddylwn i fod wedi gwybod, mae'n debyg, mai'r unig le y gall dyn ddechrau palu yw wrth ei draed. Ond pan feddyliais i gyntaf am gasglu'r atgofion hyn ynghyd, doeddwn i heb rag-weld y byddwn i, yn llythrennol, yn dechrau gyda 'nhraed. Rhowch y bai ar *septicaemia* am hynny.

O edrych yn ôl, rown i'n gwybod ers misoedd 'mod i'n dost. Doedd fawr o flas ar bleserau arferol bywyd fel bwyd a diod. Ond do'n i ddim wedi sylweddoli pa mor dost o'n i mewn gwirionedd.

Un o'r brawddegau cofiadwy hynny sy'n ysgwyd dyn a wnaeth imi ddeffro i ddifrifoldeb pethau, ac arbenigwr y galon o'r enw Dr Ionescu a'i hynganodd. Es i a Margaret, y wraig, yn ôl i'w weld yn Ysbyty Treforys fis neu ddau ar ôl yr argyfwng, ac yng nghanol rhyw fân siarad dyma fi'n digwydd dweud bod yn ddrwg 'da fi gymryd cymaint o'i amser a finne'n gwybod dyn mor fishi oedd e. Y frawddeg anhygoel ges i'n ateb ganddo oedd, 'Good gracious me, Huw. I've brought you back from the brink. I'm going to see you through to the end.'

Edrych ar ein gilydd wnaeth Margaret a fi. 'From the brink?' dywedes i.

'Yes,' daeth yr ateb. 'When I first saw you, you probably had two or three weeks left to live.' Tipyn o siglad i rywun fel fi sydd wedi bod yn iach ar hyd ei oes.

Fe ddylwn i fod wedi cael y neges yn gynt. Yr hyn yrrodd fi at feddyg yn y lle cyntaf oedd gofid ynglŷn â 'nghalon. Rown i wedi bod yn teimlo'n llesg ers sbel a fedrwn i ddim cerdded mwy na hanner canllath cyn mynd yn fyr fy ngwynt. Cymerwyd fi i'r ysbyty ym Mhen-y-bont, ac yna i Ysbyty Treforys i gael ail farn. O fewn oriau i gyrraedd yno rown i wedi gweld Dr Ionescu ac fe ddywedodd e nad oedd e'n meddwl bod diffyg mawr ar y galon – dim ond fod y curiad yn araf ac y byddai angen *pacemaker* arna i. Ond, yn ffodus i mi, fe welodd e'n syth 'mod i'n ddyn sâl ac fe fynnodd e fod yn rhaid mynd at wraidd y broblem, a hynny ar frys.

Septicaemia oedd y dyfarniad. Mae'n debyg mai deillio o'r doluriau ar fy nhroed dde a wnaeth y gwenwyn. Gwnaethpwyd profion i asesu maint y difrod ac fe dda'th y llawfeddyg, Mr Woolgar, i 'ngweld i o fewn dim o dro. Dydd Sadwrn 23ain o Orffennaf oedd hynny. Dim ond cymryd un golwg wnaeth e cyn dweud y byddwn i yn y theatr drannoeth, ac fe sylweddolais innau nad oedd pethau'n edrych yn dda achos dyw llawdriniaethau ddim yn arferol ar ddydd Sul.

Dychwelodd Woolgar i 'ngweld i yn ddiweddarach y diwrnod hwnnw gan ddweud y bydde'n achub cymaint ag y gallai o'r bawd a gweddill y droed, ond na allai addo dim, am fod golwg reit gas arno.

Erbyn hyn rown i'n cachu brics. Doeddwn i erioed wedi bod mewn ysbyty o'r blaen – wel, rown i wedi bod unwaith, pan giciodd plismon fi a thorri tair asen mewn protest Cymdeithas yr Iaith yn Aberystwyth 'nôl yn y 60au, ond stori arall yw honno – ac roedd y profiad o orwedd yno'n disgwyl fy ffawd yn un hollol ddieithr i mi.

Y bore Sul hwnnw, cyn y llawdriniaeth, fe wnes i lefain yn dawel fach. Rown i'n becso am beth oedd yn mynd i ddigwydd yn y theatr y diwrnod hwnnw ... ac am beth oedd yn mynd i ddigwydd yn y dyfodol. Cyfuniad o ofn a gofid ac anwybodaeth, mae'n debyg. Fe gofiaf i nyrs wallt tywyll o Bontardawe ddal fy llaw i a sibrwd, 'Bydd popeth yn iawn. Bydd popeth yn iawn.' Allen i ddweud dim byd yn ôl wrthi, achos ro'n i yn fy nagrau go iawn erbyn hynny, ond fe hoffwn iddi wybod nad yw arwyddion bach o garedigrwydd fel'na byth yn mynd yn angof.

Cefais fy nghymryd i ystafell arall wedyn, lle ro'n nhw'n mynd i ffitio *pace-maker* dros dro ar gyfer y llawdriniaeth. Deg munud fyddwn i yno, meddai Ionescu, a'r bwriad oedd rhoi'r teclyn i mewn trwy wythïen yn y gwddw. Fe fues i yno am awr a chwarter, a hynny mewn poen difrifol. Doedden nhw ddim yn gallu dod o hyd i'r wythïen, yn ôl y sôn, a dyna lle rown i yn gorwedd ar fy ochr gyda'r meddyg a thair nyrs o'm cwmpas.

'Where else would you get the attention of three beautiful ladies?' gofynnodd Ionescu'n chwareus.

'Yes, but I can do bugger all about it!' atebais innau. Er cymaint rown i'n gwerthfawrogi ei ymdrech i godi 'nghalon i, rhaid dweud na chafodd e fawr o lwyddiant. Roedd y boen yn ddirdynnol a thrwy'r cyfan rwy'n cofio meddwl bod yn rhaid imi geisio cwato'r ofn a'r boen rown i'n eu teimlo.

Rown i eisoes wedi gweld yr anesthetydd ac roedd hi wedi penderfynu mai'r peth gorau fyddai imi beidio â chael anesthetig llawn. Y bwriad oedd rhoi jab imi yn fy nghefen fel na fyddwn i'n gallu teimlo dim o'r canol i lawr.

Yn yr *ante-room*, y tu allan i'r theatr, fe fuodd y fenyw yma'n gwthio nodwyddau i mewn i mi am chwarter awr nes yn y diwedd i mi fentro gofyn beth oedd y broblem.

'Eich esgyrn chi,' atebodd. 'Maen nhw'n rhy agos at ei gilydd – alla i ddim dod o hyd i'ch gwythienne chi.'

'Wel, bwrwch fi mas te,' medde fi.

'Mae'n flin 'da fi, ond bydd yn rhaid inni wneud hynny,' dywedodd hithau, fel petai'n disgwyl imi fod yn siomedig! A dyna'r peth olaf rwy'n ei gofio.

Cymerodd y llawdriniaeth rhwng dwy awr a hanner a theirawr, a phan ddeffrais i rown i heb y bawd a rhan helaeth o'r asgwrn y tu cefn iddo. Daeth Woolgar i 'ngweld i drannoeth ac ymddiheuro 'mod i wedi colli cymaint o'r droed. Bu'n rhaid iddo dreiddio'n reit ddwfn, mae'n debyg, am fod y gwenwyn wedi lledaenu mor bell.

Yr un cysur mawr imi trwy'r cyfan oedd fod Ionescu wedi gallu dyfarnu bod y galon yn iach, ar wahân i'r ffaith fod gen i'r curiad calon araf yma. Doedd dim o'r drwg wedi cyrraedd y galon nac wedi bod ar ei chyfyl erioed ac roedd hynny'n rhyddhad mawr.

Ar ward y galon fues i am wythnos ar ôl y llawdriniaeth a does 'da fi ddim ond canmoliaeth i'r gofal dwys a gefais i yno, gan staff ymroddedig iawn.

Dyw hynny ddim yn golygu nad oedd e'n gyfnod anodd ar lawer cyfrif. Colli preifatrwydd a'r gallu i wneud popeth drosoch eich hun yw'r sioc fwyaf i'r system, mae'n debyg. Fe fedrwn i fynd fy hun i'r tŷ bach gyda chymorth cadair olwyn, diolch i'r drefn, ond stori arall oedd ymolchi. Doedd fiw imi fynd i gawod neu fath a rhaid oedd gwneud y gorau ohoni yn ymolch fy hunan ar dywel ar ben y gwely.

Un diwrnod daeth nyrs ata i gan ddweud, 'Co be sda fi!'

Yr hyn oedd ganddi oedd cap, tebyg i gap cawod, gyda siampŵ ynddo'n barod. Doedd dim angen dŵr. Y cyfan nath hi oedd ei roi mewn meicrodon am ugain eiliad ac yna ei roi am fy mhen. Wrth rwbio a rhwbio, roedd y cap yn wyrthiol yn golchi'r gwallt. Gan 'mod i heb olchi 'ngwallt ers deng niwrnod a mwy, rown i'n ystyried hyn yn dipyn o fendith i ddechrau. Ond yna, pwy gerddodd i mewn yng nghanol yr orchwyl ond Ionescu.

Dyma hwnnw'n dechrau chwerthin, gan ddweud, 'I've never seen anything like that in my life!'

'Well, that's what comes of being a star,' meddwn i.

'So it seems!' meddai yntau. 'Remind me never to be a star.'

Pan o'n i wedi gwella digon, daeth yn amser symud o ward y galon. Byddech yn disgwyl bod hynny'n newyddion da – ac mi oedd, wrth gwrs. Rown i'n falch iawn o fod fymryn yn well, ond doeddwn i ddim yn sylweddoli wrth adael gofal a chwmnïaeth ward y galon nad oedd yr ymdeimlad o anobaith a diflastod oedd wedi dod drosta i wedi cyrraedd ei anterth eto. Ar lawer cyfri, roedd y gwaetha drosodd – ond ar sawl cyfri arall, roedd y gwaetha eto i ddod.

Ward R

Yng nghanol y nos y symudwyd fi lan i Ward R, a chefais fy rhoi mewn ystafell o chwe gwely. Doedd neb yno o dan 82 oed, ac roedd tri ohonyn nhw'n *incontinent*. Bu bron i mi dorri 'nghalon, ond dyna lle'r oedd y gwely gwag ac felly dyna lle ges i fy rhoi.

Wrth ymyl fy ngwely i roedd y bin lle roedden nhw'n rhoi'r dillad gwely wedi eu trochi. Fe allwch chi ddychmygu bod y gwynt yn ofnadwy a dyma wneud cwyn swyddogol am y sefyllfa. Ymhen hir a hwyr daeth y rheolwraig 'ma i 'ngweld i a gofyn, '*What seems to be the trouble?*'

'You get into this bed after what I've gone through and live with that bloody smell all day,' meddwn i wrthi. 'Then you'll soon find out what seems to be the trouble.'

Fe gafodd hi damed bach o sioc fod rhywun wedi meiddio dweud ei feddwl wrthi mor ddiflewyn-ar-dafod. Ac fe ddywedais i ymhellach y byddai'r cyfan yn mynd yn yr adroddiad rown i'n mynd i'w baratoi i'w gyflwyno i Mr Hugh Thomas, Cadeirydd Ymddiriedolaeth Iechyd Abertawe ar y pryd. Rwy'n nabod Hugh ers deng mlynedd ar hugain a mwy ac roedd wedi bod yn fy ngweld ddiwrnod neu ddau ynghynt.

Pan sylweddololodd y fenyw 'mod i wir yn nabod Hugh, newidiodd ei hwyneb yn llwyr. O fewn hanner awr roedd y bin wedi mynd, a phob rhyw dridiau ar ôl hynny fe fyddai rhywun yn dod i 'ngweld i a gofyn a oedd popeth yn iawn. Finne'n ateb bob tro fod popeth ymhell o fod yn iawn, ond y bydde'r cyfan yn fy adroddiad i!

Wrth gwrs, o fewn deuddydd neu dri rown i wedi deall yn iawn nad oedd pwynt imi wrthryfela yn erbyn y drefn. Hyd yn oed petawn i wedi mynnu cael fy symud i ward arall, dim ond cyfnewid hon am un gyffelyb fyddwn i.

Roedd y broses o ddysgu dygymod â threfn yr ysbyty yn un feddyliol a chorfforol. Os oeddwn i'n gorfod bodloni ar y ffaith mai yno ar y ward ryfedd honno y byddwn i am sbel, rown i hefyd yn gorfod bodloni ar golli llawer o'r disgwyliadau a'r breintiau rown i wedi eu cymryd yn ganiataol gydol fy oes. O reidrwydd, bron, y mae'r profiad o fod yn gaeth i ysbyty am gyfnod yn un sy'n diraddio ac yn dwyn hunan-barch dyn. Fe ges i'r teimlad fod y cyfan yn gweithio i ysgogi iselder, ac mae'n anodd gen i gredu y gallai neb fynd trwy'r hyn es i drwyddo heb gael ei lethu gan iselder ar adegau. Fe fu adeg neu ddwy yn ystod hyn i gyd pan na fedrwn i wneud dim byd ond llefen. Doedd dim diwedd i ddim. Doedd neb yn dweud wrtha i pryd gawn i fynd adref. Doedd neb yn dweud pryd y medrwn i gerdded eto. Doedd neb yn dweud dim. Dim ond rhoi bwyd a moddion imi a gwneud yr hyn yr oedden nhw'n cael eu talu i'w wneud.

Gwaeth na'r cyfan oedd y gwmnïaeth ar y ward. Rown i'n crefu am sgwrs, am rywrai i rannu'r amser gyda nhw, ond y gwir plaen oedd na fedrai'r pump oedd yn rhannu'r ystafell 'da fi gynnal sgwrs am nad oedd ganddyn nhw ddigon o anadl i siarad am fwy na dwy funud. Ar fy ail noson yno fe ddechreuodd y creadur yn y gwely gyferbyn â fi ganu 'We'll Keep a Welcome in the Hillside'. Fe ganodd ac fe ganodd ac yn y diwedd fe alwais i ar y nyrs a dweud wrthi, 'Tell him to shut up, for God's sake!' Ond alle hi ddim, medde hi, gan mai canu yn ei gwsg oedd y truan.

O fewn diwrnod neu ddau o fod yno roedd fy edmygedd i o nyrsys wedi codi i'r entrychion. Fe fuon nhw'n garedig iawn â mi, gan ganiatáu imi fynd at y ffôn bob awr o'r dydd, er enghraifft. Un noson fe ffoniodd Chris Needs o'i raglen ar Radio Wales a dyna lle rown i'n siarad ag e'n fyw ar y radio am hanner awr wedi un ar ddeg y nos.

Bore trannoeth fe droiodd e lan ar y ward. Roedd y dynion lawr llawr wrth y fynedfa wedi trio ei atal, achos roedd hi ymhell cyn yr amser ymweld swyddogol.

'I'm Chris Needs and I want to see my good friend, Huw Ceredig,' meddai yntau. Roedden nhw i gyd yn i 'nabod e ac mae'n amlwg fod y frawddeg wedi gwneud y tric.

Fuodd e ddim gyda fi'n hir, ond roedd hi'n dda 'i weld e. Dyn dawnus iawn yw Chris; mae'n ganwr ac yn bianydd talentog. Tipyn o gymeriad, ac un rwy'n hoff iawn ohono.

Trwy lwc, dim ond un o nifer fawr o ymwelwyr oedd Chris. Dyna'r un peth a'm cadwodd i fynd drwy'r cyfnod ar Ward R oedd yr ymwelwyr dirifedi a gefais. Roedden nhw'n cyrraedd bob awr o'r dydd a, chwarae teg i Chris Needs, rhaid fod ei daerineb e wedi gadael ei ôl, achos ni wrthodwyd mynediad i neb ar unrhyw adeg, er bod yna oriau ymweld swyddogol i fod.

Roedd gweld cyd-weithwyr fel Sue Roderick yn sicr yn codi 'nghalon i. Un prynhawn fe ddaeth Ems bach, Meic Povey a Sbardun Huws draw gyda'i gilydd – codi chwerthin a chodi ysbryd, a diolch amdanyn nhw ddyweda i.

Y drafferth yw nad oes dim i'w wneud mewn ysbyty ond cysgu a hel meddyliau. Roedd gen i *Zimmer frame* – a ailfedyddiwyd yn 'ffon olwynion Tad-cu' gan fy ŵyr, Siôn Huw – ond doedd honno fawr o gysur imi gan na allwn i fynd i unman!

Ar wahân i fwynhau'r gwmnïaeth, rheswm arall dros werthfawrogi'r ymweliadau ges i gan deulu a ffrindiau oedd y ffaith eu bod nhw'n dod â bwyd imi y gallwn i ei fwyta a'i fwynhau. Fe fethais Eisteddfod 2005 – y Brifwyl gyntaf imi ei methu ers 40 mlynedd. Rown i'n dilyn y cyfan gorau allwn i ar y radio bach, ond roedd hi'n amhosibl dilyn dim ar y teledu ar y ward.

Yn anffodus, doedd fawr o flas ar ddim yn yr oriau duon hynny ar Ward R. Mewn sawl ffordd, roedd y cyfnod hwnnw'n fath o ddiwedd. Rown i'n teimlo bod popeth ar ben. Ond ar yr un pryd, roedd e hefyd yn ddechreuad. Fel babi, rown i'n gwybod y byddai'r dydd yn dod pan fyddai'n rhaid imi ailddysgu beth oedd cydbwysedd a phan gawn i ddysgu shwt i gerdded drachefn.

Do, fe gefais amser i ailasesu. I asesu'r gorffennol ac i asesu'r dyfodol. Meddwl yn ôl dros yr hyn rown i wedi ei gyflawni a'r hyn nad oeddwn i wedi ei gyflawni. Y pethau rown i'n falch ohonyn nhw a'r rhai rown i'n eu difaru. Trwy'r cyfan, roedd gobaith yn dod o rywle. Gobaith y byddwn i'n gweithio eto; yn bwrw iddi i ysgrifennu mwy yn y dyfodol; yn cael gweld Siôn Huw a'i chwaer fach, Elin Mai, yn tyfu; yn cael teithio mwy a mwynhau cwmnïaeth cyfeillion.

Hyd yn oed wrth bendroni felly, doedd dim modd osgoi'r hyn oedd yn digwydd o 'nghwmpas i ar y ward. Am ddeuddydd ar ôl cyrraedd yno fe fues i'n diawlio'r criw diymadferth. Yn eu diawlio nhw am fod mor dawedog, mor hen ac mor ddiobaith. Ond buan iawn y sylweddolais y gallwn i yn hawdd iawn fod yn un o'r rhai hynny, ac yn sydyn, roedd yn rhaid imi newid fy agwedd. Er mor amhosibl, fel y dywedais i, oedd cynnal sgwrs gall gyda neb, dyma ddechrau gwenu arnyn nhw – a chyda syndod, cael gwên yn ôl gan ambell un.

Clefyd y Siwgwr

Rwy'n dioddef o glefyd y siwgwr ers rhai blynyddoedd a dyna, mae'n debyg, oedd dechrau'r diwedd i'r bawd colledig.

Clefyd uffernol yw e, un difrifol iawn os nad yw e'n cael sylw a gofal. Yr effeithiau a'r sgil effeithiau yw'r felltith fwyaf, a'r traed a'r llygaid yw'r ddau fan sy'n galw am ofal arbennig. Ches i erioed ofid o fath yn y byd gyda'r droed chwith, ond roedd yr un dde yn dueddol o chwyddo ac roedd briwiau'n dod ac yn mynd drachefn arni'n lled gyson.

Maen nhw'n dweud bod clefyd y siwgwr yn rhywbeth etifeddol, ac yn fy nheulu i mae ei gysondeb gyda'r cyntafanedig yn rhyfeddol. Roedd hen daid y Cilie, Jeremeia, yn marw o glefyd y siwgwr yn ei bedwardegau, ac yntau'n dad i ryw ddeuddeg o blant. Yna, yr hyna o fois y Cilie, wrth gwrs, oedd fy nhad-cu i, Fred Jones Talybont, a hyd y gwyddon ni fe oedd yr unig ddyn o'r genhedlaeth honno i ddioddef o glefyd y siwgwr. Yr hynaf o'r genhedlaeth nesaf oedd fy nhad, Gerallt, a do, fe gafodd e fe – eto, yr unig un o'r bechgyn i ddioddef ohono. Ac yn awr, wrth gwrs, wele fi yn cael y fraint amheus o gario'r traddodiad teuluol hwn yn ei flaen.

Mater o lwc, yn aml, yw darganfod a yw'r clefyd arnoch chi ai peidio. Yn sicr, mater o lwc oedd iddyn nhw ddarganfod ei fod e arna i.

Mynd i weld y doctor am rywbeth cwbl ddiniwed wnes i. Chofia i ddim beth yn union nawr – dyna pa mor ddiniwed oedd e. Ond, yn rhan o'r gofyn, fe gymeron nhw sampl o ddŵr. Rown i hanner ffordd i lawr y dreif o'r syrjeri pan alwon nhw fi'n ôl.

Roedden nhw wedi gwneud y prawf ar y dŵr yn y fan a'r lle, a dyna ni, roedd y ddedfryd wedi ei rhoi. Yn hanner cant oed, rown i wedi cael fy atgoffa o'r newydd 'mod i yn llinach fy nhad, fy nhad-cu a'm hen dad-cu. Tipyn o ergyd ar y pryd, ond un na wnes i ei chymryd ddigon o ddifri ar y dechrau.

Yna, rhyw chwe mlynedd yn ôl, fe wnes i ymdrech i fod yn fwy llym wrthyf fy hunan. Rown i wedi dechrau cael problemau gyda fy llygaid – a dyna hefyd pryd y dechreuodd gofidiau'r droed dde. Yr adeg honno oedd y tro cyntaf ers imi droi'n berfformiwr proffesiynol imi golli diwrnodau o'r gwaith. Fe gollais i wythnos o *Bobol y Cwm* am fod *gangrene* ar ddau o fodiau 'nhroed, a'r dewis oedd gorffwys neu eu colli nhw.

O ganlyniad i ddigwyddiadau go ryfedd y darganfuwyd y *gangrene.* Roedd ffrind agos imi o'r enw John Dalton wedi trefnu i Margaret a minnau fynd i weld gêm y Barbariaid a'r All Blacks fel gwesteion iddo. Daeth bws mini at y tŷ i'n casglu. Gan fod y droed wedi bod yn dolurio ers rhai dyddiau ac wedi troi'n ddu gan yr hyn dybiais i oedd clais, rown i'n hercio wrth gamu i lawr y dreif at y cerbyd, ac yn naturiol fe ofynnodd John beth oedd yn bod. Aeth yn sgwrs rhyngom am y ffaith fod clefyd y siwgwr arna i. A dyna a fu.

Ond ar y ffordd 'nôl ar ôl y gêm, dyma'r gyrrwr yn troi ata i a dweud, 'I hope you don't mind, but I couldn't help overhearing your conversation earlier – and I've phoned my mother-in-law.'

Fy nghwestiwn naturiol wedyn oedd, 'Who's your mother-in-law?'

Fe drodd mas mai Pam, *sister* yn y Ganolfan Ddeiabetic ym Mhen-y-bont, oedd hi. Rown i'n gyfarwydd â hi, er nad o'n i bryd hynny'n mynychu'r lle mor aml ag y dylwn i. Yn bwysicach na hynny oedd y ffaith ei bod hi yn gyfarwydd â fi.

Roedd wedi rhoi gorchymyn 'mod i i fod yn y clinig erbyn 8.15 fore dydd Llun. Er imi brotestio bod gen i *make-up call* yn y BBC yng Nghaerdydd am 9, bu'n rhaid ufuddhau. Rown i'n dal i brotestio pan gyrhaeddais yno, a chwarae teg iddi, fe drefnodd Pam 'mod i'n gweld yr arbenigwr, Mr Blaney, y foment y daeth i mewn drwy'r drws, er nad oedd gen i apwyntiad i'w weld wrth gwrs.

Un golwg gymerodd e ar y droed cyn fy nadrithio nad clais oedd y düwch o gwbl, ond rhywbeth llawer mwy sinistr.

Bu'n rhaid imi ufuddhau i'w orchmynion yn syth – hyd yn oed er bod hynny'n golygu colli gwaith – ac fe ddywedodd wrthyf wedyn y byddwn i wedi colli bysedd y droed i gyd petawn i heb orffwys.

Er imi wella o hynny, does dim dwywaith bellach nad o'r pothelli a'r briwiau hynny y dechreuodd y *septicaemia* bwmpio drwy 'nghorff. Aeth chwydd y droed a'r ffêr byth i lawr yn llwyr ar ôl hynny.

Ers colli'r bawd bu'r newid byd arna i'n ddramatig o ran ffordd o fyw ac arferion oes. Mae'n debyg mai'r gwahaniaeth mwya trawiadol oedd y ffaith imi beidio ag yfed am dros chwe mis. Dim diferyn. Tipyn o record gan 'mod i'n yfed yn gyson ers pan own i'n ifanc iawn.

Alla i ddim â dweud bod y cyfnod dirwestol hwnnw yn fy hanes i wedi bod yn un anodd. Fe gafwyd newidiadau, wrth gwrs. Fe fu gwahaniaeth yn fy mhwysau i, er enghraifft. A gwahaniaeth yn y ffordd rown i'n ymddwyn, rwy'n siŵr. Ond alla i ddim â dweud 'mod i'n gweld gwahaniaeth ynof i'n hunan. Yfwr cymdeithasol fûm i erioed.

Chwe blynedd yn ôl, pan achubwyd fi rhag colli bysedd fy nhroed gan ymyrraeth mab-yng-nghyfraith Pam yn y Ganolfan Ddeiabetic, fe ddywedodd Mr Blaney wrthyf y dylwn i fod wedi bod ar insiwlin ers blynyddoedd. Doeddwn i ddim wedi bod tan hynny – dim ond ar dabledi.

Ar ôl dechrau cymryd insiwlin fe welais i welliant ar sawl agwedd ar fy iechyd i. Rown i'n bwyta'n well ac yn teimlo'n well ynof i fy hun. Mae 'nyled i'n fawr i'r adran arbenigol ar glefyd y siwgwr ym Mhen-y-bont, y Ganolfan Ddeiabetic. Fe wnaethon nhw lawer o gymwynasau drosta i er mwyn hwyluso amserlenni gwaith ac ati ac rwy'n ystyried bod eu gofal nhw'n rhagorol.

Ddwywaith y dydd y bydda i'n chwistrellu insiwlin, ac rwy wedi gorfod dysgu ei wneud e ym mhob man – mewn tai bach ac ati, lle bynnag sy'n gyfleus yn ôl y galw. Amser anodd oedd dysgu dygymod â gwneud hyn. Yn un peth, rown i wastad wedi bod ag ofn nodwyddau. Trwy lwc, rhai gweddol fyr yw'r rhai sydd eu hangen i chwistrellu insiwlin.

Yn gymdeithasol, y peth mwya lletchwith am fod yn ddeiabetic yw'r angen am fwyd yn gyson. Mae mynd heb fwyd am fwy na hyn a hyn o amser yn gallu arwain at broblemau difrifol. O fewn hanner awr i chwistrellu, er enghraifft, rhaid rhoi bwyd yn y cylla. Dyna'r drefn. Felly, rwy wedi dod i'r arfer o gario rhywbeth bach i'w fwyta gyda fi pan fydda i'n mynd i rywle a heb fod yn siŵr iawn beth fydd y trefniadau o ran arlwyo. Y pecyn bach o fwyd yw fy fersiwn i o *be prepared*!

Y perygl mawr o beidio cael bwyd mewn pryd yw diodde'r hyn maen nhw'n alw'n *hypo* – lle mae'r pen yn troi a chithau'n colli rheolaeth arnoch eich hunan. Unwaith yn unig rwy wedi diodde'r fath beth, a gwaetha'r modd fe ddigwyddodd hynny ar adeg anffodus iawn.

Newydd ddod adre o'r ysbyty oedd Margaret ar ôl cael llawdriniaeth go hegr ei hun. Yn ei gwely lan llofft oedd hi, yn methu symud, a finnau yn y gegin yn paratoi bwyd. Yn sydyn reit rown i'n teimlo 'mreichiau'n dechrau colli eu grym. Fe es i eistedd lawr ac o fewn chwarter awr roedd y chwys yn rhedeg i lawr fy nghoesau. Crys gweddol drwchus, llewys hir oedd amdana i ac roedd hwnnw'n wlyb diferol.

Fe allwn i glywed Margaret yn gweiddi o'r llofft, yn meddwl ble o'n i – roedd hi eisiau dŵr neu rywbeth – a finne ddim yn gallu ymateb. Fedrwn i ddweud yr un gair. Ac, wrth gwrs, rown i'n gallu clywed y bwyd yn berwi dros y lle yn y gegin.

O'r diwedd fe lwyddais i dynnu fy hun oddi ar y gadair yn y lolfa a chropian lan llofft ar fy nghwrcwd. Pan welodd Margaret fi fe gafodd fraw. Trwy lwc, mae cymdoges i ni yn nyrs yn y feddygfa ac fe ffoniodd Margaret honno i ofyn iddi alw.

Fe wnaeth, chwarae teg iddi, a phan gymerodd hi fesur o'r siwgwr yn fy ngwaed i doedd e ddim yn cofrestru o gwbl, roedd y lefel mor isel.

Yng nghanol prysurdeb y dydd rown i wedi anghofio bwyta fel y dylwn i – ac, yn amlwg, erbyn imi fynd i baratoi'r swper 'na roedd hi'n rhy hwyr. Ar ôl cael tafell o dost i ddechrau, ac yna bryd mwy sylweddol rhyw awr yn ddiweddarach, fe ddes i mas ohoni. Ond fe dynges i lw i mi fy hunan bryd hynny na wnawn i byth adael i'r fath beth ddigwydd imi eto.

Dyw dyn nad yw erioed wedi bod yn dost byth yn mynd i sylweddoli pa mor bwysig yw cael ysbytai a bod yn rhan o gymdeithas lle mae gofal ar gael. Yn siŵr i chi, do'n i ddim wedi gwerthfawrogi fy iechyd da, er i mi ddymuno llawer iawn ohono i bobl eraill.

Alla i byth ddweud 'mod i'n gwerthfawrogi cyfnod y salwch – ac eto, rwy eisoes yn ei werthfawrogi mewn ffordd o siarad, oherwydd wedi'r cyfan, fe achubon nhw 'mywyd i. Mae'n saff dweud bod haf 2005 yn un na wna i byth mo'i anghofio – wedi'r cyfan, dyna'r haf pan fues i jest â marw.

25 Tachwedd 2005

Pam mae'r dyddiad hwn yn haeddu pennawd iddo'i hun? Am taw dyma'r diwrnod yr es i'n ôl i weithio ar ôl ailddysgu cerdded. Rown i wedi derbyn rhan Capten Perkins yn y pantomeim *Robinson Crusoe* cyn mynd yn sâl, a thrwy gydol y misoedd o dostrwydd fe gadwes i'r dyddiad yna'n flaenllaw yn fy meddwl, fel goleuni ym mhen draw'r twnnel.

Dyna a 'nghadwodd i i fynd trwy rai o oriau duaf fy mywyd. Rown i'n benderfynol y byddwn i'n camu allan ar y llwyfan yna yn Theatr Brycheiniog, Aberhonddu, ar y noson gyntaf, ac mae'n anodd disgrifio'r teimlad o ryddhad ges i pan lwyddais i i wireddu hynny. Nid bod yn ôl ar fy nhraed ac yn gweithio yn unig oedd sail y wefr. Rown i hefyd yn ôl ar lwyfan ar ôl degawd o waith teledu a ffilm, a phrofiad rhyfedd iawn oedd wynebu cynulleidfa fyw drachefn.

Cwmni cynhyrchu Owen Money oedd yn gyfrifol am y sioe, ac fe deithion ni i Aberdâr, y Coed Duon, Caerfyrddin, Port Talbot a Chwmbrân. Llinos Thomas oedd yn chwarae rhan Polly, merch Capten Perkins, yn y sioe, a dyna wefr arall oedd cael cymaint o'r dawnswyr ifanc yn dod atom wrth ein clywed ni'n dau'n siarad Cymraeg â'n gilydd i ddweud, 'Fi'n siarad Cymrâg hefyd, chi'n gwbod.' Plant o ysgolion dawns lleol fydde'n ymuno â ni yn y gwahanol leoliadau, ac yn Aberdâr roedd eu tri chwarter nhw'n siarad yr iaith. Stori debyg oedd hi ym mhobman, oedd yn galonogol iawn. Rown i'n teimlo bod yr iaith – fel finnau – 'nôl ar ei thraed!

Plentyndod ac Addysg

Cofia Pwy Wyt Ti

'Cofia pwy wyt ti' yw un o'r brawddegau mawr hynny sydd wedi aros gyda fi gydol fy oes.

Pan ddywedodd fy nhad, y noson cyn imi fynd i Goleg y Drindod, Caerfyrddin, 'nôl yn 1960, ei fod e moyn gair 'da fi, fe dybiais i 'mod i'n mynd i gael y bregeth y bydd tadau fel arfer yn ei rhoi i'w plant cyn iddyn nhw adael y nyth. Mewn gwirionedd, fe wyddai 'Nhad yn barod mor ofer fyddai hynny yn fy achos i. Byrdwn ei neges e'r noson honno oedd 'Cofia pwy wyt ti', ac mae'n rhaid fod ei eiriau wedi treiddio'n ddwfn i rywle. Dw i ddim yn meddwl i 'Nhad gredu y byddwn i'n dal i allu eu hadrodd ar fy nghof hanner canrif yn ddiweddarach.

'Dw i ddim yn mynd i weud wrthot ti i beidio â smocio, achos wy'n gwybod dy fod ti … dw i ddim yn mynd i weud wrthot ti i beidio ag yfed, achos wy'n gwybod dy fod ti, ac yn sicr ddigon dw i ddim yn mynd i weud wrthot ti i beidio â mercheta, achos wy'n gwbod yn well na hynny o'r hanner! Dim ond i ti gofio pwy wyt ti, Huw … jest cofia pwy wyt ti …'

Wnes i ddim sylweddoli y byddai'r rheini'n eiriau mor allweddol, ond roedden nhw'n cwmpasu'r cyfan rywsut, ac maen nhw'n sicr wedi bod yn ysbrydoliaeth wrth i mi fynd ati i gasglu'r atgofion hyn ynghyd.

Brynaman

Pentref Brynaman wrth odre'r Mynydd Du, lan ar y bryniau rhwng Rhydaman a Phontardawe, oedd dechrau'r daith i mi. Dyna lle'r oedd fy nhad yn weinidog ar Gibea, capel yr Annibynwyr, adeg fy ngeni, ac rwy'n llwyr sylweddoli mor ffodus o'n i o gael fy magu mewn pentref oedd yn ferw o ddiwylliant o bob math yn ôl yn y pedwardegau a'r pumdegau pan oeddwn i ar fy mhrifiant. Magwyd beirdd a llenorion, gwleidyddion a chantorion, dramodwyr a chwaraewyr rygbi o fri yno. Roedd hi'n gymdeithas gyfoethog iawn i gael fy ngeni iddi.

Gerallt ac Elizabeth Jones oedd fy rhieni, a fi yw'r hynaf o'r pedwar mab a anwyd iddyn nhw. Ydw, rwy'n un o bedwar o fois. Rhannu cartre 'da llond tŷ o fenywod wnes i wedyn, ond rhannu aelwyd gyda llond tŷ o ddynion fu ffawd fy mam.

1942 oedd blwyddyn fy ngeni. Cyrhaeddodd Dafydd Iwan y flwyddyn ganlynol, ac yna Arthur Morus. Ôl-nodyn i'r teulu, a aned bedair blynedd yn ddiweddarach, yw Alun Ffred. Fe alla i ei gofio fe'n cyrraedd adre o'r ysbyty. Rown i'n chwarae criced gyda Dafydd ac Arthur ar lain o dir tarmac oedd 'da ni wrth dalcen y tŷ.

Maen nhw'n dweud bod personoliaeth pawb yn ei hamlygu ei hun o oedran ifanc, a rhaid cyfaddef bod hynny, i raddau helaeth iawn, yn wir amdanaf i.

Roedd yr ysgol gynradd ym Mrynaman yn ymyl Gibea, capel fy nhad, ac mi fyddwn i'n cerdded i lawr Heol Llandeilo wrth wneud fy ffordd adre ddiwedd y prynhawn. Prin fod hanner milltir rhwng yr ysgol a Bryn Avenue, lle'r oedd y Mans, ond fe allai'r siwrne fer honno gymryd oriau imi. Gan ddibynnu ar ba adeg o'r flwyddyn oedd hi, mi fyddai rhywrai'n siŵr o fod yn chwarae marblis neu goncyrs neu rywbeth – a gallwch fentro, beth bynnag oedd yn cael ei chwarae, y byddwn i yno, yn y canol. A gorau oll os oedd rhywbeth i'w fentro, os oedd gobaith o ennill rhywbeth. Erbyn heddiw fe alla i weld 'mod i wedi cael fy nenu at gambl o unrhyw fath o oedran cynnar iawn. Byddai'r elfen honno o 'mhersonoliaeth i yn ei hamlygu ei hun mewn modd mwy eithafol ymhen amser, ond am y tro rhaid oedd bodloni ar fod yn ofid cyson i Mam, gan na wyddai hi byth ymhle'r oeddwn i na phryd y byddwn i adre i de.

'Ble wyt ti wedi bod? Ble ma dy waith ysgol di?' Dyna fyddwn i'n ei glywed bron yn ddyddiol, gydag olion rhyw ddrygioni arna i'n dragywydd – wedi sgathru pen-glin neu benelin, fy nwylo i'n ddu gan lo mân a 'mhocedi i'n foliog o farblis a choncyrs a phob math o drugareddau eraill.

Rwy'n dal i weld cyfeillion bore oes o dro i dro, ac yn croesawu hynny – pobl fel Alun Howells, Eifion Price a meibion Sam y Llaeth oedd yn byw dri drws i lawr oddi wrthym yn y Mans. Does dim amheuaeth fod yr ardal a'i phobl wedi aros yn bwysig i mi, ac mae'n debyg fod hynny'n arwydd o gryfder y cwlwm cymdeithasol oedd yn bodoli ym Mrynaman.

Mam

Heb os nac oni bai, Mam oedd y fenyw oedd yn fy nabod i orau yn ystod blynyddoedd fy mhrifiant. Roedd hi'n giamstar ar nabod pobl ac ar weld beth oedd mesur eu defnydd nhw, ond fuodd ei threiddgarwch hi erioed yn graffach nag yn ei hadnabyddiaeth o'i phedwar mab.

Ar ôl ei marw, fe ddaethon ni o hyd i ddyddiaduron roedd hi wedi eu cadw dros y blynyddoedd, yn ddiarwybod i bawb. Maen nhw'n llawn sylwgarwch a doethineb am y natur ddynol ac yn gofnod nid yn unig ohonom ni fel teulu, ond hefyd o Gymru mewn cyfnod cyffrous.

Yr ydym fel brodyr wedi meddwl yn aml y dylen ni eu golygu er mwyn eu cyhoeddi, a phan fyddwn ni'n cynnal nosweithiau llawen gyda'n gilydd yn achlysurol rydyn ni'n defnyddio'r dyfyniad canlynol:

> *Ar fore Sadwrn, mae cyfle i aros ychydig yn hwy yn y gwely ac fel arfer daw un neu ddau o'r plant i mewn i chwarae tipyn o'n cwmpas cyn i ni godi. Felly bore heddiw. Dyma fe No. 2 i mewn; meddyliwr mawr yw ef. Dim ond 6 oed ydyw ond mae problem amser a henaint a diwedd y byd yn ei boeni eisoes. Dyma'i gwestiwn imi'r bore yma: 'A fyddwch chi, Mam, fyw mor hen â Bob Roberts?' Ni allwn feddwl am funud pwy oedd Bob Roberts ac yna cofiais am Bob Roberts, Tai'r Felin, a fu yma mewn Noson Lawen rywdro'r gaeaf diwethaf. Roedd y plant yno i gyd a gwnaeth yr hen ŵr, Bob Roberts, argraff arhosol arnynt debyg. 'Leiciwn i petai neb yn gorfod marw.'*
>
> *'Twt, twt!' meddwn innau. 'Ble mae dy frawd?'*
>
> *'Wedi codi ers meitin i hela* mushrooms.*'*
>
> *Wel! meddwn wrthyf f'hun. Dyna'r gwahaniaeth sydd rhyngoch eich dau. Un yn grwydryn wrth reddf, allan yn rhywle â'i ben yn y gwynt a dim dal pa bryd y gwelwn ef yn ei ôl. Yn yr haf, ei weld yn aml yng nghanol cae gwair yn ceisio dal gloÿnnod byw ac yn hollol anymwybodol ei fod yn sangu ar y gwair, er ei geryddu am hynny lawer tro. Yr ail, byth yn crwydro 'mhell oddi wrth y tŷ ac yn siŵr o droi i mewn i'r tŷ laweroedd o weithiau mewn diwrnod i holi'r cwestiynau mwyaf dyrys ac anodd eu hateb yn foddhaol!*

Byddwch wedi casglu mai Dafydd Iwan oedd *No. 2,* y meddyliwr mawr, ac mai fi oedd y casglwr madarch! Roedd Mam wedi'n hadnabod ni i'r dim ac wedi rhag-weld y ffordd y byddai'r ddau ohonom yn tramwyo llwybrau bywyd.

Mi fyddai hi'n ysgrifennu llawer, ac er bod llawer ohono er ei phleser ei hun, roedd hi hefyd yn cyhoeddi. Mam oedd awdur 'Anturiaethau Twdls, a Twm y Gath' a ymddangosodd yn y cylchgrawn *Cymru'r Plant* am flynyddoedd.

Roedd hi hefyd yn gerddorol tu hwnt, a siawns nad yw peth o'r ddawn honno wedi ei phasio ymlaen i'n cenhedlaeth ni. Fe ŵyr pawb am Dafydd Iwan a'i dri chord, ond fe feistrolodd Arthur Morus y gitâr i raddau tipyn yn uwch.

Er mwyn cyflawni'r gamp hon fe gaeodd ei hunan yn ei ystafell wely am ddwy flynedd gyfan. Fydde neb byth yn ei weld. Y funud y deuai adre o'r ysgol fe âi'n syth lan llofft, a dyna lle bydde fe'n ymarfer, y gitâr yn ei gôl a'i drwyn yn y llyfr *Bert Weedon's Teach Yourself Guitar*. Roedd e wedi rhoi ei fryd ar feistroli'r offeryn a, doed a ddelo, doedd na dim neb yn mynd i sefyll yn ei ffordd. 'Dw i ddim yn mynd i whare'n gyhoeddus nes bod 'da fi fil o gordie.' Dyna ddywedodd e wrtha i unwaith.

A'r tro cyntaf iddo ganu'r gitâr yn gyhoeddus oedd yn Neuadd Llanuwchllyn gydag Edward Morris Jones, a ddaeth, yn fuan iawn, yn fwy adnabyddus am ei berfformiadau 'da Dafydd Iwan.

Y piano oedd offeryn Mam, a fi yw'r unig un o'r pedwar ohonom i ddysgu canu hwnnw'n iawn. I'w dyfalbarhad hi y mae'r diolch am hynny hefyd.

Teulu Mam

Â Llanbrynmair y cysylltir teulu Mam, er mai ar fferm Caeau Duon ger Carno y magwyd hi. Hi oedd y plentyn canol mewn teulu o dri o blant. Elizabeth Griffith oedd ei henw cyn priodi, ond fel Cissy y câi ei hadnabod o fewn y teulu. Anti Lillian oedd ei chwaer hynaf, a'i brawd, fy Wncwl Maurice, oedd y cyw melyn olaf. (Fel 'Morus' Cymraeg yr oedd pawb yn ynganu ei enw, wrth reswm.)

Y merched oedd yr unig rai i symud o'u milltir sgwâr. Aeth Mam i'r coleg yn Aberystwyth ac oddi yno aeth i ddysgu yn Durham am gyfnod, cyn dychwelyd i Gymru i Lanfair Caereinion lle bu'n athrawes ar Gwyn Erfyl a'r diweddar Emrys Evans, cyn-bennaeth Banc y Midland yng Nghymru. Treuliodd Anti Lillian ei hoes yn Aberdâr. Dr D. R. Davies oedd ei phriod ac mae eu hunig blentyn, fy nghefnder Hywel, wedi rhedeg garej yn Hirwaun ers blynyddoedd.

Rywbryd yn ystod magwraeth Mam fe brynodd y teulu fferm arall, Nantyfyda, ger Aberhosan, ac yn y fan honno y mae gen i'r atgofion cynhara o deulu Mam. Hafau di-ben-draw o wyliau ers pan o'n i'n ddim o beth – a finnau mas yn yr awyr agored ac yn taflu'n hunan i bob agwedd ar waith y ffarm. Nid yn ystod yr haf yn unig y byddem yn treulio amser yno – roedden ni hefyd yn cael gwledda yno pob diwrnod Nadolig. Roedd hynny'n ddefod deuluol, ac fe fydde Mam a 'Nhad a'r pedwar ohonom ni'r plant yn teithio yno trwy bob tywydd, trwy luwchfeydd weithiau – ond rhaid oedd cyrraedd i Nantyfyda am ein cinio.

Rown i'n dysgu yno heb yn wybod imi – am hau cnydau a lladd gwair a gofal anifeiliaid. Does gen i ddim cof o Taid Llanbrynmair, ond fe gefais i etifeddiaeth naturiol ganddo serch hynny.

Roedd pob dydd yn newydd ddydd
A phob cam yn gwbwl rydd
A phatrwm byw yn glir yn Esgair Llyn.

Dafydd Iwan piau'r gân i Esgair Llyn, wrth gwrs, ond mae ei geiriau yr un mor berthnasol i'm hatgofion innau o'r lle. Hen ffermdy gwag ar dir Nantyfyda yw Esgair Llyn. Roedd y tŷ a'r adeiladau'n dal i sefyll pan oedden ni'n blant yn chwarae, ond syrthio'n adfail fu eu tynged dros amser.

Wncwl Maurice yw'r un gofia i yn ffermio Nantyfyda erioed, gyda Nain erbyn hynny wedi ymgartrefu yn Nôl'ronnen, bwthyn ger yr afon yn Llanbrynmair. Yn yr afon honno y bues i'n goglais brithyll gydag R. Alun Evans. Roedd tad Alun a'i frawd, Wyn, yn weinidog ar yr Hen Gapel yn Llanbrynmair bryd hynny.

Rhyw bum stepen oedd i lawr o ddrws Nain i'r dŵr ac rown i yno, ar lan y dŵr, yn trial pysgota gyda 'mhishyn pren, tamed o gortyn a bachyn wedi ei wneud o hen bìn pan ddôth R. Alun heibio a mynd â fi i mewn i ganol yr afon. Roedd carreg anferth yno a dyma fe'n dangos i mi sut i 'diclo brithyll', ys dywedodd e.

Fe roes ei ddwylo o dan y garreg, ac mewn chwinciad dyma fe'n eu codi nhw drachefn gyda dau frithyll, un ym mhob llaw. Cadwodd un yn ei ddwylo a dangos imi shwt oedd dechrau yn y pen ôl a symud lan y bola gyda dau fys yn barod i fynd i mewn i'r *gills*. A finnau'n grwt rhyw wyth oed ac yntau dipyn yn hŷn na mi, roedd hi'n wers nad oeddwn i'n debygol o'i hanghofio.

Mi fydden ni fechgyn – ond Dafydd Iwan a minnau gan amla – yn rhannu'n gwyliau haf rhwng Llanbrynmair a Nantyfyda hyd nes oeddwn i oddeutu deuddeg oed.

Roedd gwas o'r enw Dennis yn Nantyfyda, ac fe ddaeth yntau'n rhan annatod o'r gwyliau blynyddol hynny. Llanc lleol oedd Dennis, a gweithiwr da. Gyda fe y dysgais i bysgota â sach. Doedd yr afon oedd yn llifo trwy dir Nantyfyda ddim yn un lydan iawn, ond roedd pysgod braf ynddi. Yr hyn fydde fe'n ei wneud oedd plethu weiren go drwchus trwy geg y sach fel ei bod yn gylch solet. Yna dyma ddod o hyd i bwll a rhoi'r sach yn erbyn y llif. Tra bod un ohonon ni'n dal ceg y sach, byddai'r lleill yn cerdded drwy'r dŵr i hel y brithyll i mewn i'r sach. Fe ddalon ni lawer o frithyll fel'na.

Dylanwad arall yn y cyfnod hwnnw oedd y dyn lladd cwningod. Y fe oedd y Daliwr Cwningod Swyddogol ac fe fyddai'n dod heibio rhyw ddwywaith bob wythnos a finnau, fel arfer, yn gorfod bod yng nghanol popeth oedd yn ymddangos yn wahanol a mentrus. Fi oedd yr unig un gâi fynd gydag e wrth ei waith, a chyn 'mod i'n naw rown i'n hen law ar osod maglau a thraps ac fe allen i dynnu cwningen o fagl, ei blingo a'i glanhau mewn ychydig funudau.

Roedd hyn oll cyn dyddiau mycsomatosis, wrth gwrs, a phan ddaeth y felltith honno fe lefais i'n fwy nag y llefais i erioed pan oeddwn yn blentyn. Roedd gweld cannoedd o gwningod yn marw yn ymyl yr hewl ac ym môn clawdd, eu hwynebau nhw wedi chwyddo a chrawn yn llifo mas o'u llygaid nhw, yn dorcalonnus. Roedd cwningod yn bla, mae'n wir, ond roedd yr hyn wnaethon nhw i'w difa bryd hynny yn annynol.

Fe ddysgais i barchu natur yn y dyddiau hynny, a dysgu parchu'r tymhorau. Er 'mod i wedi cael peth profiad o arddio wrth sodlau 'Nhad, y gwyliau hynny 'da teulu Mam ddysgodd imi beth yw ffermio. Wrth imi gyrraedd fy arddegau a dod o hyd i ddiddordebau eraill mewn bywyd, fe ddois i i ddysgu mwy amdana i'n hunan yno yn Nantyfyda hefyd, yn enwedig yng nghwmni Wncwl Maurice a'i wraig, Anti Sera.

Teulu'r Cilie

Un o feibion y Cilie oedd 'Nhad ac fe wyddwn i am deulu'r Cilie erioed. Fferm ger Llangrannog yw'r Cilie – ond mae'n gymaint yn fwy na hynny, wrth gwrs. Magwyd nythaid o feirdd yno a thyfodd mytholeg am y lle yn hanes diwylliant Cymru. Wnes i ddim sylweddoli hynodrwydd y Cilie tan imi gyrraedd fy nyddiau ola' yn yr ysgol a dechrau ar fy ngyrfa yng Ngholeg y Drindod. Dim ond wrth glywed pobl eraill yn sôn am y Cilie y gwawriodd hi arna i 'mod i yn llinach llwyth mor ddifyr.

O oedran ifanc mi fydden i'n mynd i'w gweld nhw – Isfoel ac Alun y Cilie a gweddill teulu 'Nhad. Roedd fy nhad-cu, Fred Jones, yn frawd i Alun y Cilie a chafodd bump o blant o'i briodas gyntaf: Ardudful, Mari, Rhiannon, Enid a 'Nhad. Ar ôl colli ei wraig gyntaf fe ailbriododd a magu nythed arall o blant, sef Nest, Derec a Dafydd. Dim ond tri o'r wyth sydd bellach ar ôl, ysywaeth.

Yn bersonol, dw i ddim yn meddwl y gwelwn ni'r dwyster yna o weithgaredd diwylliannol o fewn un teulu eto yng Nghymru. Mae'r Gymru wledig wedi newid gormod, i'm tyb i. Doedd bois y Cilie ddim yn bodoli ar eu pennau'u hunain. Roedden nhw'n rhan annatod o'r gymuned ac roedd y gymdeithas ehangach o'u cwmpas yn gynhaliaeth iddyn nhw … fel roedden nhwythau, wrth gwrs, yn rhoi yn ôl i'w bro ar eu canfed.

Un a gafodd fodd i fyw ar aelwyd y Cilie oedd y bardd Dic Jones. Er nad oedd e'n perthyn gronyn i'r teulu trwy waed, daeth Dic yn union fel mab mabwysiedig i Alun, y cyw melyn olaf. Dyna lle y darganfu ogoniant Cerdd Dafod a dyna lle y cafodd feithrinfa fel bardd.

Rwy'n hoff iawn o ddarllen barddoniaeth Gerallt Lloyd Owen a sonedau T. H. Parry-Williams, ond Dic yw brenin y beirdd i mi, ac mi fydda i'n troi at ei waith yn aml.

Gwyliau

Gwesty hardd ar lan y môr yn y Borth, Ceredigion, oedd Pantyfedwen, ond cafodd yr adeilad ei chwalu flynyddoedd lawer yn ôl. Pan oeddwn i'n blentyn roedd e'n adnabyddus fel gwesty Cymraeg ei iaith, ac am bythefnos bob mis Awst dim ond Cymry Cymraeg gâi fynd yno. Yn ystod y bythefnos honno y bydde'r chwech ohonom yn mynd yno fel teulu. Dyma lle y dois i i adnabod Lis a Gareth Miles gyntaf. Mi fydden nhw a'u chwaer, Gillian, a'u rhieni yno o'r Waunfawr, tra byddai Huw Eic a'i chwaer, Bethan, yno gyda'u rhieni hwythau o Waungaegurwen. Ymysg y lleill a fyddai yno'n gyson yn y blynyddoedd hynny oedd teulu'r Gwentiaid o Abertawe a Mike Parry o Lundain.

Mae'n rhyfedd fel mae llwybrau sawl un ohonon ni oedd yn blant ar wyliau gyda'n gilydd bryd hynny wedi croesi eto drwy gydol bywyd. Rown i yng Ngholeg Llanymddyfri gyda'r Gwentiaid a chyda Gareth Miles – ac yn broffesiynol mi fues i a Lis yn chwarae gŵr a gwraig am flynyddoedd.

Pythefnos ffantastig fydde'r un flynyddol honno ym Mhantyfedwen – ond doedd yr ardal ddim yn anghyfarwydd i mi a'm brodyr. Mi fyddwn i hefyd wrth fy modd yn treulio amser 'da Anti Mari yn Llandre. Chwaer Dad oedd Anti Mari ac ar fferm fendigedig o'r enw Ty'n Parc yn Llandre yr oedd hi'n byw.

Ar wahân i Bantyfedwen, yr unig le arall y mae 'da fi gof inni i gyd fynd i aros iddo fel teulu oedd Llangrannog – a phan o'n i'n un ar bymtheg oed rwy'n cofio seiclo'r holl ffordd o Lanuwchllyn i Langrannog. Rheidrwydd oedd wrth wraidd yr antur honno. Rhwng chwech ohonom a chesys pawb a phob math o drugareddau eraill, mae'n siŵr, doedd dim lle i bawb yn y car bach.

Rwy'n cofio pasio car wrth deithio i lawr y rhiw sy'n mynd i mewn i Lanarth a gadael i sbîd y beic fy nghludo i wedyn drwy'r pentref. A'r rhiw arall gofia i byth yw Tal-y-llyn. Hyd heddiw, bob tro y bydda i'n teithio ffordd 'na rwy'n dal i gofio'r profiad anhygoel o wibio i lawr y lôn honno ar gefn beic.

Mab y Mans

Roedd natur y gymdeithas yn yr ardaloedd Cymraeg eu hiaith yn wahanol iawn yn y pumdegau a'r chwedegau i'r hyn ydyw heddiw. Bryd hynny, roedd yna gryn dipyn o ddisgwyliadau o blant y Mans. Hynny yw, roedd bod yn fab neu'n ferch i weinidog i fod i wneud i chi ymddwyn yn wahanol i blant eraill. Nonsens, wrth gwrs. Fe ges i aml i ddadl ar y pwnc. Rwy'n cofio rhywun yn dweud wrtha i unwaith am gofio 'mod i'n fab y Mans, a finne'n gofyn 'pam ddylwn i?'

O'r holl ystyron oedd gan fy nhad yn ei feddwl wrth iddo ddweud wrtha i am 'gofio pwy ydw i', rwy'n aml wedi meddwl tybed pa mor uchel ar y rhestr oedd cofio 'mod i'n fab y Mans.

Un stori sy'n darlunio'r disgwyliadau cymdeithasol oedd arnon ni yw hon: yng Ngibea, Brynaman, oedden ni ac roedd y sedd lle'r eisteddem ni – Dafydd Iwan, Arthur Morus a finne – ar ochor y sêt fawr. Doedd dim gorfodaeth arnon ni i fynd i'r cwrdd deirgwaith y Sul – un peth a fyddai'n siŵr o'n troi ni yn erbyn cwrdd oedd gorfodaeth – ond dyna lle fydden ni'n selog bron bob bore Sul.

Chofia i mo'n hoedrannau ni'n union, ond roedden ni'n reit ifanc, a'r angen i eistedd yn dawel drwy'r gwasanaeth yn amlwg wedi mynd yn drech na ni, gyda'r tri ohonom yn cadw yffach o sŵn. Gymaint felly fel y bu i 'Nhad stopio ar ganol yr addoliad a throi aton ni gan ddweud, 'Os na allwch chi eich tri fihafio, ewch mas o'ma.'

Camgymeriad mawr ar ei ran oedd hyn achos, wrth gwrs, fe godon ni fel un gŵr a cherdded mas. Nefoedd wen! Fe gaethon ni hi pan ddaeth e'n ôl i'r tŷ. Dyna'r row fwya dw i erioed yn cofio ei chael gan fy nhad. Fe fartsiodd e ni lan at y bathrwm a'n dilyn ni lan y stâr gyda ffon.

Fi oedd amdani gynta! Dyma orchymyn i mi blygu dros ymyl y bath a finne'n meddwl 'mod i ar fin cael crasfa fwya 'mywyd. Fe gododd 'Nhad y ffon ac i lawr â hi ... nid ar draws 'y nhin i ond ar ymyl y bath. Hen fath wedi ei wneud o dun oedd gyda ni yn y tŷ hwnnw ac fe wnaeth e'r sŵn mwya dieflig. Halodd e lot mwy o ofan arna i na phetai e wedi 'mwrw i go iawn.

Fe ddes i mas o'r bathrwm â dagrau yn fy llygaid. A thro Dafydd Iwan oedd hi wedyn. Roedd Arthur Morus yn piso'i hunan gydag ofn. Yn ei dro bu rhaid iddo yntau fynd i mewn am yr un driniaeth.

Chyffyrddodd 'Nhad â'r un ohonon ni â'r ffon, ond fe ddysgodd wers inni, serch hynny, a fuodd yno fawr o gamfihafio yn y cwrdd am beth amser ar ôl hynny.

At ei gilydd, roedd bywyd y Mans yn ddigon pleserus mewn llawer ffordd. Roedd Erw Fair, y Mans ym Mrynaman, yn dŷ braf iawn, ac felly hefyd Garth Gwyn yn Llanuwchllyn – tŷ mawr, sylweddol arall, yn sefyll ar ei ben ei hun a gardd reit fawr iddo. Yn ddiweddarach fe symudodd fy rhieni i Gwyddgrug, ger Pencader – ac unwaith eto i dŷ mawr smart. Alun Ffred, yr ieuengaf ohonom ni fechgyn, oedd yr unig un o'r pedwar fu'n byw yng Ngwyddgrug. Rown i a Dafydd Iwan ac Arthur Morus wedi gadael y nyth erbyn hynny, ond dyw hynny ddim yn gyfystyr â dweud bod y nyth wedi'n gadael ni!

'Allen i neud 'na!'

Mae'r neuadd ym Mrynaman yn enwog am fod yn un o'r ychydig sinemâu bach lleol sy'n dal i ffynnu ym Mhrydain. Ac os yw'n dal yn llewyrchus nawr, gallwch ddychmygu'r mynd oedd ar y lle'n ôl yn y pumdegau pan oeddwn i yn un o'r mynychwyr cyson.

Roedd pleserau mynd i'r pictiwrs yn Neuadd Brynaman yn ddeublyg, mewn gwirionedd. Byddwn nid yn unig yn cael blas ar yr 'arallfyd' yr oedd y ffilm yn mynd â fi iddo, ond hefyd blas ar tships Siop Richards ar y ffordd adre – tships gorau Brynaman a rhan annatod o wefr noson yn y pictiwrs yno.

Un o'r atgofion cliriaf sy 'da fi o uniaethu â chymeriad ar y sgrin fawr oedd gweld James Dean yn *Giant* yn Neuadd Brynaman. Oes y tedi boi oedd hi ac rown i'n gysurus iawn 'da'r ddelwedd roedd e'n ei hymgorffori ar y sgrin – onid y fe oedd yr arch rebel nad oedd neb yn ei ddeall? Fe adawodd e gryn argraff arna i. Wrth gerdded mas 'rôl gweld y ffilm rwy'n cofio meddwl, 'Allen i neud 'na!'

Nid dyna a ysbrydolodd fi i fod yn actor – roedd y gynneddf berfformio ynof i erioed ac yn araf iawn, dros gyfnod, y daeth imi mai dyna lle'r oedd fy ngyrfa i fod – ond roedd yr eiliad honno, wrth chwythu dros fy tships poeth a chofio'r gwrth-arwr rown i newydd ei weld yn llenwi'r sgrin, yn sicr yn ddeffroad o fath.

Wncwl John ac Anti Bevan

Ymhell o ddelweddau gwrthryfelgar y sgrin fawr, gwahanol iawn oedd realiti'r gymdogaeth glòs ym Mrynaman, lle'r oedd llu o gymdogion da o'n cwmpas ni. Gyferbyn â'n tŷ ni, er enghraifft, roedd Mans y Methodistiaid, a'r Parch. Eirian Davies oedd yn byw yno yn ein cyfnod ni.

Yna, drws nesa i lawr oddi wrthyn nhw, roedd Wncwl John ac Anti Bevan yn byw. Doedden nhw'n perthyn dim inni trwy waed, ond am ryw reswm fe gymeron nhw ata i'n arbennig. Fe fyddwn i'n treulio llawer o'n amser draw 'da nhw ac fe gawn i wahoddiad i de yno yn aml. Fe ddaethon nhw, maes o law, yn fam-gu ac yn dad-cu i'r dyfarnwr a'r sylwebydd rygbi adnabyddus Alun Wyn Bevan.

Wncwl John oedd y cyntaf ym Mrynaman i gael Daimler – tipyn o gamp ym Mrynaman y dyddiau hynny. Ac yn ddiweddarach, a finnau oddi cartref yng Ngholeg Llanymddyfri, mi fydden nhw'n dod am dro dros y Mynydd Du yn y Daimler i 'ngweld i. A dyna *treat* bryd hynny fyddai cael gweld wynebau cyfeillgar o gartre a chael fy nghymryd am de ambell brynhawn Sul. Roedd yna le reit swanc o'r enw Picton Court – hen blasty bychan – ar y ffordd allan am Aberhonddu, a dyna lle bydden ni'n mynd fynychaf i fwynhau brechdanau samwn a *jellies* a phob math o ddanteithion eraill.

Gydag Wncwl John yr es i i weld fy ngêm rygbi ryngwladol gyntaf ar faes San Helen. Honno oedd y gêm ryngwladol olaf i'w chwarae ar y maes hwnnw.

Mae'r ddau wedi ein gadael ni ers blynyddoedd, ysywaeth, ond mae eu mab, Len, a'i wraig, Aneira, yn dal i gyfrannu'n hael at fywyd Brynaman.

Un o'r Carmarthen Six

Ysgoloriaeth i feibion gweinidogion fynd i Goleg Llanymddyfri oedd y Carmarthen Six. Fel mae'r enw'n awgrymu, dim ond chwe ysgoloriaeth oedd yn cael eu rhoi bob blwyddyn a rhaid oedd byw o fewn Sir Gaerfyrddin i fod yn ddilys i fynd amdani.

Does 'da fi ddim cof o 'fynd amdani' fel y cyfryw. Rwy bron yn siŵr nad oedd arholiad na dim byd felly i fynd trwyddo, ond rhaid 'mod i wedi mynd yno am gyfweliad o ryw fath. Ac mae gen i gof i Mam ddweud wrtha i ar y pryd mai gen i oedd un o'r sgoriau uchaf yn yr Eleven Plus trwy Sir Gaerfyrddin gyfan – felly rwy'n tybio bod hynny'n rhan o'r ystyriaeth yn rhywle. Yr unig beth y galla i ei ddweud gyda sicrwydd yw i'm rhieni gyhoeddi wrtha i un diwrnod na fyddwn i'n mynd i Ysgol Ramadeg y Bechgyn, Rhydaman, fel rown i wedi disgwyl, ond yn hytrach y byddwn i'n mynd i'r lle 'ma o'r enw Coleg Llanymddyfri. Sut bynnag y cyrhaeddais i yno, roedd y sioc i'r system a ddaeth yn sgil cael fy hun yno yn sicr yn un a oedd i aros yn y cof.

Y sioc gyntaf, mae'n debyg, oedd sefyll yno wrth gatiau haearn mawr yr ysgol yn gwisgo blêsyr newydd sbon yn ffarwelio â Mam a 'Nhad. Roedden nhw'n fy ngadael i yno gyda rhyw gant a hanner o ddieithriaid mewn sefydliad estron, lle'r oedd naws ac iaith wahanol iawn yn teyrnasu i'r hyn rown i wedi fy magu iddynt ym Mrynaman. Roedd mwy o wahanu yn perthyn i'r ffarwelio hwnnw nag y gallai'r un ohonom fod wedi ei ddirnad ar y pryd.

Coleg Llanymddyfri

Pan gyrhaeddais i Goleg Llanymddyfri am y tro cyntaf gyda'm eiddo i gyd mewn hen drync haearn oedd wedi bod 'da 'Nhad ar y môr, doeddwn i ddim i wybod y byddai'r lle yn drobwynt yn fy mywyd i ar sawl cyfrif. Yn un peth, fe effeithiodd ar natur fy mherthynas i â 'nheulu am byth. Rown i'n dal yn rhan o'r teulu, wrth gwrs, ond fe chwalodd lawer iawn ar y cyswllt naturiol sy'n bodoli rhwng plentyn a'i rieni a'i frodyr.

Fe wrthryfelais i yn erbyn y lle bron yn syth. Dw i ddim yn meddwl mai Llanymddyfri a'm gwnaeth i'n rebel, chwaith. O'r crud, bron, rown i'n grwt ag elfen gref o wrthryfel yn perthyn iddo. Rown i'n rebel wrth reddf, yn wahanol i 'nhri brawd.

Roedd bod oddi cartref, heb fam a thad i edrych ar fy ôl, yn siŵr o fod yn un ffactor fu'n gyfrifol am ddod â'r elfen wrthryfelgar yna'n fwyfwy i'r amlwg. Ac roedd yr amserau'n newid. Canol y pumdegau oedd hi. Cyfnod Elvis Presley a Tommy Steele a Little Richard. Yn ogystal â'u miwsig nhw a'u cyfoedion, roedd 'na ryw gyffro newydd yn gweddnewid cymdeithas yn gyffredinol. Ac roedd pob arwydd o gyffro yn fy nenu i fel magned.

Rown i'n ymwybodol o'r holl ddylanwadau diwylliannol Cymraeg oedd arna i, wrth gwrs – roedd pobl fel Bob Roberts Tai'r Felin wedi bod yn aros gyda ni sawl gwaith ym Mrynaman, ac rown i wedi bod yn cystadlu mewn eisteddfodau ac ati. Ond er mor gwbl hyddysg oeddwn i yn y 'pethe', roedd yna bellach 'bethe' llawer iawn mwy deniadol i fynd â'm bryd. Yn dair ac yn bedair ar ddeg oed, ychydig iawn oedd conglfeini'r diwylliant Cymraeg a Chymreig yn eu golygu imi. Ar y llaw arall, roedd roc a rôl a jazz fel petaen nhw'n cwmpasu'r byd ac yn golygu popeth i mi.

Y record gyntaf brynais i erioed oedd Humphrey Lyttleton yn chwarae 'Bad Penny Blues'. Ym Mrynaman oedd hynny, pan o'n i tua deuddeg mlwydd oed, a fedrai Mam ddim deall pam 'mod i wedi dod â'r record hon 'nôl i'r tŷ 'da fi. Record wych. Yn y saithdegau, fe aeth Humphrey Lyttleton i chwarae jazz modern, ond fel datgeinydd jazz traddodiadol yr oedd yn well gen i e – ac mae 'Bad Penny Blues' yn enghraifft odidog o hynny.

Er 'mod i'n gwybod bod digon yn 'y mhen i, gyda chymaint o gyffro yn mynd ymlaen o 'nghwmpas i doedd hi ddim syndod mai hawdd iawn oedd tynnu'n sylw i oddi ar waith ysgol.

Pan o'n i'n un ar ddeg, rwy'n cofio bod yn dost uffernol ar ôl i rywun roi sigarét imi a minne wedi tynnu'r mwg i mewn. Os oedd drygioni i'w wneud, rown i yno. Os oedd rheolau i'w torri, rown i'n siŵr o'u torri. Ac o fewn blwyddyn o fod yng Ngholeg Llanymddyfri mi ddylai fod wedi bod yn amlwg nad o'n i o'r anian i gael y gorau mas o'r lle.

Fe fagais i'r enw yn fuan iawn o fod yn *blood.* Wn i ddim beth oedd tarddiad y gair yn y cyd-destun hwnnw, ond dyna fydden nhw'n galw bachgen oedd braidd yn anturus, braidd yn fflash a braidd yn wyllt. Bachgen drwg, mewn geiriau eraill! A dyna o'n i yn nhermau Coleg Llanymddyfri. *Blood*! A minnau'n ddigon bodlon cael fy adnabod felly.

Dirgelwch i mi hyd y dydd heddiw yw pam na thynnodd fy rhieni fi oddi yno ar ôl y flwyddyn gyntaf. Rown i wedi llwyr ddisgwyl mai dyna fyddai'n digwydd. Fe wydden nhw'n iawn mai dirywio oedd 'y ngwaith i ac nad oedd y lle'n gwneud unrhyw les imi. A finnau newydd orffen fy mlwyddyn gyntaf yno, fe enillodd Dafydd Iwan ysgoloriaeth agored i fynd yno – cryn gamp. Ond fe wrthododdd Mam a 'Nhad adael iddo fynd i Goleg Llanymddyfri am fy mod i yn gwneud mor wael yno. Fethais i erioed â deall pam na fydden nhw wedi gadael i Dafydd fynd yno a 'nhynnu i oddi yno. Yr eironi yw, rwy'n meddwl y byddai Dafydd Iwan wedi gwneud rhywbeth ohoni yno – roedd e'r math o grwt fyddai'n llawer mwy tebyg o elwa o'r profiad na fi. Tra 'mod i mor whit-what, roedd Dafydd yn swot, yn fachgen da ac yn aros mewn i wneud ei waith yn gydwybodol. Mae shwt y byddai cael ei addysg yng Ngholeg Llanymddyfri wedi dylanwadu arno a newid cwrs hanes Cymru dros y deugain mlynedd diwethaf 'ma yn gwestiwn arall, wrth gwrs.

Chafodd e ddim mynd, ta beth. Ond yno y ces i aros, am bedair blynedd gythryblus arall – tan imi gael fy hel oddi yno yn y diwedd.

Carwyn James

Pan oeddwn i yn y drydedd flwyddyn yng Ngholeg Llanymddyfri y daeth Carwyn James yn aelod o'r staff yno. Roeddwn eisoes wedi cwrdd ag ef trwy Mam a 'Nhad mewn cyfarfod o'r Blaid rhyw flwyddyn neu ddwy ynghynt. Fe wyddai pawb amdano gan ei fod eisoes yn seren rygbi ac yn bersonoliaeth gyfarwydd.

Er iddo gymryd blwyddyn neu ddwy i wneud hynny, fe weddnewidiodd e holl ethos y sefydliad yn llwyr. Cyn ei ddyddiau fe, arholiadau'r Oxford and Cambridge Board fyddai'r disgyblion yn eu sefyll yno – ac yn y Gymraeg golygai hynny arholiadau plentynnaidd o hawdd y gallwn i fod wedi eu pasio yn un ar ddeg mlwydd oed. Arholiadau ar gyfer y Gymraeg fel ail iaith oedden nhw, ac roedd hi'n abswrd fod Cymry Cymraeg iaith gyntaf fel fi a'r Gwentiaid, Geraint Eckley a Gareth Miles yn sefyll arholiadau o'r fath.

Erbyn i'w ddylanwad ef ddwyn ffrwyth go iawn ar Goleg Llanymddyfri, rown i ar fin gadael, a dim ond rai blynyddoedd wedyn y des i i'w nabod e o ddifri. Erbyn hynny roedd e yn y BBC ac rown inne'n gweithio tipyn gyda'r cyfryngau. Yn ogystal â siarad am ddyddiau

Llanymddyfri, roedd ein diddordeb cyffredin mewn rygbi yn ddolen gyswllt arall. Yn sicr, roedd Carwyn yn gyfrifol am ddeffro rhywfaint ar y Cymreictod cynhenid oedd yn cysgu ynof i yng nghanol Seisnigrwydd y coleg, ac mae'n ddyn y mae gen i barch aruthrol tuag ato.

Meibion Bwci – Peter a Michael Charles

Roedd Michael Charles yn yr un flwyddyn â fi yng Ngholeg Llanymddyfri a Peter ei frawd rai blynyddoedd yn hŷn. Bwci oedd eu tad ac roedd siopau betio J. & M. Charles i'w gweld ar hyd a lled Caerdydd ar un adeg.

Roedd y tad yn ddyn mawr ym musnesau gamblo'r brifddinas ac ar yr adeg rwy'n sôn amdani, pan es i gyntaf i Lanymddyfri yn 1953, roedd e yn y carchar. Rhyw sgam ar gwrs rasio cŵn yng nghyffiniau Bryste oedd wedi arwain at yr achos lle cafodd ei garcharu. Achos mawr, gafodd lawer o sylw yn ei ddydd – er mwyn gallu cyflawni'r twyll fe dorrwyd y gwifrau teleffon i'r cwrs a phopeth. Trosedd y bu cynllunio gofalus ar ei chyfer, mae'n amlwg. Ond y sôn ar y pryd – ac fe'i clywais wedyn hefyd – oedd nad oedd tad Peter a Michael yn euog, mewn gwirionedd. Cymryd y rap dros eraill wnaeth e.

Y diwrnod y cafodd e ei ryddhau o'r carchar fe ddaeth lan o Gaerdydd i weld ei feibion yng Ngholeg Llanymddyfri. Roedd si wedi bod ar led yn ein mysg ni fechgyn ei fod ar fin dod yn rhydd. Roedden ni i gyd yn y neuadd fawr ac yn sydyn reit fe welon ni'r Jag mawr yma'n gyrru i mewn trwy gatiau'r ysgol a dyma un o'r meibion yn rhuthro i neidio drwy'r ffenestr agosaf a rhedeg at ei dad i'w gofleidio. Dyna lle oedd gweddill y bechgyn yn sefyll ac yn cymeradwyo a'r athrawon i gyd yn mynd yn boncyrs, gan weiddi, 'Sit down, boys, sit down!', a neb yn talu unrhyw sylw. Roedd hi'r olygfa ryfedda.

Roedd Michael tua ugain oed erbyn iddo adael Llanymddyfri. Er bod ei frawd, Peter, yn athrylith a aeth ymlaen i Rydychen i astudio'r Clasuron, roedd Michael yn dwp fel llo. Fe fethodd e ei Lefel O i gyd ar ôl trio rhyw bump o weithiau. Ond roedd e'n benderfynol o gael ei gap

– ac fe lwyddodd hefyd. Cafodd ei gap cyntaf yn 1957, fel cefnwr.

O fewn pedair neu bum mlynedd i'w ryddhau o garchar roedd y tad yn gelain. Fe welais i'r pennawd dramatig, 'Bookie Killed on Doorstep', a synhwyro'n reddfol, rywsut, mai tad Peter a Michael Charles oedd yr un a laddwyd. Cael ei saethu'n farw ar garreg ei ddrws ei hunan fu ei ddiwedd – hwnnw'n dŷ mawr crand yng nghyffiniau Llyn y Rhath yn rhywle. Y sôn oedd fod gweddill y gang oedd wedi bod yn rhan o'r twyll ar y trac cŵn ym Mryste wedi ofni ei fod am ddatgelu'r gwir ac wedi penderfynu ei dawelu am byth.

Wrth ddarllen y stori, daeth y diwrnod hwnnw pan yrrodd trwy glwydydd Llanymddyfri yn ôl i'm cof fel mellten. Hyd yn oed yng nghanol awyrgylch breintiedig a sefydliadol ysgol breswyl, roedd modd gwneud cysylltiadau digon brith.

Pysgota â gwialen

Y tro cynta imi fynd i bysgota go iawn, gyda gwialen, oedd i lawr ar yr afon Tywi gyda dyn o'r enw D. T. Davies. Cymro Cymraeg fel mae'n digwydd, ond doeddwn i ddim yn gwybod hynny ar y pryd. Flynyddoedd wedyn y des i i sylweddoli hynny, ymhell ar ôl i'r ddau ohonom adael Coleg Llanymddyfri, pan gwrddon ni â'n gilydd mewn rhyw Eisteddfod Genedlaethol.

Roedd e rai blynyddoedd yn hŷn na mi, ond rown i wedi clywed ei fod e'n mynd i bysgota'r diwrnod arbennig hwn a dyma fi'n gofyn a gawn i fynd gydag e. Wel, cawn wrth gwrs, medde fe.

Lawr mewn rhan o'r afon a elwid y *shallows* oedden ni, rhyw hanner milltir dda i lawr o'r bont yng nghanol Llanymddyfri, i gyfeiriad Llanwrda. Fel mae'r enw'n awgrymu, mae'r dŵr yn fas yno ac yna'n agor i lif mwy ewynnog. Lle rhagorol i bysgota. A chyn pen fawr o dro roedd D. T. Davies wedi bachu sewin bendigedig. Rhaid ei fod tua chwech neu saith pwys. Fe fu'n ymladd gyda'r pysgodyn pert 'ma am tua deg munud a bob yn hyn a hyn roedd y sewin yn neidio i'r awyr gan geisio torri'n rhydd.

'Get in the water and help me get it out,' gwaeddodd D. T. Davies a dyma finnau'n gwneud. Roedd modd ichi fynd i'r dŵr yn ddiogel am ei fod mor fas, er y byddech chi'n gwlychu wrth reswm. Newydd fynd i mewn oeddwn i pan dorrodd y pysgodyn yn rhydd. Un mawr, cryf oedd e, y pysgodyn hwnnw – a'i gynffon yn amlwg yn ddigon miniog i dorri'r lein. Anodd credu y gallai hynny fod yn bosibl, ond fe welais i'r lein yn torri'n ddwy â'm llygaid fy hunan.

Er nad oeddwn i fwy na thair ar ddeg mlwydd oed, rwy'n cofio'n iawn y geiriau ddefnyddiais i i fynegi'n sioc: 'Well fuck me pink!'

Yr un mor sicr, fe alla i gofio'r hyn ddywedodd e'n ôl wrtha i: 'Take your trousers down then.'

Yr ysfa gynta ddaeth drosta i oedd i redeg oddi yno. Ond yna fe ddywedodd, 'I'm only joking … but you'd better be careful where you say things like that.'

Mae arna' i ofn fod unrhyw un fu mewn ysgol breswyl i fechgyn yn y 1940au a'r 1950au sy'n honni na ddaethon nhw ar draws gwrywgydiaeth yn dweud celwydd noeth. Roedd hi'n amhosibl ichi beidio â dod ar ei draws e, ac roedd gofyn bod yn gryf i'w wrthsefyll. Roedd digon o weithgaredd rhywiol yn mynd ymlaen yn Llanymddyfri, er efallai nad oedd awdurdodau'r coleg yn ymwybodol o hynny.

Mae digwyddiadau eraill o'r cyfnod yn sefyll yn y cof – rhai atgofion sy'n peri dicter a thristwch hyd heddiw. Adlewyrchu cymdeithas mor annaturiol sy'n bodoli mewn ysgol breswyl i fechgyn y mae'r digwyddiadau hynny, mae'n debyg. Do, fe gafodd ambell i fachgen gam, does dim dwywaith am hynny, ond eu straeon nhw yw'r rheini, straeon na fedraf fentro eu hail-adrodd yma er tegwch i bawb.

Night manoeuvres

Dim ond ar brynhawn Sul yr oedd rhyddid 'da chi i fynd allan o dir yr ysgol, yn swyddogol. Ond hyd yn oed bryd hynny chaech chi ddim mynd i'r chwith. Er mai digon ceidwadol oedd naws yr ysgol, mae'n bwysig nodi nad ymgais gyfrwys i ddylanwadu arnon ni'n wleidyddol oedd y gwaharddiad ar gymryd y llwybr chwith!

Roedd yn iawn ichi groesi'r ffordd ac yna fynd i'r chwith ar hyd y palmant, fel petaech chi'n mynd i gymryd y ffordd i Langadog, ond doedd fiw ichi ddilyn y palmant ar yr ochr chwith i glwydi'r Coleg achos roedd hwnnw'n arwain yn syth i'r dre. Prin fod angen dweud i'r palmant hwnnw hefyd gael ei droedio'n bur rheolaidd.

Byddai tri neu bedwar ohonom yn torri mas ambell dro yng nghanol y nos ac yn mynd i lawr i'r becws yn y dre. Rhyw *night manoeuvres* oedd yr anturiaethau hyn – wrth y term hwnnw yr oedd yr anturiaethau yn cael eu hadnabod, ac mae'n arwyddocaol ei fod yn derm milwrol.

Bod mewn ysgol breswyl yw'r ffordd o fyw agosaf at fod yn y fyddin y galla' i feddwl amdani. Roedd y CCF (College Cadet Forces) yn rhan annatod o fywyd yno, a byddai rhai'n ymuno'n frwd y funud y bydden nhw'n cyrraedd. Rown i'n eu gweld nhw'n martsio ac yn ymarfer yn aml o gwmpas yr ysgol ac fe fydden nhw'n mynd bant am benwythnosau i wahanol wersylloedd hefyd.

Roedd fy nhad yn heddychwr ac yn aelod blaenllaw o CND ac ati, ac wedi rhoi llythyr i'r Prifathro yn dweud nad oeddwn i ar unrhyw gyfri i ymuno â dim oedd â chysylltiadau milwrol. Doedd dim ynghylch y CCF yn fy nenu i ond, wrth gwrs, roedd y *night manoeuvres* yn fater cwbl wahanol! Lle'r oedd rhyw antur neu ddrygioni ar droed, gallech fentro bod yn rhaid i Huw Ceredig fod yno hefyd.

Felly, am ddau neu dri o'r gloch y bore, dyna lle fydden ni'n bwyta *doughnuts* neu rywbeth tebyg gyda'r pobydd. Ceiniog neu ddwy fydde fe'n eu codi arnon ni fel arfer. Clonc a *cream bun*, yna golchi'n wynebau ac yn ôl â ni i'r dorm.

Gan 'mod i wedi llyncu mwy o gwrw nag ydw i wedi eu bwyta o *doughnuts* yn y blynyddoedd ers gadael Llanymddyfri, mae'n debyg y dylwn i gydnabod bod dylanwad y Black Ox yn y dref yn fwy arwyddocaol arnaf na dylanwad y becws.

Deuddeg oed oeddwn i pan ges i flas ar fy niod feddwol gyntaf. Alla i ddim â honni bod yr arfer yn rhemp ymysg bechgyn deuddeg oed Coleg Llanymddyfri, ond mi fydde cnewyllyn anturus yn dringo dros wal y Coleg ac yn hel eu ffordd at ddrws cefn y dafarn. Doedd fiw inni fynd i mewn i'r bar yn ddeuddeg oed, wrth reswm, er y byddai bechgyn hŷn yn cael eu syrfio yno. Yn y gegin gefn y caem ni ein dogn. Llond cwpanaid fynychaf. Ie! Fesul cwpaneidiau y câi cwrw ei werthu inni. Ar ôl ei lyncu rhaid oedd hel ein traed a mynd yn ôl dros y wal.

Bob nos Sadwrn byddai ffilmiau'n cael eu dangos yn y gampfa – adeilad a safai ar ei ben ei hun o fewn tiriogaeth y Coleg. Unwaith roedd y *projector* wedi cael ei roi i redeg doedd fawr neb yn cadw llygad ar ddim wedyn a mater cymharol hawdd oedd cripian allan o dan y cadeiriau a'r llwyfan lle'r oedd y sgrin yn sefyll a dilyn ein dihangfa arferol dros y wal. Yr unig beth yr oedd yn rhaid gofalu ei wneud oedd bod yn ôl cyn i'r ffilm orffen.

Saif adeilad y Black Ox yn Llanymddyfri o hyd, gyda'r enw i'w weld yn blaen arno – ond mae'n siop fwydydd organig erbyn heddiw, ag iddi'r enw gobeithiol Iechyd Da. Adlais eironig o'r hyn a fu, efallai, ac arwydd sicr o'r newid byd sydd wedi bod. Erbyn heddiw daeth y dyddiau pan fyddai bechgyn deuddeg oed yn sleifio i mewn trwy'r drws cefn i lowcian ambell gwpanaid o gwrw Buckley's i ben. A da o beth yw hynny, mae'n siŵr. Ond ar y llaw arall, mae'n digwydd ar ymyl stryd erbyn heddiw, heb neb yno chwaith i gadw trefn.

Cloriannu Llanymddyfri

Bachgen digon pentrefol o'n i'n cyrraedd Coleg Llanymddyfri. O ran fy nheulu a bywyd ym Mrynaman, digon cyfyng oedd cylch fy mhrofiad i mewn gwirionedd, serch yr anian anturus oedd ynof i. A dyna'r wers fwya' ddysgais i yn Llanymddyfri, rwy'n meddwl – dysgu shwt i ddod ymlaen gyda phob math o bobl.

Roedd yno rai o gefndir tebyg i mi, mae'n wir, ond roedd yno lawer yn fwy o deuluoedd cefnog iawn – a doedd e'n ddim byd anghyffredin i weld rhai'n gyrru i mewn i dir yr ysgol yn eu Daimlers a'u Jags.

Cymdeithas o ddynion yn unig oedd hi hefyd bryd hynny. Fel rwy wedi'i grybwyll eisoes, yr unig amgylchfyd tebyg alla' i ei ddychmygu sy'n bodoli heddiw yw'r fyddin – byd lle mae bechgyn a dynion o bob oed a chefndir yn gorfod dygymod â'i gilydd mewn un gymdeithas glòs.

Erbyn imi gyrraedd tua pedair ar ddeg oed, rwy'n gallu cofio bod yn ymwybodol o'r diffyg merched o 'nghwmpas i. Mae'n wir fod yno gogyddes – a Chymraes oedd honno – a dwy neu dair oedd yn gweini wrth y byrddau. Ond ar wahân iddyn nhw, prin oedd y menywod oedd yna i ysgogi ffantasïau llanc ar ei brifiant. Roedd matron a nyrs yno hefyd – ac er mai un ddigon hyll oedd y nyrs o'r hyn gofia i, rown i wedi cael fy amddifadu o gwmni merched i'r fath raddau nes y dechreuodd hyd yn oed honno edrych yn bert yn fy ngolwg i yn y diwedd!

Dim ond ichi edrych ymhellach na'r wal oedd o gwmpas y Coleg, roedd merched yn Llanymddyfri, wrth reswm, a'r un ddisgleiria sy'n aros yn y cof yw Leonora Dando. Gweithiai yn y garej wrth yr orsaf bryd hynny, yn syrfio wrth y pwmps petrol, ac rwy bron yn siŵr 'mod i'n cofio i un o 'nghyd-ddisgyblion, Owain S. Talfan Davies, fynd mas 'da hi ar un adeg. Brawd Geraint Talfan Davies oedd Owain, ac yn drist iawn cafodd ei ladd yn ddyn ifanc mewn damwain car yn yr Alban ac yntau ar drothwy gyrfa ddisglair.

Rai blynyddoedd wedi'r cof sydd gen i ohoni yn Llanymddyfri, roedd wyneb Leonora – a thipyn mwy na hynny ohoni – wedi ei blastro ar hyd y papurau newydd fel y barmêd fronnoeth gyntaf ym Mhrydain. Alla i ddim honni 'mod i wedi cael *sneak preview* o'r hyn ddaeth ag enwogrwydd iddi, ond rwy'n cofio bod ganddi'r gallu i dynnu'n sylw i bob tro yr awn i heibio'r garej. Roedd hi'n cael effaith debyg ar y rhan fwyaf o'r bechgyn. Trwy lwc, roedd meysydd criced a rygbi'r Coleg y tu hwnt i'r garej a rhaid oedd mynd ar hyd y ffordd honno'n aml.

Wrth edrych 'nôl, alla i ddim dianc rhag y ffaith fy mod i'n teimlo fod bywyd yng Ngholeg Llanymddyfri yn fywyd digon afiach. Doedd yr awyrgylch a'r gyfundrefn ddim yn gydnaws â fi o gwbl, a doedd e ddim yn lle naturiol i rywun fel fi dyfu lan ynddo.

Mae'n wir imi gael peth cyfle i actio yno, ond yr unig bethau a gafodd eu meithrin a'u datblygu yno mewn gwirionedd oedd hunanhyder a'r gallu hwnnw i gymysgu 'da thipyn o bawb.

Tedi boi cyntaf Llanuwchllyn

Y fi oedd y tedi boi cyntaf yn Llanuwchllyn. Pan gyrhaeddais i yno am y tro cyntaf yn 1955 rown i'n holi'n hun yn ddwys i lle yffach own i wedi dod. Ac, erbyn hyn, rwy'n sylweddoli y byddai amryw yn

Llanuwchllyn hefyd yn gofyn beth oedd y creadur rhyfedd 'ma oedd wedi cyrraedd i fyw yn eu mysg!

Rown i'n hoffi meddwl 'mod i'n dipyn o tedi boi – ac yn gwisgo'n briodol gyda 'ngwallt wedi'i gribo'n ôl yn seimllyd. Rhaid fod golwg y fall arna i ar brynhawn o Ragfyr yn Llanuwchllyn a minnau'n camu oddi ar y trên. O'r olwg ar wyneb 'Nhad, oedd wedi dod i gwrdd â mi, doedd e ddim yn meddwl rhyw lawer o'r ddelwedd roedd ei fab wedi'i mabwysiadu.

Wrth gerdded o'r orsaf yn ôl at Garth Gwyn, y tŷ roedd y teulu newydd symud iddo tra 'mod i ar ganol tymor yn Llanymddyfri, fe ddaethon ni ar draws Llew Davies, perchennog Siop y Post a thad y gantores Mary Lloyd Davies. Cefais fy nghyflwyno iddo fel epil hynaf y gweinidog oedd newydd gyrraedd y gymdogaeth, ac rwy'n meddwl bod yr olwg arna i wedi creu cryn argraff arno – er nad yr un y byddai fy nhad wedi ei hoffi.

Un stryd oedd Llanuwchllyn bryd hynny – codwyd mwy o dai yno erbyn heddiw. O'u cymharu, roedd Brynaman yn fetropolis! Dim ond treflan fechan oedd y pentref hwnnw wedi bod, mae'n wir, ond roedd yno ddiwydiant a phoblogaeth reit sylweddol a doedd trefi mawr fel Abertawe a Llanelli ddim ymhell. Y prynhawn cyntaf hwnnw, ymddangosai *downtown* Llanuwchllyn fel twll tin y byd. Roedd fy nghalon yn suddo'n ddyfnach gyda phob cam. Ond buan iawn y datgelodd Llanuwchllyn imi fod digon o bethe yno i fynd â 'mryd!

Llanuwchllyn

Dyma'r ardal fwyaf diwylliedig y gwn i amdani, a hwnnw'n ddiwylliant naturiol nad oedd neb yn ei orfodi ar unrhyw un. Mi fyddai bois ifanc yn ymuno â Chôr Godre'r Aran o'u gwirfodd. A phan dw i'n meddwl 'nôl ac yn ystyried maint y boblogaeth oedd yno i gynnal popeth – hyd yn oed â chynnwys llefydd fel y Parc ac ati yn rhan o fro Llanuwchllyn – roedd lefel y gweithgaredd yn anhygoel. Dim ond gydag amser y dois i i sylweddoli mor freintiedig oeddwn i yn cael bod yn rhan o'r gymdeithas honno. Mi fydde 'na Ŵyl Ddrama flynyddol ac Eisteddfod Gadeiriol, ac roedd Eisteddfod y Llungwyn wastad yn un o ddyddiau mawr y calendr yno.

Ond rhag i neb feddwl mai dim ond canu a barddoni oedd yn mynd â bryd y boblogaeth yno, fe ddylwn i sôn fan hyn am sefydlu tîm pêl-droed y pentref.

Sefydlwyd y tîm yn 1957, ac rwy'n cofio i nifer o'm ffrindiau fod yn chwarae i'r pentref, gan gynnwys Irwyn Jones, Arwel Lloyd Jones a John Mancini. Ar y pryd, roeddwn i'n dal i fynd yn ôl ac ymlaen i Lanymddyfri, wrth gwrs, ac felly allwn i ddim bod yn un o'r tîm, ond heb os nac oni bai, y cawr yn eu plith oedd Gwynedd Roberts, neu Gwynedd Wern Ddu fel yr oeddwn i'n ei nabod.

Yn ddiweddarach daeth ei fab, Iwan Roberts, yn bêl-droediwr i Gymru a does dim amheuaeth 'da fi na fyddai Gwynedd hefyd wedi llwyddo i chwarae ar yr un lefel pe bai e ond wedi cael y cyfle. Yn sicr, fe wnaeth sgiliau Gwynedd ar gae pêl-droed argraff fawr arnaf fi a'm cyfoedion yn Llanuwchllyn. Er mawr dristwch i mi, fe fûm i'n claddu Gwynedd yn Nyffryn Ardudwy ym mis Mehefin 2006.

Mae eraill o'r cyfnod hwnnw, fel Huw Garej a Gwynfor Gwernhefin, wedi aros yn gyfeillion oes.

'Addysg bellach' ym Mhandy Mawr

Mae'r 'breintiau' a estynnwyd imi yn Llanuwchllyn yn mynd y tu hwnt i ffiniau diwylliant yn unig. Adeg yr ail Nadolig rown i yno, a minnau'n bedair ar ddeg mlwydd oed, cafodd parti ei gynnal yn ffermdy Pandy Mawr, sydd reit yng nghanol y pentref. Ac yno yn nhas wair Pandy Mawr y cafodd Huw Ceredig yr anrheg Nadolig mwya hirymarhous a gafodd e erioed, sef ei flas cyntaf ar ryw go iawn.

Doeddwn i ddim yn naïf ynghylch merched cyn hynny, ond noson y parti bythgofiadwy hwnnw fe ges agoriad llygad a oedd yn dipyn o 'sgytwad. Erbyn heddiw, mae'n debyg y byddai'r hyn a ddigwyddodd imi'n cael ei gofnodi fel trais, neu o leiaf fel achos difrifol o gam-drin plentyn yn rhywiol.

Fe redais adre, yn crynu fel deilen – a phan gyrhaeddais i'r tŷ roedd Mam wedi cael ofn am ei bywyd ac yn methu'n lân â deall beth oedd wedi gadael y fath effaith arna i.

'Beth yn y byd sy'n bod arnat ti?' gofynnodd wrth imi ruthro heibio iddi am y llofft gan ateb, 'Wy'n olreit! Wy am 'y ngwely!'

Alla i ddim â dweud ai pleser ynteu ofn ynteu beth greodd y profiad ynof i. Dryswch, rwy'n meddwl, yn fwy na dim. Rown i'n ferw o deimladau a gwefrau a do'n i'n sicr ddim am eu trafod nhw 'da Mam y noson honno, na'r un noson arall ychwaith.

Mae'n debyg i'r profiad hwnnw yn y das fod yn 'wers' y bu pawb a oedd yn y parti yn dyst iddi, mae'n ymddangos, o ystyried faint o bobl sydd wedi tynnu fy nghoes am y noson dros y blynyddoedd! Y mae cynaeafau'n mynd a dod cyn amled â Nadoligau … ond teg dweud bod ambell das yn haws i'w chofio nag eraill!

Ar ôl bwrw'r cwch i'r dŵr ym mharti Nadolig Pandy Mawr, fe fues i'n canlyn sawl merch arall yn ardal Llanuwchllyn yn y blynyddoedd a ddilynodd, gan gynnwys Elinor Bennett. Elinor Bennett oedd cariad mawr fy mywyd i am sbel – roedden ni'n ffrindiau penna. Fe aeth hi ymlaen i ennill ei henwogrwydd ei hun, wrth gwrs, fel telynores ac fel gwraig Dafydd Wigley. Mae fy mharch i at Elinor, ac at Dafydd Wigley ei hun, yn uchel iawn, iawn – am yr hyn y mae'r ddau ohonyn nhw wedi ei gyflawni yn eu meysydd eu hunain ac am eu dewrder fel teulu hefyd. Rwy'n falch o ddweud inni aros yn ffrindiau da ar draws y blynyddoedd.

Tegwyn Evans Coed-y-Pry

Y diwrnod y cyrhaeddais i Lanuwchllyn am y tro cyntaf – y diwrnod hwnnw y cyfarfu 'Nhad â mi oddi ar y trên – oedd y diwrnod y cwrddais â Tegwyn am y tro cyntaf. Wrth fynd mas i'r pentre'r noson honno i weld beth oedd beth, doeddwn i ddim wedi codi 'ngobeithion yn rhy uchel am ddim. Rown i wedi casglu mai yn y neuadd bentref yr oedd pawb yn ymgynnull ac yno y dechreuais i siarad â Tegwyn. Mab fferm Coed-y-Pry oedd e – yr un Coed-y-Pry a fu'n gartref i Syr O. M. Edwards ddwy genhedlaeth ynghynt – ac roedd hi'n amlwg i fi o'r cychwyn fod y ddau ohonom o'r un anian.

'Wyt ti am ddod efo ni fory?' gofynnodd e.

'I ble?' meddwn innau.

'Jest bydd yn barod ben bore fory,' atebodd e, 'a gofala fod gen ti ddigon o bres yn dy boced.'

Wrth gwrs, doedd hi ddim yn bosib i Huw Ceredig wrthod her o'r fath. A dyna shwt y ces i'n hunan ar orsaf Llanuwchllyn yn blygeiniol fore trannoeth, i fynd i lawr i orsaf y Bala, lle, er mawr syndod i mi, roedd 'na rhyw hanner cant o rai eraill, a phawb ohonyn nhw mewn crysau a sgarffiau coch.

Hwnnw oedd y diwrnod y bûm i ym Manceinion am y tro cyntaf – lle rhyfeddol oedd yn gwneud i Abertawe ymddangos yn ddinas fechan iawn. Ond roedd rhyfeddod mwy i ddod, ac un a oedd i ysgogi fy mrwdfrydedd a chynnal fy niddordeb hyd y dydd heddiw. Pêl-droed!

Doeddwn i erioed wedi gweld gêm bêl-droed fyw o'r blaen. Ac os dechrau dotio at gêm y bêl gron ar ôl plentyndod o ddefosiwn i'r un hirgron, pa le gwell i ddechrau nag ar y top – yn gweld Manchester United yn chwarae yn Old Trafford?

Ym Mrynaman ac yng Ngholeg Llanymddyfri rown i wedi magu i ddilorni pêl-droed braidd. Ond, yn sydyn, dyma ddarganfod byd newydd o sgiliau a chyffro, o uchelfannau ac arwyr. Ac i'm ffrind newydd, Tegwyn Evans Coed-y-Pry, yr oedd y diolch am hyn i gyd.

Bob gwyliau gawn i o Goleg Llanymddyfri mi fyddwn yn siŵr o weld Tegwyn; fe fyddwn i'n mynd i weld Man U yn ei gwmni ac yn rhannu amser o gwmpas y pentre gydag e.

Roedd nos Sadwrn yn dipyn o ddefod, fel y bu i bobl ifanc erioed, am wn i. Byddai mynd i'r Bala i fwynhau ac yna dod adre ar y bws deg yn arferiad ymhlith llanciau'r fro ac, yn sicr, doedden ni ddim gwahanol i neb arall.

Ym mis Hydref 1957 fe aethon ni i'r ffair fyddai'n dod yn flynyddol i Ddolgellau. Unwaith eto, roeddwn i'n un o'r criw, mas ar y pop ac yn benderfynol o gael hwyl.

Ar ôl tipyn o herian gan y lleill, fe es i ar reid 'Noah's Ark' – reid gloi iawn oedd yn cyflymu wrth droelli ac yn mynd lan a lawr hefyd. Rown i'n eistedd yn y rhes allanol, ac wrth i mi wibio heibio dechreuodd y criw weiddi a herian a cheisio gafael yno' i i'm tynnu i oddi ar y reid.

Teg dweud 'mod i wedi dychryn ac wedi gwylltio hefyd i raddau helaeth, ac fe benderfynais wneud rhywbeth ynghylch y sefyllfa. Gan 'mod i'r person o'n i bryd hynny roedd gen i gyllell yn 'y mhoced – hen *cut-throat* yr oeddwn i wedi'i dwyn o labordy yn Llanymddyfri – ac fe dynnes i hi mas. Y tro nesaf y des i rownd i lle'r oedd y criw, dyma fi'n trywanu'r gyllell yn wyllt i gyfeiriad y bois, ac fe ges i lonydd wedyn. Dim ond pan ddôth y reid i ben y sylweddolais i fod Tegwyn wedi cael niwed gan y gyllell. Wrth imi anelu'r erfyn yn ddigyfeiriad i'r awyr roedd y llafn wedi saethu mas o'i gasyn a pheri difrod na châi byth mo'i ddadwneud mewn gwirionedd.

Dyna lle safai Tegwyn yn dal ei arddwrn a'r gwaed yn pistyllio i bobman. Er ei bod hi'n nos Sadwrn, fe ddaethon ni o hyd i feddyg yn Nolgellau trwy lwc ac fe ddywedodd hwnnw fod y toriad yn un cas – wedi methu ei brif wythïen o drwch blewyn yn unig. Fe roddodd bwythe yn yr archoll a lapio'r fraich yn dynn, a hynny a fu.

Doeddwn i'n sicr ddim wedi anelu'r llafn at Tegwyn yn fwy nag at unrhyw un arall yn benodol. Arddangosfa o frafado ar fy rhan i oedd ysgwyd y gyllell yn yr awyr fel y gwnes i, ac roedd Tegwyn yn sicr yn derbyn hynny ar y pryd. Er iddo roi diwedd digon sobor i'r noson mas yn y ffair, doedd dim dicter na sôn am ddial ar gyfyl ein sgwrs ni a fuodd 'na ddim chwaith y tro neu ddau cyntaf y gwelais i e ar ôl y noson honno.

Ond yna, un diwrnod, derbyniodd Mam a 'Nhad lythyr twrne, yn eu rhybuddio nhw fod achos o *grievous bodily harm* yn cael ei gymryd yn erbyn eu mab. Roedd Huw Ceredig yn wynebu cyhuddiad o GBH ac roedd bywyd wedi cymryd cam go bendant tuag at y tywyllwch.

Y tro nesaf rown i'n ôl yn Llanuwchllyn ac y gwelais i Tegwyn, fe ddywedodd wrtha i fod ei rieni wedi gorchymyn iddo beidio â siarad â mi. Fe gawson ni air 'da'n gilydd, ond roedd hi'n amlwg fod cyfeillgarwch oedd wedi golygu llawer i mi ar y pryd ac un a oedd wedi fy nghyflwyno i un o bleserau mwya hirhoedlog fy oes, wedi newid am byth. Yr hyn nad oeddwn i i wybod ar y pryd oedd fod gwaeth i ddod.

Taith yng nghefn car

Un diwrnod yn gynnar yn 1958 fe ges i 'ngalw o 'ngwersi yn Llanymddyfri a dywedwyd wrthyf fod dau ddyn yno i'm gweld i a 'mod i i fynd am sbin yn y car 'da nhw. Fe ges i'n rhoi yng nghefn y car rhwng dau foi na wyddwn i ddim pwy ar y ddaear oedden nhw ac fe yrron ni allan o dir y Coleg draw i gyfeiriad Llanwrda.

Fel y trodd pethe mas, dau dditectif oedd y dynion, isie sgwrs 'da fi am yr hyn oedd wedi digwydd yn Ffair Dolgellau.

Er mwyn cynnal eu 'cyfweliad' anghonfensiynol, fe dynnon ni i mewn i le aros ar ymyl y lôn, a dyna lle bues i'n adrodd y stori am y meri-go-rownd, a'r ymdrechion i 'nhynnu i oddi ar y ceffyl, a'r gyllell, a'r llafn yn saethu mas o'i gasyn a holl amgylchiadau'r anffawd.

Roedd ganddyn nhw ddiddordeb arbennig yn y gyllell – ac fe ddywedais i nad oedd gen i syniad ym mhle'r oedd hi bellach. Aeth chwys oer trosta i wrth honni hynny achos roedd y gyllell ym mhoced fy siaced wrth imi siarad, a minnau'n gweddïo na fydden nhw'n archwilio ymhellach a dod o hyd iddi.

Erbyn heddiw rwy'n gallu gweld bod goblygiadau digon sinistr i'r hanner awr annifyr yna dreuliais i yng nghefn car yr heddlu. Prin un ar bymtheg oed oeddwn i, doedd gen i ddim rhiant na chyfreithiwr na neb yno gyda mi, ac rown i wedi 'nhynnu o'r ysgol pan ellid bod wedi dod o hyd i ystafell yno i gynnal y cyfweliad pe dymunid. Profiad rhyfedd iawn, a go brin y digwyddai hynny heddiw – mae pawb yn llawer mwy ymwybodol o'u 'hawliau'.

Ches i ddim hyd yn oed lifft yn ôl i'r Coleg gan y ddau heddwas. Cefais fy ngadael yno, ar ymyl y ffordd, i gerdded yn ôl i Lanymddyfri. Wrth groesi'r bont ar gwr y dre, fe oedais am eiliad i daflu'r gyllell i'r dŵr. Efallai ei bod hi yno o hyd – wedi hen golli ei hawch a'i harwyddocâd, ond go brin yr eith hi byth yn angof gen i. All na dŵr nac amser rydu'r chwerwder a grëwyd ganddi.

O fewn blwyddyn i'r holl stori drist roedd Tegwyn Evans Coed-y-Pry wedi mynd i'w ateb. Doedd gan ei farwolaeth ddim oll i'w wneud â fi na dim a ddigwyddodd rhyngom. Fe'i lladdwyd mewn damwain ffordd ac roedd yn ddiweddglo trist i fywyd ifanc llawn afiaith. Y fe oedd y cyfaill cynta wnes i yn Llanuwchllyn, ac anghofia i byth mohono.

Fe es i gyda 'Nhad i Goed-y-Pry i estyn cydymdeimlad i'w rieni – ymweliad anodd a adawodd ddau atgof clir. Y cyntaf oedd dwyster eu galar, a'r ail oedd eu honiad nad oedden nhw erioed wedi dymuno dilyn trywydd y gyfraith yn fy erbyn ond fod eraill wedi rhoi pwysau arnynt i wneud hynny. Teg dweud i'r holl bennod rwygo Llanuwchllyn am gyfnod, gyda dwy farn bendant ynglŷn â phopeth a ddigwyddodd.

Beth amser wedyn rown i gartref yng Ngarth Gwyn pan alwodd dau ddyn yn y tŷ. Dau dditectif arall, a minnau, unwaith eto, ar fy mhen fy hun. Ond nid dod i holi yr oedden nhw'r tro hwn. Fe ddywedon nhw wrtha' i fod y Prif Gwnstabl wedi penderfynu na fyddid yn awr yn bwrw ymlaen 'da'r achos yn fy erbyn – roedd o'r farn 'mod i wedi diodde digon.

Fy nhowlu mas o Lanymddyfri

Chofia i ddim beth yn gwmws ddôth â 'ngyrfa i yng Ngholeg Llanymddyfri i ben. Rhaid mai newydd fod drwy'r brofedigaeth o golli Tegwyn o'n i. Rown i'n un ar bymtheg ac ar fin sefyll yr arholiadau Lefel O, ac rwy'n rhyw feddwl mai cael fy nal yn smocio wnes i, neu yfed, neu bod mas o dir y Coleg pan na ddylwn i. Rhyw gamwedd tebyg, mae'n siŵr. Haf 1958 oedd hi, ta beth, a'r syndod yw i mi barhau yno mor hir. Rown i wedi bod mewn trwbl o'r diwrnod cyntaf bron.

Yn ystod fy mlwyddyn gynta, rwy'n cofio imi gael y gansen deirgwaith o fewn ychydig wythnosau – a hynny am gael fy nal yn smygu bob tro. (Er mor ffiaidd o boenus oedd y gosb honno, nid hynny wnaeth imi roi'r gorau i'r ffags ymhen blynyddoedd wedyn.) Roedd ôl defnydd cyson ar y gansen a gadwai'r prifathro, y Parch. G. O. Williams, yn ei stydi. Â hithau wedi'i splintro, fe dorrai i mewn i gnawd y pen-ôl yn giaidd gan dynnu gwaed. Rown i'n *blood* go iawn – er nad dyna darddiad y term.

Y trydydd tro imi gael fy nal a'm danfon i'w weld yn y flwyddyn gynta honno, rwy'n cofio iddo ofyn beth yn y byd o'n nhw'n mynd i'w wneud â mi. Ei ateb oedd fy ngwahardd rhag cymryd rhan mewn unrhyw chwaraeon y prynhawn Sadwrn canlynol. Yn lle hynny bu'n rhaid imi fynd o gwmpas y lawnt oedd o flaen y prif adeilad yn casglu pacedi creision ac unrhyw sbwriel tebyg oedd wedi ei ollwng neu wedi ei chwythu yno gan y gwynt – addysgiadol iawn, rwy'n cofio meddwl ar y pryd.

Erbyn y camwedd olaf, mae'n amlwg ei fod e, fel fi, yn meddwl 'mod i y tu hwnt i ystyriaethau addysgol bellach. A thu hwnt i hel sbwriel hefyd. Fe ddywedwyd wrtha i y byddwn i'n gadael yn y bore – cael fy hel adre mewn gwarth cyn cael sefyll yr arholiadau. Fore trannoeth cefais fy ngalw i'w swyddfa drachefn, a dywedodd wrtha i fod ei wraig wedi ymbil arno i ddangos trugaredd. Y cyfaddawd oedd y cawn aros i wneud yr arholiadau ond 'mod i i adael ar unwaith ar ddiwrnod fy arholiad olaf.

A dyna a fu. Cyrhaeddodd fy nhad i fynd â fi trwy'r clwydydd hynny am y tro olaf ac yn ôl adref am Lanuwchllyn. Fe gymerodd hi ddiwrnod neu ddau cyn i 'Nhad sylweddoli nad oedd hi'n ddiwedd tymor ar y Coleg am wythnos arall, a bu'n rhaid i minnau gyfadde wedyn 'mod i wedi cael fy hala gartre.

O fewn dyddiau rown i mewn arallfyd – wedi fy nanfon o Lanuwchllyn hefyd, i fwrw'r haf yn ardal Aberhosan gyda brawd ieuenga Mam a'i wraig – Wncwl Maurice ac Anti Sera.

Wncwl Maurice ac Anti Sera

Bob tro y byddai rhyw drybini ar fy ngwarthau yn ystod ugain mlynedd gyntaf fy hanes, cawn fy hun yn ôl ar aelwyd Wncwl Maurice ac Anti Sera. Daeth yn aelwyd gyfarwydd i mi, ac roedd hi'n alltudiaeth rown i wastad yn ei chroesawu â breichiau agored.

O ran brics a mortar, fe newidiodd yr aelwyd tua 1955 pan brynon nhw fferm gyfagos Cefngwyrgrug. Er iddyn nhw symud i'r fferm newydd, fe gadwon nhw feddiant ar Nantyfyda am rai blynyddoedd, gan roi dyn ifanc lleol yno i redeg y lle ar eu rhan.

Felly i Gefngwyrgrug y dois i ym mis Mehefin 1958, ar ôl i Goleg Llanymddyfri benderfynu'n derfynol y gallen nhw wneud heb fy nghyfraniadau disglair i fywyd y sefydliad hwnnw. Erbyn imi gael ar ddeall 'mod i wedi llwyddo mewn dau bwnc Lefel O (Cymraeg a Llenyddiaeth Saesneg) – yr unig gymwysterau o unrhyw fath sydd 'da fi i ddangos am fy amser yn Llanymddyfri – rown i wedi hen ymgolli'n ôl ym mywyd y fferm. Gymaint felly nes rown i mwy neu lai wedi penderfynu mynd i Goleg Llysfasi yr hydref hwnnw i ddilyn cwrs mewn amaethyddiaeth, gyda'm bryd o ddifri ar ddilyn gyrfa yn y diwydiant. Yr oedd 'Huw Ceredig y Ffarmwr' yn bosibilrwydd go iawn, ond roedd gan Mam syniadau eraill.

Fel cymaint o'i chenhedlaeth, roedd hi'n credu'n angerddol yng ngwerth addysg, ac fe ddaeth hi i Gefngwyrgrug un diwrnod i geisio dwyn perswâd arna i i ddychwelyd i Lanuwchllyn a chael fy hyfforddi ganddi i ennill mwy o bynciau Lefel O, fel y gallwn i fynd ymlaen â'n addysg yn Ysgol Tŷ Tan Domen yn y Bala. Fe ddygodd hi berswâd ar ei brawd a'i wraig i'w chefnogi, ac yn wyneb hynny i gyd fe gytunais innau. Flynyddoedd wedyn bydde Wncwl Maurice yn aml yn dweud wrtha i, 'Mi ddylet ti fod wedi stico at y ffermio, Huw,' ac rwy inne wedi meddwl hynny weithie … er nad yn aml.

Rhyw wyth neu naw mlynedd yn ôl y bu farw Maurice – a ni bedwar brawd gariodd yr arch o Aberhosan ar ei siwrne olaf. Gwasgarwyd ei lwch ar dir Nant-ddu, rhwng Dylife a Bugeilyn lle'r arferai gneifio'r defaid. Teimlai'n briodol ein bod yn cyflwyno'i weddillion yn ôl i'r tirlun oedd yn gymaint rhan o'i wneuthuriad yntau. Roedd fy modryb wedi'n gadael ni rai blynyddoedd cyn hynny.

Roedden nhw'n perthyn i'w bro ac yn cynrychioli ffordd o fyw yn y Gymru wledig sydd wedi prysur newid. Yn y cyfnod y cofia i, roedd diwrnod Sioe Aberhosan yn un o uchafbwyntiau'r flwyddyn, gyda chystadlu brwd ar bopeth, o fustych i fara brith. Ac, wrth gwrs, roedd bywyd y capeli wrth galon bywyd y fro. Y lle'n llawn ac yn ferw o fywyd cymdeithasol os nad ysbrydol. Roedd llais alto gwych gan Anti Sera ac roedd Wncwl Maurice yntau'n denor da. Pleser oedd bod yn yr oedfa, petai ond i gael bod yn rhan o'r canu.

Yn Aberhosan, fel yn Llanuwchllyn – ac ym Mrynaman cyn hynny – rown i'n cael profi cynhaliaeth cymuned, cymdeithas a chwmnïaeth, er nad wy'n meddwl imi sylweddoli gwerth hynny ar y pryd.

Yr Urdd

Mae arna i ddyled i'r Urdd o oedran ifanc iawn. Bu dylanwad y mudiad hwnnw, yn arbennig yr holl gyfleoedd ges i i hogi doniau a datblygu sgiliau yn y gwersylloedd, yn un pwysig. Mam a 'Nhad oedd yn awyddus iawn inni fynd i wersylla – ac o'r pedwar ohonom, y fi fu'r mwya selog yng ngwersylloedd yr Urdd.

O tua naw mlwydd oed ymlaen y dechreuais i fynd i fanno, ac erbyn rown i'n bymtheg rown i'n swyddog – un o'r swyddogion ieuengaf a fu yn Llangrannog erioed.

Symudodd y teulu o Frynaman i Lanuwchllyn yn 1955, a fues i erioed yn wersyllwr cyffredin yng Nglan-llyn gan nad yw'r gwersyll fawr mwy na rhyw ddwy filltir o'r pentref. Fe fues i'n gweithio yno dros sawl haf yn ystod fy arddegau – a gweithio o saith y bore tan un ar ddeg y nos. Doedd dim sôn am y deddfau sy'n rheoli faint o oriau gaiff plant eu gweithio yn y dyddiau hynny! Tipyn o jòb yw glanhau dau gant o lampau olew henffasiwn, neu'r *Tilley lamps* fel ro'n nhw'n cael eu galw. Doedd dim trydan yng Nglan-llyn bryd hynny. A fi oedd y Taniwr. Dyna deitl y swydd oedd 'da fi – ond go brin ei fod e'n cyfleu popeth o'n i'n ei wneud yn y lle. Fi hefyd oedd yn gyfrifol am grafu tatws bob dydd i'r ugeiniau oedd yno. Roedd hen beiriant rownd y cefn oedd yn gwneud y gwaith a'r unig gyfraniad dynol oedd ei angen i borthi'r pum mil oedd nerth bôn braich, rhywun i droi'r hen beth – ac am sawl haf yn y pumdegau a'r chwedegau, y fi oedd y rhywun hwnnw. Er gwaetha'r gwaith caled, fe ges i amser gwych!

Ar wahân i'r gwaith rown i'n cael fy nhalu amdano, roedd yna bob math o adloniant i'w drefnu, sgetsys i'w hysgrifennu a phobl ddiddorol i ddod i'w hadnabod.

Un o'r rheini oedd y chwaraewr rygbi anhygoel o'r Hendy, Terry Price, gafodd 'i ladd mewn damwain car flynyddoedd yn ôl. Fe ddaeth e i Lan-llyn gyda chriw o Ysgol Ramadeg y Bechgyn, Llanelli, fel oedd hi bryd hynny. Fe oedd calon y tîm enillodd bencampwriaeth rygbi saith bob ochr y Roehampton Sevens ddwy neu dair blynedd o'r bron. Rwy'n cofio gêm rygbi rhwng y swyddogion a nhw. Cadw allan o'u ffordd nhw oedd y peth hawsa i'w wneud! Ar y cae ac oddi arno, roedd Terry'n yffarn o gymeriad, a buom ein dau yn ffrindiau garw ar hyd y blynyddoedd tan ei farwolaeth sydyn a thrist.

Yng Nglan-llyn y dechreuodd Dafydd Iwan ganu'n gyhoeddus hefyd. Gyda'r teulu'n byw yn Llanuwchllyn erbyn hynny, mater bach oedd iddo fynd draw i'r gwersyll gyda'r nos i ddiddanu pa griw bynnag oedd yno o wythnos i wythnos.

Does dim amheuaeth nad oedd y cyfleoedd a oedd ar gael i bobl ifanc y cyfnod yn arbennig – ym maes adloniant a chwaraeon a phob math o gampau awyr agored. Fe fues i'n hunan yn canŵio a hwylio a dringo mynyddoedd. Fe es i lan yr Wyddfa wn i ddim faint o weithiau yn y cyfnod hwnnw.

Gyda'r Urdd hefyd yr es i i'r Cyfandir gyntaf erioed. Yn niwedd y pumdegau a dechrau'r chwedegau fe drefnodd yr Urdd sawl taith ganŵio i Ffrainc a Sbaen. Rwy'n cofio ar un daith inni fynd ar draws Ffrainc a thros y Pyrenees i mewn i Sbaen ac aros mewn pentref o'r enw Sort. Ymhlith y criw roedd Bobi Gordon, Tecwyn Morris a Hedd Bleddyn o Lanbrynmair; Mici Plwm; Paul Griffiths o'r Tymbl; Margaret, y wraig (ond cyn inni briodi); y diweddar annwyl Elwyn Hughes, arweinydd y daith; a Jo (ddaeth yn wraig i Elwyn ymhen amser). Criw difyr dros ben, rhaid dweud, a chyn pen dim roedden ni i gyd yn dipyn o arwyr ym mhentre Sort.

Cyfrifoldeb Elwyn, fel arweinydd, oedd trefnu afonydd addas ar ein cyfer ni, ac roedd e'n naturiol wedi gwneud ymholiadau gyda'r awdurdodau cymwys yn Sbaen a chael ar ddeall bod yr afon oedd yn torri trwy ganol y pentref, sef y Noguera Pallaresa, yn addas ar ein cyfer.

Yr hyn nad oedd e wedi ei sylweddoli, ac nad oedd neb wedi tynnu ein sylw ni ato, oedd eu bod nhw'n graddio afonydd ar y Cyfandir yn wahanol i'r hyn oedd yn gyffredin yma yng ngwledydd Prydain. Yma, y drefn oedd graddio pa mor beryglus oedd afon o 1 i 10, ond ar y Cyfandir roedd y drefn yn rhedeg go chwith, o 10 i lawr i 1.

Roedden ni i gyd o dan yr argraff fod y Noguera Pallaresa yn ganolig o ran llif a chyflymder y dŵr. Yr hyn na wydden ni oedd fod cynllun hydro-electrig i fyny yn y mynyddoedd yn rhywle a'u bod nhw'n gollwng galwyni o ddŵr i mewn i'r afon bob chwe awr – digon i chwyddo'r llif yn ddramatig a'i throi'n afon beryglus iawn.

Tra oedden ni arni, newidiodd yr afon o lifeiriant pur ddof a dymunol i anghenfil ffyrnig oddi tanom, wrth i lefel y dŵr godi bum neu chwe troedfedd. Chwalwyd ein canŵs yn deilchion. Fe fues i'n lwcus – fe lwyddais i gadw 'nghanŵ i mewn un darn. Ond ar ôl y diwrnod cyntaf hwnnw, dim ond pedwar cwch oedd 'da ni ar ôl o'r deuddeg gwreiddiol aethon ni mas 'da ni. Roedd y lleill yn rhacs jibidêrs a dim gobaith eu trwsio.

Rwy'n cofio taith ganŵio arall gyda'r Urdd yn yr un cyfnod – y tro hwn taith ar yr afon Tarn yn ne Ffrainc, ac fe allai'r daith honno fod wedi gorffen mewn trasiedi, heb os nac oni bai. Yr un criw, fwy neu lai, oedd ar y trip, a'r tro hwn cafodd Jo ei chludo gyda'r llif ar ôl i'w chanŵ hi gael ei falu, a dyna lle'r oedd Elwyn ar y lan (am ei fod e wedi gyrru i lawr i'r man lle roedden ni wedi trefnu cwrdd) yn dweud, 'Aros funud, imi gael tynnu llun!'

Trwy lwc, fe lwyddodd rhai o'r lleill ohonom i gyrraedd at Jo ac ymhen amser fe gytunodd hithau i briodi Elwyn, felly mae'n rhaid ei bod wedi maddau iddo am y tro hwnnw pan oedd e'n rhy brysur yn tynnu llun ohoni i'w hachub rhag boddi.

Mae un hanesyn difyr arall am y daith i Sbaen – un ychydig yn llai peryglus na'r 'bedydd' ar y Noguera Pallaresa, ond un lle ces fy ailfedyddio hefyd mewn ffordd! Rown i wedi mynd â 'ngwialen bysgota a thacl gyda mi mas i Sbaen ac felly dyma wneud ymholiadau ynglŷn â sut oedd cael trwydded bysgota. Cefais ar ddeall bod rhaid mynd i weld y maer yn Sort, ac felly i ffwrdd â mi i'w weld.

Daeth yn amlwg ar unwaith nad oedd hyn yn mynd i fod yn hawdd. Fe sicrhaodd y maer fi y byddai'n bosibl, ond aeth deuddydd heibio … ac yna'r trydydd dydd. Erbyn y pedwerydd fe es i 'nôl i swyddfa'r maer i bwyso arnynt gan mai dim ond am bum niwrnod o'n i yno yn Sort.

Fe gefais i'r drwydded o'r diwedd – a hithau wedi costio crocbris imi. Bu'n rhaid talu mwy am y drwydded nag oedd bwyd am bum niwrnod wedi ei gostio i mi. A'r bedydd? Wel, mae hwnnw'n glwm â'r enw ar y drwydded – nid Huw Ceredig ond Amo Beredig! Mae hi gen i byth. I goroni'r cyfan, fe gollais y tacl i gyd gyda'r cast cyntaf. Aeth yn sownd mewn rhyw sbwriel yn y dŵr nad oeddwn wedi ei weld. Am wn i mai hwnnw oedd y tip pysgota drutaf ddioddefais i erioed.

Un arall o'r bobl anhygoel y dois i ar eu traws yn fy nyddiau yng Nglan-llyn oedd Gareth Mort. Y fe oedd yn cynnal aelwyd Cwmafan, ger Port Talbot, a hynny ar ei ben ei hunan bron ac yn wyneb pob math o anawsterau. Bois Aelwyd Cwmafan oedd bob amser yn ennill y cystadlaethau chwaraeon, yn godi pwysau a phopeth arall.

Fe gollodd Gareth Mort ei goes mewn damwain yn y gwaith dur – ond hyd y dydd heddi, fe yw arweinydd yr Urdd yng Nghwmafan ac mae e'n dal i arwain tripiau sgio i'r Alpau ar gyfer yr anabl. Bob Eisteddfod Genedlaethol yr Urdd am flynyddoedd maith y fe oedd yn rheoli holl staff cefn llwyfan y Brifwyl, waeth ym mha bynnag ran o Gymru yr oedd hi. Arferai gymryd wythnos neu bythefnos o wyliau o'i waith er mwyn bod yno o fore gwyn tan nos i ofalu bod trefn ar bethau gefn y llwyfan.

Pan gas e 'i ben-blwydd yn drigain oed, fe aeth Margaret a fi a Dewi Pws draw i Gwmafan i roi syrpreis iddo. Roedd dathliad yn un o dafarndai'r pentre a noson hyfryd oedd hi hefyd. Pwtyn byr yw Gareth – fawr talach na rhyw bum troedfedd a modfedd, ond yn galed fel harn. Cymeriad – ac un o'r llu sydd, dros y blynyddoedd, wedi gweithio'n ddiflino yn eu gwahanol froydd yn enw'r Urdd.

Rown i hefyd ar un o deithiau cerdded cyntaf yr Urdd. Cael ein gollwng – nid yn unig yn gerddwyr, ond hefyd yn fwyd a phebyll a mapiau a phopeth arall fyddai ei angen arnom – yn Eisteddfa Gurig ac yna cerdded. Y fi oedd y bachan ieuengaf ar y daith honno, neu'r nesaf at yr ieuengaf o leiaf. Roedd Dafydd Grant Jones hefyd tua'r deunaw oed, sef fy oedran i ar y pryd. Ond roedd y lleill i gyd dipyn yn hŷn – gan gynnwys y ddau frawd Iolo ac Iwan Williams, meibion W. D. Williams, a Iolo ap Eurfyl, Dolgellau. Wrth feddwl yn ôl, roedd y daith yn wirioneddol hanesyddol, gan inni fwrw un noson yn Hyddgen lle enillodd Owain Glyndŵr un o'i frwydrau mwyaf yn erbyn y Saeson. Oddi yno fe groesom Bumlumon. Rwy'n cofio i ni ddod ar draws un bugail, gŵr oedd yn byw mewn hen gwt gyda'r miloedd o ddefaid 'ma o'i gwmpas. Mewn pum niwrnod o gerdded – a hynny'n golygu cerdded rhwng deg a phymtheg milltir y dydd – welson ni ddim un cwrcyn byw arall.

Roedd e'n gyfnod arloesol i mi ac i'r Urdd hefyd – amser o ddarganfod, o ddod i adnabod Cymru a meithrin adnabyddiaeth o Gymry o bob cwr.

Dros y blynyddoedd rwy wedi cael y fraint o feirniadu mewn rhai o eisteddfodau lleol yr Urdd, ond erioed yn ei Heisteddfod Genedlaethol, sy'n siom i ryw raddau. Ond rwy'n meddwl eu bod nhw'n ofalus i wahodd rhyw deips arbennig i wneud y gwaith hwnnw, ac rwy'n siŵr y bydde amryw'n ystyried bod fy mywyd i yn rhy afradlon i ganiatáu imi droedio llwyfan Prifwyl yr Urdd. Am ba bynnag reswm, ddôth mo'r gwahoddiad erioed, ta beth.

Storïau arswyd

Parhau'n llawenydd imi yn y blynyddoedd hyn oedd y gwmnïaeth wych rown i'n ei phrofi yng Nglan-llyn, a dyma pryd, am wn i, y dechreuais i sylweddoli o ddifri fod 'da fi ddawn i ddiddanu – ac yn arbennig i ddweud stori.

Fe ddechreuais i gyfres o nosweithiau yng Nglan-llyn lle rown i'n adrodd straeon ysbryd – rhai o'n i'n hunan yn eu gwneud lan. Yn yr hen neuadd bren oedd yno fe fyddwn i fel arfer yn eistedd o flaen bwrdd ar y llwyfan, y tu ôl i len o ddefnydd main y gallech chi weld trwyddo. Rhyw fath o *gauze* oedd e, mae'n rhaid, ond chofia i ddim yn lle dois i o hyd iddo.

Wrth olau cannwyll y byddwn i'n dweud y stori. Fe fydde fflam y gannwyll yn ysgwyd o 'mlaen i ac yn creu cysgodion anferth ar gefn y llwyfan. Ro'n i'n codi ofan arna i'n hunan weithiau, heb sôn am y plant. Fe fyddai'r plant, wrth gwrs, yn newid o wythnos i wythnos ac felly fe allwn i adrodd yr un stori dro ar ôl tro, ond gan amrywio a gwella ar y stori a chadw pethe'n ddiddorol i'n hunan.

Ar un achlysur, gyda chymorth nifer o ffrindiau, fe benderfynais i fynd am y *pièce de résistance*.

Un o'r pethe wnaethon ni ymlaen llaw oedd gosod *hose-pipes* ar draws to'r adeilad, a'r funed ddechreuais i sôn am storm yn rhuo yn y stori dyna lle roedd dŵr i'w glywed ar y to ac i'w weld yn llifo i lawr y ffenestri. Rown i wedi trefnu i griw yn y cefn sleifio mas i droi'r tapiau ymlaen yn y lle priodol. Ar ben hynny roedd yna rhyw gontrapsiwn creu gwynt. Felly, wrth i'r storm waethygu yn y stori, roedd yr effeithiau hyn yn dwysáu. Rhaid dweud, roedd 'ochr dechnegol' yr holl gynhyrchiad yn hynod effeithiol.

Yn y stori roedd yna ferch ifanc oedd wedi syrthio mewn cariad â gŵr y plas – oedd yn adleisio llawer o'r hen straeon oedd yn perthyn i Blas Glan-llyn ei hun – a phan ddaethon ni at bwynt yn y stori lle roedd y ferch yn gweld rhyw oleuni rhyfedd yn y coed, yn sydyn reit roedd lanterni i'w gweld fel petaen nhw'n hofran draw yn y coed ar ochr y bryn. Criw arall ro'n i wedi trefnu iddyn nhw droedio drwy'r coed yn cario fflachlampau o dan gynfasau gwyn oedd fel clogynnau dros eu pennau nhw oedd yno mewn gwirionedd.

Rhywle rhwng tair ar ddeg a deunaw oed oedd y gynulleidfa o 'mlaen i y noson honno a dyma fi, fel storïwr, yn arwain eu sylw nhw at y ffenestr lle roedd y ddrychiolaeth ddychrynllyd hon i'w gweld draw ar y bryn. Fe ddechreuodd rhai ohonyn nhw sgrechen a llefen. A phetai hynny ddim yn ddigon, fe aeth pethau o ddrwg i waeth – neu o dda i well, gan ddibynnu ar shwt 'ych chi'n edrych arni.

Uchafbwynt y stori oedd fod y ferch ifanc 'ma'n dod o hyd i'w chariad yn y diwedd, a'i gael e wedi crogi. Ar yr union eiliad honno, trefnwyd sŵn bollt anferth i ddiasbedain drwy'r neuadd ac i'r drysau cefn saethu ar agor gan ddatgelu delw o gorff yn crogi o'r goeden oedd i'w gweld yn union y tu allan.

Roedden ni wedi gwneud iddo edrych yn dda dros ben – yn rhy dda! Llewygodd rhyw bedwar neu bump o'r plant a bu'n rhaid galw'r doctor o'r Bala i dawelu'r hysteria. Bu'n rhaid mynd ag un i Wrecsam i dreulio'r noson yn Ysbyty Maelor – cymaint oedd ei sioc, roedd hi'n anymwybodol.

Dyna fu diwedd ar y straeon arswyd. Cefais fy ngwahardd yn swyddogol gan yr Urdd rhag cynnal noson debyg byth eto. Fe wnes i barhau i adrodd straeon am ysbrydion ac ellyllon yng Nglan-llyn ar ôl hynny, ond yn dawel, yn answyddogol ac i griwiau dethol yn unig!

Ysbryd y Gwydr

Yn yr un cyfnod, rown i hefyd yn cynnal sesiynau o Ysbryd y Gwydr, sef *séances*. Fe ddaeth yn amlwg iawn imi'n ifanc fod 'da fi'r ddawn ryfeddol yma i gynnal *séances*. Cofiwch, doedd Ysbryd y Gwydr ddim bob amser yn symud gyda'r urddas y byddech chi'n ei ddisgwyl ac fe gymerodd ambell dro digon trwstan o bryd i'w gilydd. Dyna ichi'r tro pan oedd criw ohonon ni yn y gegin yng Nglan-llyn, gan gynnwys Dewi Pws, merch o'r enw May o Gorwen ac Elwyn Hughes, Pennaeth y Gwersyll ar y pryd. A dyma fi, yn ôl trefn y ddefod yn dweud: 'Ysbryd y Gwydr, wyt ti'n bresennol? Dangos dy hun mewn rhyw ffordd.'

Nawr, roedd lein ddillad yn hongian o nenfwd y gegin; ar wahân i'r boilyr yr own i, fel y Taniwr, yn gyfrifol amdano yn y cefn, y lein ddillad oedd yr unig ffordd o grasu dillad y galla i ei chofio yn y gwersyll yn y dyddiau cyntefig hynny. A rywsut, ar yr eiliad dyngedfennol honno, fe gwympodd pâr o bants oddi ar y lein ddillad a glanio reit yng nghanol bwrdd y *séance*. Nid yr arwydd yr oedd neb ohonom wedi ei ddisgwyl, ond doedd dim amheuaeth nad oedd e'n arwydd!

Fe dorrodd pawb mas i chwerthin a dyna fu diwedd ar y *séance* honno, ond nid chwerthin fu diwedd pob ymdrech i gysylltu ag Ysbryd y Gwydr. Fe fu hefyd ambell achlysur digon brawychus.

Un tro roedden ni yn y seler – lle dychrynllyd ar y gorau a naws y fall yn drwm ar y lle liw nos – ac roedd brawd un o'r rhai o gwmpas y bwrdd i fod ddychwelyd o wyliau ar y diwrnod arbennig hwn. Chofia i ddim pam, ond roedd pawb o gwmpas y bwrdd yn gwybod hynny cyn inni ddechrau. Fe ragwelais i farwolaeth y brawd hwn y noson honno. Arweiniodd y gwydr ni i sillafu ei enw, a dilynwyd hynny gan y gair 'lladd'. Pan ddaeth y newyddion trannoeth fod y dyn wedi ei ladd mewn damwain car wrth deithio adre, rown i fy hun wedi cael shwt ofan fe dynges lw na wnawn i alw ar Ysbryd y Gwydr byth eto yng Nglan-llyn. Ond fe gynhaliwyd *séances* yno wedi hynny. Roedden nhw'n rhan o draddodiad y lle, rywsut.

Noson arall sy'n fyw yn y cof o'r dyddiau hynny yw un nos Sul pan oedd Dafydd Iwan a finne wedi mynd draw i Lan-llyn i gynnal noson – Dafydd yn canu a fi'n adrodd storïe, mae'n siŵr.

Ar ddiwedd y gyngerdd roedd y ddau ohonon ni wedi aros a mwynhau'r gwmnïaeth, ac wrth iddi nesu at ganol nos fe aeth pethau'n *séance* yno eto. A ninnau'n eistedd o amgylch y bwrdd, fe osodwyd llythrennau o gwmpas ei ymylon – rhywbeth nad oeddwn yn ei wneud bob amser ac wn i ddim pam ar wyneb daear wnes i hynny'r noson honno. Ond fe symudodd Ysbryd y Gwydr at y llythrennau a sillafu 'parthed dy Dad' ac yna 'marw'.

Er bod hyn wedi codi peth ofn arna i, doedd e ddim mewn gwirionedd yn golygu rhyw lawer i mi. Rhaid cofio bod Dafydd a finne wedi gadael cartref rhywbryd ganol y prynhawn a'i bod hi bellach bron yn un o'r gloch y bore. Doedden ni ddim wedi derbyn yr un alwad ffôn na chlywed dim o'r byd mawr y tu allan i Lan-llyn. Sut alle'r hyn oedd wedi ei sillafu olygu dim inni ar y pryd?

Ond yr un ffaith nad oedd modd ei gwadu oedd ei bod hi'n hwyr a dyma fi'n dweud: 'Reit, Dafydd Iwan, rhaid inni fynd. Edrych faint o'r gloch yw hi.'

Dechrau'r chwedegau oedd hi, a bryd hynny roedd y ffordd rhwng Glan-llyn a phentref Llanuwchllyn yn ddu fel y fagddu am hanner awr wedi un y bore. Ar ganol yr hewl y cerdden ni. Doedd dim golwg o gar na cherbyd o fath yn y byd yn unman. Dim siw na miw i'w glywed. Yna'n sydyn, wrth inni ddod i lawr y darn o'r ffordd sy'n arwain at y bont, dyma ni'n gweld y siapiau 'ma yn croesi o'n blaenau ni. Rhyw bump ohonyn nhw. Fe groeson nhw'r lôn a mynd dros y clawdd ar yr ochr arall heb yr un smic o sŵn.

Roedd Dafydd a fi yn syfrdan am eiliad, ac yna fe redon ni'n dau yr holl ffordd adre. Roedd y ddau ohonon ni wedi cael llond twll o ofan.

Erbyn meddwl, rwy bron yn siŵr erbyn heddiw mai milwyr oedd y siapiau rhyfedd welson ni'n symud mor osgeiddig o heini ac annaearol o dawel. Roedd nifer o wersylloedd gan y fyddin yn y cyffiniau a rhaid gen i mai ciwed o filwyr ar *night manouevres* oedden nhw. Naill ai hynny neu rhyw fodau arallfydol oedd ar droed. Wela i ddim fod yr un eglurhad arall yn bosibl.

Pan gyrhaeddais i gyrion y pentref fe drodd fy rhedeg i'n gerddediad – ond erbyn hynny roedd Dafydd Iwan wedi ei heglu hi yr holl ffordd 'nôl i'r tŷ.

Wrth imi ddod i mewn, doedd dim golwg o Dafydd a thybiais ei fod wedi mynd yn syth i'r llofft, ond pan agorais ddrws y gegin dyna lle'r oedd e'n sefyll yn fud ac yn wyn fel y galchen. Yn ei law roedd darn o bapur a estynnodd i fi ar ôl imi ofyn iddo beth oedd yn bod. Ar y papur roedd neges gan fy nhad: 'Newydd gael neges ffôn – 10.45. Simon wedi marw.'

Y Parch. S. B. Jones oedd Simon – ewythr i 'Nhad.

Doedd dim modd yn y byd y gallwn i fod wedi gwybod cyn gadael cartref y prynhawn hwnnw am farwolaeth Wncwl Simon. Doedd dim posib fod fy nhad wedi ffonio Glan-llyn na chael neges ata i unrhyw ffordd arall – neu pam fyddai e wedi gadael y neges ar fwrdd y gegin?

Alla i ddim egluro beth symudodd Ysbryd y Gwydr y noson honno, ond rwy'n grediniol fod yna arallfyd y mae pob un ohonon ni'n gallu ei gyffwrdd o bryd i'w gilydd. Ac am ryw reswm fe ges i'r ddawn o allu ei gyffwrdd o dro i dro. Y mae pob dawn yn fendith, am wn i, ond nid wastad yn gysur!

Ysgol Tŷ Tan Domen, Y Bala

O dan ddylanwad Mam, a chydag anogaeth Wncwl Maurice ac Anti Sera, y des i'n ôl i Lanuwchllyn ddiwedd Hydref 1958. Fe es i i Ysgol Tŷ Tan Domen ac i mewn i'r pumed dosbarth – er 'mod i flwyddyn yn hŷn na phawb arall yn y dosbarth hwnnw. (Roedd Dafydd Iwan, er ei fod flwyddyn yn iau na fi, eisoes yn y chweched dosbarth. Fel swot rown i'n ei gyfri bryd hynny, a doedd meddwl ei fod e flwyddyn o 'mlaen i yn yr ysgol ddim yn peri unrhyw loes imi.)

Tipyn o gymeriad oedd Pugh, y prifathro, ond rown i'n dipyn o seren yn ei olwg am ryw reswm. Cawsai'r creadur yrfa hir ym myd addysg eisoes – roedd e ddwy neu dair blynedd dros oedran ymddeol.

Gwawrddydd oes aur addysg gyfun oedd hi bryd hynny – roedd Ysgol y Berwyn wrthi'n cael ei chodi, ac roedd yn wybyddus fod Ysgol Tŷ Tan Domen i ddiflannu ymhen blwyddyn neu ddwy. Dyna pam fod Pugh yn dal wrth y llyw. Roedd yr awdurdodau wedi gofyn iddo aros ymlaen yn ei swydd ar ôl ei oedran ymddeol yn hytrach na thrafferthu penodi neb o'r newydd am gyfnod mor fyr. Y fe oedd yr ymgymerwr a gadwyd ymlaen i drefnu angladd yr ysgol ramadeg.

Roedd yn gyfnod digon hapus yn fy hanes – rown i eisoes yn gyfarwydd â llawer o 'nghyd-ddisgyblion, a chyda Mam wrth law i gadw llygad arna i roedd tipyn gwell siâp ar fy ngwaith academaidd. Un atgof smala sydd wedi aros yn fyw yn fy nghof i yw o Mr Roderick, athro Ffiseg oedd wedi ennill y llysenw Boliog iddo'i hun. Pryd bynnag y bydde fe'n fy ngweld mi fyddai'n dweud 'Tro gwcw!' wrtha i. Duw a ŵyr pam! Dyn o Shir Gâr oedd e, ac er mai tro diarhebol o siarp ar y Mynydd Du yw Tro Gwcw, ddes i byth i wybod pam 'mod i'n cael fy nghyfarch ganddo felly bob cyfle a gâi e.

Fe sefais i Lefel O Mathemateg bum gwaith – mi fedrwn wneud y rhifyddeg yn weddol, ond ro'n i'n methu'n lân â chael gafael ar y geometreg, ac felly dyna lle o'n i yn y chweched dosbarth yn dal i drio Lefel O Maths, tra bod Dafydd Iwan wedi cael A* yn y pwnc flwyddyn a mwy ynghynt, ac yntau flwyddyn yn iau na mi!

Rhyw ddiwrnod, a minnau'n cerdded yn ôl i lawr y rhiw o Ysgol y Merched wedi gwers Ffrangeg yno, pwy welwn i ar y pafin yn aros amdana i tu fas i'r ysgol ond Mr Pugh y prifathro.

Roeddwn i wedi manteisio ar y siwrne yn yr awyr agored fel cyfle am ffag, a dyma fi wedi cael fy nal gan y prifathro. Doedd dim dewis 'da fi – fe wasgais i'r ffag mas yn fy nwrn, gan losgi fy llaw wrth gwrs, a chan fy mod i newydd gymryd pwff rhaid hefyd oedd ceisio gollwng y mwg mas fesul tipyn fel nad oedd Pugh yn sylwi ar y cwmwl. Fe groesais i'r hewl ato'n araf, ac yntau'n sefyll yno'n dalog yn edrych arna i. Wel, o'n i'n meddwl 'mod i amdani.

'Boy!' medde fe wrtha i, 'Boy! You have got your passport to heaven!'

Doedd 'da fi ddim syniad am beth oedd e'n sôn, ond o'n i mor falch nad oedd e wedi 'ngweld i'n smocio fel nad oedd llawer o ots gen i!

'I'll repeat it!' medde yntau eto, 'you have got your passport to heaven! Huw Ceredig Jones, you have passed your Mathematics O Level!'

Wn i ddim a fuaswn i'n cytuno 'dag e am y pasport i'r nefoedd, wrth gwrs, ond gan mai dyna oedd y pwnc yr oedd Pugh yn ei ddysgu, teg dweud ei fod e'n gweld hynny mewn goleuni ychydig yn wahanol i mi!

Diolch i Ysgol Tŷ Tan Domen ac i ymdrechion Mam, fe lwyddais i ychwanegu at y ddau Lefel O ges i o Goleg Llanymddyfri, ac erbyn haf 1959 roedd fy mryd ar ddychwelyd i ffarmio … ond, unwaith eto, roedd gan Mam gynlluniau gwahanol ar fy nghyfer.

'Nhad a Chadair Llanarth

Pan own i'n nesu at y deunaw oed fe enillodd 'Nhad gadair Eisteddfod Llanarth.

Yr adeg honno roedd fy nosau Sadwrn yn sacrosanct. Dyna'r noson i fynd mas 'da'r bois yn Nolgellau. Llond y croen o gwrw ac yna'n ôl i'r pentref i sefyll wrth y pwmp a siarad tan berfeddion. Noson i lanc chwarae bod yn ddyn oedd nos Sadwrn. Noson i'r brenin.

Ond dydd Sadwrn oedd diwrnod yr Eisteddfod ac fe fynnodd fy nhad 'mod i'n mynd gydag e i lawr o Lanuwchllyn i Lanarth ar ddiwrnod ei fuddugoliaeth fawr. Fe fyddai angen help arno i gario'r gadair i mewn i'r fan roedd e wedi ei llogi gan Arthur D. Jones, Alltygwinau – dyn diwylliedig iawn a pherchennog y garej yn Llanuwchllyn. (Huw, ei fab, piau'r garej nawr – gweddw Elin Mair, chwaer yr Arglwydd Dafydd Elis-Thomas.)

Rown i'n diawlio 'mod i'n colli fy nos Sadwrn draddodiadol – ond mynd oedd raid, a dyma eistedd am beth amser ymysg y gynulleidfa yn dilyn y gwahanol gystadlaethau ar y llwyfan tra oedden ni'n disgwyl am ddefod y Cadeirio. Pan ddaethon nhw at y rhan honno o'r gweithgareddau, roedd 'Nhad wedi dweud wrtha i am fynd rownd i ochr y llwyfan tua diwedd y seremoni fel y byddwn i yno i'w gynorthwyo wedyn.

Fe gododd 'Nhad pan alwyd ei ffugenw ac roedd wedi ei gyrchu i'r llwyfan yn barod i feddiannu ei gadair pan symudais inne yn ôl y gorchymyn. Wrth ddringo rhyw res o risiau wrth ymyl y llwyfan fe ofynnodd rhywun go bwysig gyda *rosette* pert ar ei frest imi pwy o'n i – a finne'n dweud mai mab Gerallt Jones own i.

Popeth yn iawn, meddai yntau, a chyn pen dim rown i'n sefyll ar ochr y llwyfan yn barod i helpu 'Nhad pan ddele fe ata i.

Newydd ymuno â fi oedd e pan ddaeth un arall o swyddogion yr eisteddfod atom a gofyn pwy oedd y gŵr ifanc 'na, sef fi.

'Y mab yw hwn,' atebodd Dad, gan fy nghyflwyno iddo. 'Mae e wedi dod i'm helpu i i gario'r gadair oddi ar y llwyfan ac i mewn i'r fan.'

'Be chi'n 'i feddwl?' meddai'r dyn. 'Chi ddim yn *cael* y gadair!'

Yr hyn roedd fy nhad wedi ei ennill, mewn gwirionedd, oedd model o gadair, rhyw naw modfedd o daldra, nad oedd angen help ar 'Nhad na neb arall i'w chario.

'Yr Eisteddfod piau'r gadair ar y llwyfan,' eglurodd y dyn. 'Mae'n aros yma ac yn cael ei defnyddio o flwyddyn i flwyddyn.'

Wel! Sôn am fytheirio! Roedd 'Nhad yn gacwn wyllt.

'Be feddyli di ohonyn nhw? Yn trin beirdd fel'na?' Dyna i gyd glywais i ganddo yr holl ffordd adre – y fe a fi yn y fan fawr wag!

Fe ddeilliodd sawl englyn go grafog o'r bennod fach yna, achos roedd 'na ddigon o feirdd yn y teulu i ofalu na châi 'Nhad anghofio'n hawdd am y gadair fach a enillodd. Y tro cynta aethon ni i'r Cilie ar ôl Eisteddfod Llanarth, prin wedi camu mas o'r car o'n i na chlywn i lais Alun y Cilie yn gweiddi arna i ar draws y buarth, 'A dyma'r llanc cyhyrog aeth i helpu ei dad i gario cadair Llanarth ...'

Fe aeth hi'n chwerthin mawr dros ffald y Cilie wedyn, gyda 'Nhad yn sgyrnygu'i ddannedd.

Ysgol Haf yr Ysgol Sul, Aberystwyth 1959

Daw dyn o hyd i fwyniant yn y llefydd mwyaf annisgwyl weithiau – fel y profodd fy wythnos yn Ysgol Haf yr Ysgol Sul pan o'n i rhyw ddwy ar bymtheg oed. Fel gydag Eisteddfod Llanarth tua'r un adeg, 'Nhad oedd wedi mynnu 'mod i'n ei mynychu. Minnau'n tyngu nad awn i yno ar fy nghrogi. Fe fuodd hi'n gryn frwydr rhyngon ni, ond y fi orfu ildio yn y diwedd. Doedd meddwl am wythnos gron gyfan yng nghanol yr hyn a dybiwn fyddai cwmni diflas selogion yr Ysgol Sul ddim yn argoeli'n dda. Ond buan y darganfu'r Huw Ceredig ifanc fod amser difyr iawn i'w gael yn Ysgol Haf yr Ysgol Sul ... dim ond ichi wybod lle i edrych!

Roedd yno bobl o bob cwr o Gymru – ac nid pawb oedd â'i drwyn yn yr Ysgrythurau yn ddi-dor. Cefais fod mwy ohonyn nhw nag a dybiwn o'r un anian â fi. Byddai criw ohonom yn mynd ar gyfeiliorn rownd tafarndai'r dre – rown i eisoes yn gyfarwydd ag Aberystwyth ac yn gwybod lle oedd y llefydd gorau i fynd – ac fe gawson ni lot o sbort. Ymysg y criw rwy'n cofio roedd Delyth Ennaf (a ddaeth yn ohebydd a chyflwynydd blaenllaw ar Radio Cymru maes o law).

Fe es i i amryw o sesiynau swyddogol yr Ysgol Haf, oedd yn cael ei chynnal yn yr Hen Goleg ar y prom, ac un o'r atgofion sy 'da fi yw pawb ohonom yn eistedd ar y grisiau mawreddog sy'n codi o'r prif gyntedd yn morio canu.

Rhwng popeth, rown i wedi mwynhau fy hun gymaint yn cael fy nhraed yn rhydd am wythnos yn Aberystwyth, fel y crefais i ar fy nhad am gael mynd yn ôl drachefn y flwyddyn wedyn. O gofio'r ffordd rown i wedi gwrthwynebu'n ffyrnig y flwyddyn gyntaf honno, fedrai e yn ei fyw ddeall pam 'mod i mor frwdfrydig. Er na ddywedodd e mo hynny erioed, rwy'n siŵr ei fod wedi synhwyro bod rhyw ddrwg yn y caws yn rhywle. Roedd e'n fy nabod i'n rhy dda i gredu 'mod i wedi cael diwygiad!

Huw Ceredig y Coedwigwr

Ymhell cyn i'r 'Deri' chwarae unrhyw ran yn fy mywyd i fel enw ar dafarn neu ran o enw pentref, rown i'n hen gyfarwydd â choed. Am dri haf yn niwedd y pumdegau mi fues i'n gweithio *piece-work* i'r Comisiwn Coedwigaeth, yn glanhau a chlirio o amgylch coed oedd newydd eu plannu.

Po fwya y byddech chi'n ei glirio, mwya i gyd y byddech chi'n ei ennill. Gyda mi'n cydweithio yno roedd John Mancini Roberts. Roedd yn waith caled, corfforol, ond rown i wrth fy modd, y gwmnïaeth yn dda a'r arian oedd i'w ennill yn syfrdanol i lanc un ar bymtheg oed.

Ar ôl imi lwyddo'n dda iawn yn y Lefel O yn 1959 ar yr ail gynnig, dymuniad Mam oedd imi fynd yn ôl i Ysgol Tŷ Tan Domen am flwyddyn arall i wneud fy Lefel A. Cyndyn iawn o'n i i gydymffurfio, ond afraid dweud mai Mam gariodd y dydd yn y diwedd. Er yn anfodlon, fe gytunais i fynd 'nôl i'r ysgol – gyda Ffrangeg ac Ysgrythur ymysg y pynciau rown i'n eu hastudio. Rwy'n cofio'r athrawes Ffrangeg yn arbennig – menyw o dde-ddwyrain Lloegr oedd ymhell o flaen ei hamser, achos roedd hi'n credu mewn dysgu iaith trwy ei siarad hi. Rown i wrth fy modd yn ei gwersi hi.

Ond ar ôl gaeaf cyfan yn ôl yn Nhŷ Tan Domen, roedd yr ysfa i ddychwelyd at y gwaith coedwigaeth yn un gref. Roeddwn i eisoes wedi 'nerbyn i Goleg y Drindod ar sail fy llwyddiant yn y Lefel O yn unig, ac felly ym mis Mai 1960 dyma dorri'n rhydd drachefn a mynd 'nôl at y coed, yr awyr agored a'r arian mawr. Wnes i ddim aros i sefyll arholiadau Lefel A, ac fe aeth Mam yn wallgo.

Wrth i fis Medi'r flwyddyn honno nesáu, roedd y demtasiwn i aros ymlaen 'da'r Comisiwn Coedwigaeth yn un wirioneddol gref, ond y Drindod orfu yn y diwedd. Ac wedi'r gair byr o gyngor gan fy nhad, dyma droi am Gaerfyrddin …

Coleg y Drindod, Caerfyrddin

O'r safle adeiladu a adewais i yn y Bala – lle'r oedd Ysgol y Berwyn ar ganol cael ei chodi – fe gyrhaeddais i'n syth i un arall yng Nghaerfyrddin. Nid addysg gyfun oedd yr unig chwiw addysgol oedd ar droed yn y cyfnod hwnnw – roedd deddfwriaeth newydd hefyd yn mynnu y byddai darpar athrawon o hyn ymlaen yn gorfod dilyn cyrsiau tair blynedd yn hytrach na'r ddwy flynedd fu'n norm cyn hynny. Felly, roedd adeiladwyr ym mhobman ar gampws Coleg y Drindod wrth i'r doreth o adeiladau welwch chi yno heddiw gael eu codi.

Roedd y tair blynedd a dreuliais i yno yn rhai cyffrous – roedd yno lawer o bobl a ddaeth yn bur ddylanwadol yn eu gwahanol ffyrdd, ac i fi'n bersonol daeth llawer o bethau ynghyd i ddechrau gwneud sens yn fy mywyd i. O ran fy Nghymreictod, fe ddes i'n fwy ymwybodol o'r breintiau rown i wedi eu cael. O ran actio, fe dynnwyd ynghyd lawer i anian gynhenid i roi gwell ffocws ar yr hyn y medrwn i ei wneud a'r hyn y gallwn i ei gyflawni. Fe wyddwn i eisoes fod gen i ddawn i ddweud stori. Rown i'n berfformiwr wrth reddf ac roedd gwersylloedd yr Urdd a gwneud gwahanol bethau yn y capel wedi dysgu imi 'mod i wrth fy modd o flaen cynulleidfa. Hyd yn oed yn Llanymddyfri, lle rown i wedi ei gasáu gymaint, fe ges i'r cyfle i actio.

Alla i ddim â dweud imi gael unrhyw weledigaeth a roddodd gyfeiriad newydd i 'mywyd i na dim byd felly yn y Drindod. Fûm i ddim ar y ffordd i Ddamascus. Ond dan law athrawon gwych fel Norah Isaac a Glanffrwd James daeth aeddfedrwydd a dyfnder newydd i'r doniau oedd gen i – er, efallai, mai dim ond wrth edrych yn ôl y galla i werthfawrogi hynny fwya. Roedd Glanffrwd James yn actor ei hun ac yn ddyn arbennig iawn, tra oedd Norah Isaac, gyda'i phersonoliaeth gref a'i ffordd arbennig o wneud pethau, yn ddylanwad ar genedlaethau o actorion.

Byddai'r ddau yn gwneud llawer o waith gyda ni fyfyrwyr – gwaith meim a byrfyfyr ac ati – a'r cyfnod hwnnw oedd y profiad dwys a chyson cynta ges i o ymarfer a pherfformio. Roedd rhyw gynhyrchiad neu'i gilydd ar y gweill drwy'r amser.

Y gweithiau Cymraeg gwreiddiol y galla i gofio inni eu gwneud yn y cyfnod hwnnw oedd *Blodeuwedd* a rhai o ddramâu John Gwilym Jones – oedd yn ffrind personol mawr i Norah Isaac. Fe wnaethon ni hefyd nifer o'r clasuron mewn cyfieithiadau – rwy'n cofio *Fel y Tybiwch y Mae,* Pirandello, yn arbennig – ac, wrth gwrs, roedd Norah'n ffan mawr o Twm o'r Nant. O dan ei chyfarwyddyd hi fe berfformion ni sawl anterliwt mewn gwahanol Eisteddfodau Cenedlaethol yn y blynyddoedd hynny.

Prin iawn oedd y dramâu safonol oedd ar gael yn Gymraeg, ac ychydig iawn oedd yn ysgrifennu i'r theatr. Roedd bri ar waith John Gwilym Jones a Huw Lloyd Edwards, ond eithriadau oedden nhw. Er bod Wil Sam ac Elis Gwyn, ei frawd, eisoes wedi hen wneud eu marc gyda chynulleidfaoedd, doedd eu gwaith nhw ddim yn cyrraedd colegau bryd hynny.

Norah Isaac

'Huw Ceredig, ewch i lawr at yr eglwys a chasglwch fwnshed neis o flode ifi o'r gwelyau blodau yno.' Norah Isaac roddodd y gorchymyn imi. Roedd hi'n fore dydd Sadwrn, mewn tiwtorial, a minnau'n ysu gael fy nhraed yn rhydd. Yn ôl yr hyn a ddeallwn, roedd ei mam ar fin cyrraedd a hithau am sbriwsio tipyn ar ei thŷ i'w chroesawu.

'Na wna i wir!' atebais i. 'Sa i'n mynd i gasglu unrhyw flode ichi!'

Ches i'r un gair o gerydd am yr ateb rois i iddi. Y cyfan wnaeth hi, heb ddangos dim, oedd troi at un o'r myfyrwyr eraill a dweud, 'Ewch chi draw at yr eglwys i bigo blode imi.' Yn wahanol i fi, fe ufuddhaodd hwnnw!

Oedd, roedd gan Norah Isaac ei ffefrynnau yn ddi-os – ac roedd Huw Ceredig yn un ohonyn nhw. Roedd hi hefyd yn gallu mynnu'r pethau rhyfedda gan bobl, ac yn sicr doedd hi ddim yn un i ddiodde ffyliaid o'i chwmpas. Dw i ddim yn meddwl mai personoliaeth unrhyw un oedd yn ei denu hi atyn nhw. Cael ei thynnu at bobl roedd hi'n gallu gweld rhywbeth gwahanol ynddyn nhw oedd hi – rhyw dalent neu rhyw addewid neu rhyw botensial i'r dyfodol. Un dda am weld trwy bobl oedd hi – gweld heibio'r arwynebol i'r hyn allen nhw fod.

Fe ddylanwadodd ar nifer fawr o actorion, ac er iddi gael ei dilorni gan lawer mae gen i barch mawr a dyled iddi. Roedd hi'n deall actorion ac yn ysbrydoledig iawn, iawn. Roedd hi hefyd yn llawer mwy byw i'r datblygiadau oedd ar droed ym myd y theatr broffesiynol yn Llundain a llefydd eraill nag y mae rhai pobl yn barod i'w gydnabod. Fe ges i ei harddull hi o ddysgu a chyfarwyddo yn gyfoes a chyffrous. Doedd dim byd yn henffasiwn yng nghynyrchiadau Norah.

Meddyg meddw o'r Mwmbwls

Gan fy mod wedi pasio'r arholiadau ar ddiwedd y flwyddyn gyntaf ddramatig honno yn y Drindod, cefais ddychwelyd yno i barhau fy addysg. Ond doedd hynny ddim yn golygu nad oedd hi'n 'dywydd mawr' arna i o hyd o bryd i'w gilydd. Yn llythrennol felly weithiau ...

Dechrau Ionawr oedd hi ac roedd hi'n eira mawr dros Feirionnydd. A hithau'n ddechrau tymor newydd yn y Drindod, roedd angen imi wneud fy ffordd o Lanuwchllyn i Gaerfyrddin, ac am ryw reswm fedrai 'Nhad ddim rhoi lifft imi yno fel y gwnâi fel arfer. Fe fynnais innau ffawdheglu, ond roedd yr eira cynddrwg fel y dechreuais i feddwl na fyddai fy lwc arferol wrth fodio yn gweithio'r diwrnod hwnnw.

Un lôn go fregus oedd ar agor ar hyd y ffordd rhwng Llanuwchllyn a Dolgellau, gydag ambell gilfach fan hyn a fan draw i ddau gerbyd allu pasio'i gilydd. Dim ond wrth yr ail fan goddiweddu o'n i pan welais i'r car posh 'ma'n dod y tu cefn imi. Chofia i ddim yn union beth oedd ei wneuthuriad, ond marŵn oedd ei liw ac roedd e'n edrych yn dipyn o ryfeddod yn dod trwy'r lluwchfeydd gwyn o boptu'r ffordd.

Rown i'n gallu barnu faint o obaith oedd gen i am lifft yn arbennig o dda, dim ond wrth gymryd cip yn ôl a chymryd golwg ar ba gerbydau oedd yn dod tuag ata i fel arfer – ac rown i wedi penderfynu'n syth nad oedd gobaith am lifft gen i gan y car mawr crand 'ma. Ond dyma roi 'mawd mas ta beth, yn ôl y drefn arferol, a myn yffach i, dyma'n amheuon i am 'yn lwc yn cael eu profi'n ddi-sail a finnau ond prin wedi dechrau ar y daith.

Es i mewn i gefn y car a dechrau siarad â'r gŵr a'r wraig. Ar eu ffordd 'nôl o Fae Colwyn oedden nhw – wedi bod â'u dau fab yn ôl i Ysgol Rydal ar ddechrau tymor newydd. A dyma finnau'n sôn 'mod i'n gyn-ddisgybl o Goleg Llanymddyfri.

Cyn pen fawr o dro roedd y sgwrs yn llifo'n harti rhwng y tri ohonom, ond er eu bod nhw'n gwybod mai ar fy ffordd 'nôl i Goleg y Drindod o'n i, doedd gen i ddim syniad lle oedd pen y daith iddyn nhw.

Wrth gyrraedd Aberystwyth dyma gyhoeddi eu bod nhw ill dau yn stopio am ginio. 'Would you like to join us for lunch, Huw?'

Myfyriwr tlawd o'n i, a doeddwn i ddim ar fin gwrthod cynnig o ginio ar ddiwrnod oer o aea'. Ar yr un pryd, rown i'n teimlo braidd yn lletchwith. Ond mynnu 'mod i'n ymuno â nhw wnaethon nhw a mewn â ni i westy'r Marine. Dros ginio, cefais ar ddeall mai yn Abertawe yr oedden nhw'n byw a'i fod yntau'n feddyg yn y Mwmbwls. Ac ar ben hynny, fe addawon nhw yr elen nhw â fi yr holl ffordd i Gaerfyrddin ar eu ffordd adref.

Pan gyrhaeddon ni Gaerfyrddin dyma fi'n gofyn iddo fe a fydde fe'n lico cael drinc – er mwyn imi gael diolch iddyn nhw am eu caredigrwydd. Fydde fe ddim yn hidio drinc, wir, medde fe. A rhyw ddwyawr yn ddiweddarach, pan ddaethon ni i ffarwelio, doedd y meddyg druan prin yn gallu sefyll. Er ei fod e wedi llyncu cryn dipyn, doedd hi ddim – a hi oedd i gymryd llyw y car mawr drud am gam ola'r daith, mae'n ymddangos.

Rwy'n gallu'u gweld nhw'n mynd i mewn i'w car nawr. Wrth ochr y Nelson y ffarwelion ni â'n gilydd – hen dafarn adnabyddus a arferai sefyll yng nghanol Caerfyrddin oedd y Nelson. Roedd hi'n dafarn arbennig yn ei dydd achos roedden nhw'n gwerthu *draught Bass* – a'r dyddiau hynny, os oeddech chi'n gallu llyncu wyth peint o *draught Bass*, ro'ch chi'n cael eich ystyried yn dipyn o foi.

Ar wahân i ddiddordeb mewn chwaraeon – roedd eu dau fab yn chwaraewyr criced glew, mae'n debyg – chofia i ddim beth yn y byd oedd yn gyffredin rhyngon ni, ond roedd hi'n un o'r siwrneiau mwya difyr o ffawdheglu ges i erioed.

Dyfodol Huw Ceredig yn y fantol!

Wn i ddim ai oherwydd y lwc a gefais wrth ffawdheglu y penderfynais i fentro ymhellach y diwrnod hwnnw, ond nid ffarwelio â'r meddyg a'i wraig fu diwedd fy hanes ar y dydd dan sylw. Roedd hi'n ddechrau'r tymor, wrth gwrs, ac roedd y siec am y grant rown i'n ei dderbyn gyda mi yn fy mhoced. £43 ac ychydig sylltau oedd ei gwerth hi. Arian fy nghynhaliaeth i am y tymor oedd hwnnw – doedd e ddim i dalu am yr addysg na llyfrau na dim byd tebyg.

Yn ôl yn 1961 roedd £43 yn swm sylweddol. Gan mai Huw Ceredig yw Huw Ceredig, yr hyn wnes i â gweddill y diwrnod oedd mynd i'r dafarn, ac erbyn deg o'r gloch y nos doedd fawr ddim ar ôl o'r arian rown i fod i fyw arno am dymor cyfan – dim ond rhyw deirpunt os cofia i. Roedd y boi y tu ôl i'r bar, oedd yn fy nabod i'n iawn, yn ei fawr garedigrwydd wedi newid y siec imi oriau ynghynt.

Am unwaith rown i'n cachu brics, achos waeth pa mor feddw o'n i, do'n i ddim yn rhy feddw i allu sylweddoli maint y twll rown i ynddo.

Y bore trannoeth es i i siop fetio ar Stryd Dŵr, a naill ai Black Lion neu Black Forest oedd enw'r ceffyl aeth â 'mryd i y diwrnod hwnnw. Lester Piggott oedd yn ei farchogaeth ac roedd e'n *2 to 1 favourite.* Y drafferth oedd, doedd 'da fi fawr o bres i'w roi arno, felly dyma fi'n bod yn gwbl onest 'da'r dyn gan adrodd hanes fy nghyfyng-gyngor wrtho.

'Would you give me the £40, which is what I've lost?' gofynnais i i'r bwci. 'I'm absolutely certain this will win. Then you can take your money back when you hand me my winnings.'

Edrychodd arna i fel sen i'n dwp – ond fe wyddai amdana i yn iawn, gan fod bŷg y gamblo wedi hen afael cyn hyn. Cytunodd â'r cynnig ac fe addewais innau y câi e'r arian yn ôl trwy ba bynnag ffurf cyn diwedd y tymor. Rown i eisoes yn gweithio fel barman a doeddwn i ddim heb ffordd o ennill arian petai raid.

O drwch blewyn yr enillodd Lester Piggott y ras honno. Doedd dim mwy na ffroen caseg rhyngof i a gwaradwydd. Gan fod yr *odds* yn *2 to 1,* roedd gen i £40 i'w ad-dalu i'r bwci, £40 i'w rhoi yn Swyddfa'r Post, lle dylai'r grant fod wedi mynd yn y lle cyntaf, a £40 yn weddill imi ei roi yn fy mhoced.

Er i mi gamblo symiau mwy sylweddol o lawer yn ystod fy oes, honno oedd y gambl fwya imi erioed ei chymryd o ran argyfwng y sefyllfa. Fe ddylwn i fod wedi dysgu o'r profiad – ond ro'n i wedi ennill, on'd o'n i? Petawn i wedi colli, mae'n bosibl y byddai 'mywyd i wedi bod yn stori wahanol. Pwy a ŵyr?

Y Tad a'r Mab ... a'r gwestai ar wahân!

Ar ddiwedd fy nhair blynedd yng Ngholeg y Drindod, a ninnau wedi derbyn nawdd gan Gyngor y Celfyddydau, fe deithion ni i nifer o ganolfannau gyda chynhyrchiad Norah Isaac o *Y Tad a'r Mab* gan John Gwilym Jones. John Hefin, a ddaeth yn ddiweddarach yn Bennaeth Drama BBC Cymru ac yn un o'r bobl greodd *Pobol y Cwm*, oedd y Tad yn y teitl a fi oedd y Mab. Yn y cast hefyd roedd Ann Britton (chwaer hyna Eirlys a Charli Britton, a merch rown i'n mynd mas 'da hi'n ysbeidiol yn y cyfnod hwnnw), John D. Williams (o Grymych) a Non

Watcyn Jones (ddaeth yn wraig gyntaf i John Hefin maes o law).

Dolgellau oedd un o'r canolfannau hynny, ac yn y cyfnod hwnnw roedd e'n achos cryn gyffro i ni fel cwmni o actorion ifanc i feddwl ein bod ni'n mynd i fod oddi cartre yn aros 'da'n gilydd mewn gwesty dros nos. Ond yna fe ddaeth cyhoeddiad syfrdanol Miss Isaac: mi fyddai'r merched mewn un gwesty a'r bechgyn mewn un arall.

'Na fyddwn ni ddim,' ymatebais innau'n syth. ''Ŷn ni i gyd yn mynd i aros 'da'n gilydd.'

Ac, yn rhyfedd, fi gariodd y dydd hefyd. Chofia i ddim ym mha westy yr arhoson ni, ond cyn gadael fore trannoeth ein harhosiad fe lofnododd pob aelod o'r cast gerdyn post a dyfyniad pwrpasol o'r ddrama ar ei gefn.

Burton, Taylor ... a John Gwilym Jones

Mae'n amheus 'da fi a gwrddodd y tri hyn erioed â'i gilydd. Ond roedd gen i unwaith lofnodion y tri ynghyd ar glawr copi o *Y Tad a'r Mab*. Cafodd y llyfr ei gyflwyno imi ar noson olaf y daith honno o gwmpas Cymru yn llwyfannu'r ddrama. Rown i wrth fy modd ac yn trysori'r gyfrol yn syth, wrth reswm. Ond cynyddodd ei hynodrwydd a'i gwerth gymaint yn fwy flwyddyn neu ddwy yn ddiweddarach pan ychwanegais lofnodion Richard Burton a Liz Taylor at y clawr.

Rown i wedi gadael y Drindod erbyn hynny, wedi ymgymryd â'n swydd gyntaf fel athro ac yn lletya dros dro gyda Gwyn a Luned Tudno Jones yn The Avenue, Cwmafan.

Doedd dim modd agor papur newydd y pryd hynny heb gael eich boddi gan hanes Richard Burton ac Elizabeth Taylor. Newydd ffilmio *Cleopatra* yn Rhufain oedden nhw ac roedd eu carwriaeth yn un o bynciau trafod mawr y dydd. Gallwch ddychmygu pa mor dew oedd y siarad yng Nghwmafan. Cwmafan yw'r pentref agosaf un i Bontrhydyfen, lle magwyd Burton, ac roedd brawd a chwaer iddo'n byw ar yr Avenue.

Yn y tŷ bron gyferbyn â chartref Gwyn a Luned y trigai'r brawd, tra oedd y chwaer yn y tŷ pen ym mhen arall y stryd.

Ar ôl cryn sôn fod y pâr enwog am ddod ar ymweliad, fe wawriodd y dydd. Gyrrodd Cadillac mawr crand at ddrws ffrynt y chwaer ac ymhen hir a hwyr fe gerddodd y ddau i lawr y stryd i alw ar y brawd.

Rown i'n dyst i hyn i gyd o ffenestr ffrynt Gwyn a Luned – ond am ryw reswm dim ond Liz Taylor aeth i mewn i dŷ'r brawd. Arhosodd Richard Burton mas ar y stryd yn rhyw loetran a cherdded 'nôl a blaen.

Dyma achub ar fy nghyfle, a chan fachu'r peth cyntaf oedd wrth law – y copi o *Y Tad a'r Mab* fel y digwyddodd fod – mas â fi i dorri gair â'r actor adnabyddus.

Buom yno am rai munudau, yn sgwrsio yn Gymraeg, a ches ei lofnod yn ddidrafferth. Rown i ar fin gofyn iddo a fyddai'n bosibl i'w ddarpar wraig daro'i henw ar fy llyfr hefyd, ond yn methu penderfynu a ddylwn ei galw'n Elizabeth neu'n Liz, pan ddaeth hi mas o dŷ'r brawd. Gwnaeth y gymwynas yn llawen. A dyna fu fy ymwneud i â dau o'r bobl enwocaf yn y byd ar y pryd.

Diflannodd y copi hanesyddol hwnnw o *Y Tad a'r Mab* dros y blynyddoedd, er mawr chwerwder i mi. Cafodd ei ddwyn, neu fe'i benthycwyd gan rywun heb byth ei ddychwelyd. Rhaid ei fod yn dal ym meddiant rhywun. Rhywun sy'n darllen hyn o eiriau, efallai? Pwy a ŵyr!

John Hefin

Pan ges i'r alwad ffôn gyntaf erioed yn crybwyll *Pobol y Cwm*, llais John Hefin oedd yr un a glywn i ar ben arall y lein. Ond roedd ein hadnabyddiaeth o'n gilydd yn mynd yn ôl rhyw ddeuddeng mlynedd ynghynt. Fe ddechreuodd y ddau ohonom fel myfyrwyr yn y Drindod yr un pryd – ond erbyn diwedd ein blwyddyn gyntaf yno roedd pethau i ddod i benllanw digon dramatig rhyngom.

Diwrnod y Rag Ball oedd hi, ac erbyn diwedd y noson roedd John Hefin yn feddw dwll ac yng nghefn un o faniau'r heddlu am fod yn feddw ac anystywallt. Daeth rhywun draw ata i yn y Drill Hall, lle'r oedd y ddawns yn cael ei chynnal, a dweud bod yn well i mi ddod i drial cael fy ffrind mas o drwbl. Es i mas a dweud wrth y plismon y byddwn i'n addo edrych ar ei ôl tasen nhw'n barod i'w ryddhau e.

O'n i'n fodlon ei gymryd e'n syth 'nôl i'r Coleg yn saff?

O'n, atebais.

A dyna John yn cael dod o gefn y fan, gan roi diwedd ar fy rhialtwch innau am y noson – ro'n i wedi addo i'r heddwas yr awn i'n syth 'nôl i'r Coleg, a dyna wnes i.

Heb yn wybod i mi, roedd y gofalwr wedi 'ngweld i a John yn cyrraedd yn ôl y noson honno, a rhyw ddeuddydd yn ddiweddarach dyma fi'n cael gwybod 'mod i i fynd o flaen y Sanhedrin, fel petawn i o flaen 'y ngwell.

Es i at Gadeirydd y Myfyrwyr ar y pryd a gofyn iddo beth yn gwmws oedd yn mynd ymlaen. Fe ddywedodd hwnnw fod pawb yn gwybod beth oedd wedi digwydd yn y Rag Ball, ond taw fi oedd yr un yr oedd y gofalwr yn honni oedd yn *drunk and disorderly.*

Yn fy niniweidrwydd, pan gerddais i i mewn i wynebu'r bwrdd disgyblu 'ma rown i'n dal yn argyhoeddedig mai mynd yno i helpu i amddiffyn John Hefin yn ei achos oeddwn i. Ond pan es i i mewn, welais i erioed olygfa debyg. Dyna lle'r oedd y Prifathro Halliwell a deuddeg neu fwy o ddarlithwyr o'i gwmpas – a'r cyfan yn eistedd mewn rhyw hanner cylch, fel tasen nhw yn y Swper Olaf. Yr unig wahaniaeth oedd fod tair neu bedair o fenywod yn eu plith – ac o blith y rheini, fe wyddwn i fod un neu ddwy ohonyn nhw'n hoff iawn o'u jins!

Buan iawn y deallais i nad yno i amddiffyn ffrind o'n i, ond i amddiffyn fy hunan.

'I helped my friend,' eglurais i. 'That's all! They came to get me from the dance floor, and I did nothing wrong myself.'

'But the caretaker says you were drunk.'

'How could I have carried my friend back from town if I was drunk?' mynnais innau. Ac ar hyd y trywydd hwnnw yr aeth y drafodaeth, tan i'r foment ddod pan ofynnodd y Prifathro imi faint o'n i wedi ei yfed yn ystod y diwrnod hwnnw.

Tua deunaw peint fyddai'r ateb gonest wedi bod. Roedd hi'n Ddiwrnod Rag, wedi'r cyfan. Ond dyma benderfynu bod yn well ffrwyno ychydig ar y gwirionedd ac ateb, 'About eight pints, maybe.'

Welais i erioed shwt beth â'r ymateb ar wynebau'r criw yna rownd y bwrdd. Roedd yr amrywiaeth yn eu stumiau yn anhygoel.

Bu bron i Halliwell lewygu. Ddywedodd e ddim byd am rai eiliadau, dim ond troi at y Dirprwy Brifathro oedd yn eistedd yn ei ymyl – a menyw abl oedd yn gallu llyncu chwisgi cystal â neb oedd hi, rown i'n gwybod fel ffaith – a sibrwd, 'Eight pints!' mewn anghrediniaeth.

Roedd eraill yn cadw'u pennau i lawr, gan fod fiw iddyn nhw edrych arna i rhag ofn iddyn nhw chwerthin. Wn i ddim shwt y llwyddodd ambell un i atal rhag bosto mas.

O'r diwedd, trodd Halliwell ei olygon ata i a gofyn y cwestiwn anfarwol, 'Do you realise that that is one full gallon?'

'Well, yes, I suppose, if you put it like that, that it is one gallon,' atebais innau. Ond buan iawn y diflannodd yr ysfa i dorri mas i chwerthin ynof i. O deimlo balchder 'mod i wedi gallu helpu ffrind o drybini ddiwrnod neu ddau ynghynt, rown i wedi 'nhaflu'n ôl i fwy o drybini'n hunan. Cafodd John Hefin a minnau ein hel o'r coleg yn gynnar, gyda rhybydd i mi pe na lwyddwn yn yr arholiadau na chawn i ddim mynd yn ôl i'w hailsefyll. Am yr eildro yn fy hanes roedd sefydliad addysgol yng Nghymru wedi penderfynu y gallen nhw ddod i ben yn iawn heb Huw Ceredig!

Yn ôl â fi i Lanuwchllyn ar ddiwedd fy mlwyddyn gyntaf fel myfyriwr – a minnau mewn gwarth drachefn. A beth fyddai wastad yn digwydd pan fyddwn i mewn trybini? Byddwn yn mynd i Gefngwyrgrug, wrth gwrs … yn ôl at Wncwl Maurice ac Anti Sera.

Cawod dros Gefngwyrgrug

Un diwrnod yn fuan wedi hyn, roedd y defaid wedi'u corlannu i'r ffald yng Nghefngwyrgrug, pan welais i, yn gwbl annisgwyl, gar 'Nhad yn gyrru tuag atom. Roedd Dennis a fi yng nghanol y ddiadell ac Wncwl Maurice yn sefyll yno wrth ymyl.

Daeth Dad o'r car, ei wyneb yn gynddeiriog a'i freichiau'n drwm dan faich bocs anferth. 'A dyma shwt wyt ti wedi bo'n bwrw dy amser yn y coleg, ife?' gwaeddodd i 'nghyfeiriad, cyn lluchio cynnwys y bocs i'r awyr.

Yr hyn ddisgynnodd yn gawod drom tros y defaid a'r lôn a fi oedd cannoedd o fatiau cwrw! Chwarddodd Wncwl Maurice wrth weld y fath olygfa.

Roedd 'Nhad wedi bod yng Nghaerfyrddin i drafod fy nyfodol i gyda Norah Isaac ac eraill ac wedi mynd i'r digs lle'r own i wedi bod yn aros i gasglu'r trugareddau fethais i â'u cludo adre pan ges i'n erlid o'r Coleg rai wythnosau ynghynt.

Wrth gwrs, doedd y casgliad sylweddol o fatiau cwrw oedd gen i ddim ymysg y 'trysorau' rown i wedi disgwyl i 'Nhad eu cludo adref. Yn wir, rown i wedi bod yn ofalus iawn a'u rhoi nhw i gyd yn deidi mewn bocs yn y sbwriel i'w luchio mas. Ond yn amlwg roedd y landledi wedi bod yn twrio ymysg y sbwriel hwnnw – ac wedi cadw'r dystiolaeth i'w chyflwyno i 'Nhad. Daeth yn amlwg hefyd fod yr hen sguthan wedi bod yn siarad fel pwll y môr ac wedi rhaffu pob math o storïau amdana i.

Chofia i mo'r cyfan y bu 'Nhad yn edliw imi'r diwrnod hwnnw – ond does dim perygl imi anghofio'r matiau cwrw. Ces fy nal mewn sawl storm yn ystod fy mywyd, ond synnwn i fawr nad y 'gawod' honno oedd yr un fwyaf annisgwyl … ac yn sicr y ddoniolaf!

Gŵyl Ddrama Cricieth

Pobl fel Wil Sam a'i frawd, Elis Gwyn, sefydlodd Ŵyl Ddrama Cricieth yn Theatr y Gegin, a chydag eraill fel Stewart Jones ymysg ei hoelion wyth roedd iddi gryn statws.

Un flwyddyn fe ges wahoddiad personol i ddod i gymryd rhan yn yr ŵyl. Myfyriwr yn y Drindod oeddwn i ar y pryd, ac roedd yn golygu mynd o'r coleg lan i Gricieth ar ddiwedd tymor y Pasg a gweithio ar y ddrama a'i llwyfannu am wythnos cyn dychwelyd i Gaerfyrddin am dymor yr haf.

Fe wnes i hyn ddwy flynedd o'r bron – ond yr atgof mawr sydd wedi aros yn fy nghof i yw nid o'r ddrama rown i'n bersonol yn ymddangos ynddi ond drama arall gan Elis Gwyn yr oedd Dafydd Elis-Thomas yn actio ynddi.

Ymhell cyn iddo ddod yn un o Arglwyddi'r Deyrnas, na hyd yn oed yn Aelod Seneddol, roedd Dafydd Êl wedi bod yn werthwr bwyd ci ar lwyfan Gŵyl Ddrama Cricieth. Go brin fod hynny'n ymddangos ar ei CV erbyn hyn, ond go brin chwaith fod unrhyw un a'i welodd yn y ddrama honno wedi anghofio'i berfformiad.

Wedi ei wisgo mewn rhyw hen oferôl siopwr, dyna lle byddai'n gweiddi ymadroddion bythgofiadwy fel 'Prynwch Wff, Wff!' ac 'Wff, Wff i bawb o bobl y byd!' Rhag ofn nad ydych wedi casglu hynny'n barod, Wff, Wff oedd enw'r bwyd ci dychmygol yn y ddrama!

Rown i'n sefyll yn y *wings* bob nos i'w weld e'n mynd trwy'i bethau ac yn chwerthin nes bod y dagrau'n llifo. A bob tro rwy'n ei weld, rwy'n dal i'w atgoffa o'r Wff, Wff a'r wythnos hapus honno yng Nghricieth.

Fe ddychwelais i berfformio yng Nghricieth fwy nag unwaith wedyn. Fe fuon ni yno ar y daith helbulus o'r *Tad a'r Mab* y soniais i amdani eisoes ac yn 1970 mewn cynhyrchiad o *Wrth Aros Godot* a brofodd yn dipyn o drobwynt yn fy ngyrfa. Ar gyfer Eisteddfod Genedlaethol Rhydaman y cafodd y cynhyrchiad ei roi at ei gilydd yn wreiddiol, gyda T. James Jones yn cyfarwyddo a chynhyrchu. Ernest Evans a fi oedd yn chwarae'r ddau drempyn, Lyn Rees – oedd yn weinidog yn y Betws ar y pryd – oedd Potso a Sulwyn Thomas oedd Lucky. Cafodd Sulwyn *ultimatum* ar ôl perfformiadau'r Brifwyl: oedd e am fod yn newyddiadurwr neu oedd e am fod yn actor? Erbyn inni fynd â'r cynhyrchiad i Ŵyl Ddrama Cricieth, Dewi Pws oedd yn chwarae Lucky a daeth â rhywbeth arbennig iawn i'r rhan, yn fy nhyb i.

Y British Drama League

Rhwng 1958 ac 1961 fe fues i hefyd ar gyrsiau gyda'r British Drama League. Roedd y cyntaf yn ystod y flwyddyn dreuliais i yn Ysgol Tŷ Tan Domen a'r olaf yn ystod fy mlwyddyn gyntaf yn y Drindod. Deng niwrnod neu bythefnos oedd hyd pob cwrs, ac yr oeddent yn gyfuniad o ddarlithoedd a gweithdai.

Hyd y gallwn i ei gasglu, amaturiaid da ac actorion hanner proffesiynol oedd yn gysylltiedig â chwmnïau reps ac ati oedd yn mynychu'r cyrsiau hyn gan fwyaf. Deuai llawer o'r hyfforddwyr o fyd y theatr a theledu (cwmnïau teledu annibynnol y cyfnod – fel Tyne Tees, Rediffusion a Granada). Ond roedd yno ddarlithwyr o golegau drama megis LAMDA a RADA hefyd. Drwyddi draw, roedd yn gyfle da i wneud cysylltiadau yn ogystal â hogi crefft.

Ar wahân i wraig o Gei Connah oedd yno un flwyddyn, sda fi ddim cof fod neb arall o Gymru ymysg y staff na'r myfyrwyr, a fi oedd yr ieuengaf yno. Fe ges i lot o faldod a sylw – yn enwedig gan rai o'r menywod, oedd yn ymddangos yn hen iawn i mi ar y pryd, er nad oedden nhw ddim, mae'n siŵr. Fe ges i lot o sbort. Ar wahân i fod yn fabi'r cyrsiau, roedd y ffaith 'mod i o Gymru ac yn medru siarad Cymraeg wastad yn destun rhyfeddod i'r lleill. Dw i wedi rhyfeddu erioed cymaint o Saeson sy'n dal yn gwbl anwybodus ynglŷn â bodolaeth yr iaith Gymraeg.

O ganlyniad uniongyrchol i'r cyrsiau hyn fe ges i gynnig lle yn LAMDA ar ôl gorffen yng Ngholeg y Drindod yn 1963. Ond fedrwn i mo'i dderbyn. Er 'mod i wedi trefnu y gallwn i aros yn Llundain gydag Anti Nest, chwaer fy nhad, a'i gŵr, Wncwl Alun, chawn i ddim grant i dalu am y cwrs ei hun. Dim ond grant am un cwrs tair blynedd gaech chi bryd hynny ac roedd fy nogn i eisoes wedi ei ddefnyddio ar y cwrs Addysg yng Nghaerfyrddin. Felly, yn un ar hugain oed, roedd hi'n amlwg na chawn i barhau i fod yn fyfyriwr. Rhaid oedd derbyn 'mod i'n wynebu cyfeiriad gwahanol mewn bywyd, a bod cyfnod newydd ar fin dechrau.

Lle mae car mae cariad?

Rown i'n dibynnu'n helaeth ar ffawdheglu yn y dyddiau hynny. Doedd gen i ddim car a fedrwn i ddim fforddio cael un tasen i isie. A dweud y gwir, dw i erioed wedi chwennych car rhyw lawer – erioed wedi bod yn un am declynnau a phetheuach. Dw i jest ddim yn ddyn *gadgets* a *gizmos* ac felly fuodd dysgu gyrru a chael annibyniaeth pedair olwyn erioed yn flaenoriaeth imi.

Mae llawer wedi gofyn imi dros y blynyddoedd shwt yn y byd ydw i wedi llwyddo i gyrraedd pobman heb gar. Y gwir yw 'mod i wedi dysgu bod yn ddeheuig wrth deithio o oedran ifanc iawn. Mae wastad rhywun sy'n mynd i'r un cyfeiriad bras â fi y galla i ofyn iddo neu iddi am lifft. A phan oedd hynny'n methu yn fy ieuenctid, gallwn wastad ddibynnu ar y bawd.

Roedd un ffaith arall hefyd yn cynllwynio i wneud car yn rhywbeth na fyddai byth yn flaenoriaeth imi – roedd pob merch es i mas 'da hi cyn priodi yn berchen car. Nid dyna pam o'n i'n mynd mas 'da nhw – cyd-ddigwyddiad pur, ond cyd-ddigwyddiad hapus.

Ddwywaith yn unig rwy wedi colli jobyn am na alla i yrru, ac roedd un o'r rheini'n golygu colli gwaith ar ffilm ges i ei chynnig yn Llundain un tro. Dyna'r unig dro y ces i 'nhemtio i fynd ar gwrs carlam i basio prawf – ond wnes i ddim.

Yr eironi yw 'mod i'n hen gyfarwydd â thrin tractor a fan ar dir Nantyfyda gydag Wncwl Maurice a Dennis. Erbyn imi fod yn un ar ddeg rown i eisoes yn hen law ar y llyw, ond wnes i erioed ddysgu'n swyddogol, a wnes i erioed sefyll prawf.

Dyna pam ei bod hi'n gryn syndod i rai glywed 'mod i wedi cymryd rhan mewn rali un tro, fel cyd-yrrwr. Rhywbryd yn nechrau'r 80au oedd hynny, a rhaid cyfadde bod y gwahoddiad i fod yn gyd-yrrwr i Bencampwr Cymru, Dai Llewelyn, yn syndod mawr i finnau hefyd.

Roger Evans o Glwb Ralïo De Cymru ofynnodd imi a fydden i'n hoffi gwneud, a phan dynnes i ei sylw at yr amlwg, sef na fedrwn yrru, ei ymateb oedd, 'That's the whole point, Huw!'

Cytunais. Allen i ddim peidio â derbyn y fath sialens.

Rali undydd oedd hi, i fyny'r Rhondda a thrwy Merthyr, ac i lawr i Landow ac yn ôl i Gaerdydd. I gloi'r diwrnod, roedd cinio gyda'r nos yng ngwesty'r Inn on the Avenue ar Rodfa'r Gorllewin yng Nghaerdydd, gyda fi'n siaradwr gwadd.

Cyfrifoldeb penna'r cyd-yrrwr yw fel *navigator* ac fe ges ddiwrnod o hyfforddiant ymlaen llaw gan Roger. Pan wawriodd y diwrnod ei hun, mewn Baby Austin oedden ni – nid car ralïo go iawn – ac yn hwnnw, a minnau'n rhoi'n ymddiriedaeth i gyd yng ngallu Dai, y bues i'n gweiddi cyfarwyddiadau fel 'Left, fifty yards …', 'Severe right a hundred yards …', 'Straight on …' a 'Brake' trwy'r dydd.

Enillon ni mo'r ras, ond fe ges i blàc ganddyn nhw i nodi'r achlysur. Fe ddywedodd Dai wrtha i wedyn mai fi oedd y cyd-yrrwr gorau a gafodd e erioed – ond rwy'n rhyw ofni bod ei dafod yn ei foch ar y pryd.

Arthur Morus a'r Cadillac pinc

Os am wneud *grand entrance* mewn car, gyda gwraig wrth y llyw, ddes i erioed yn agos at faeddu 'mrawd. Achosodd Arthur Morus gryn gynnwrf ym Mhrifysgol Caer-wysg pan aeth yno â'i fryd ar ddilyn cwrs Celf.

Os cofia i'n iawn, y drefn yng Nghaer-wysg oedd i bawb astudio dau bwnc tuag at eu diploma – ond un oedd e am ei ddilyn, sef ei brif ddiddordeb, cerflunio. Arweiniodd brotest fawr yn erbyn awdurdodau'r Brifysgol ac o ganlyniad cafodd y sefydliad ei gau am gyfnod. Y myfyrwyr a gariodd y dydd yn y diwedd, ond nid cyn i'r holl bennod gostio'n ddrud i'r coleg.

Y flwyddyn honno, 1966, roedd yr Eisteddfod yn Aberafan, ac roedd Mam wedi gofyn imi sawl tro yn ystod yr wythnos oeddwn i wedi gweld fy mrawd a minnau'n ateb yn onest nad o'n i ddim.

Yna, un diwrnod, fel rown i'n gadael y Maes ddiwedd y prynhawn ac yn cerdded i gael peint yn rhywle – mae gen i rhyw gof mai ar y ffordd i'r Twelve Knights o'n i – dyma fi'n gweld y Cadillac pinc 'ma'n dod tuag ata i. Do'n i erioed wedi gweld y fath beth ar Faes Eisteddfod. Doedd neb arall ychwaith. Pawb yn edrych. A thu ôl i olwyn y car roedd 'na fenyw smart ofnadwy yn ei thridegau gyda gwallt du. Os oedd hyn i gyd yn rhyfeddod, rhyfeddach fyth oedd gweld fy mrawd, Arthur Morus, yn eistedd yn y sedd wrth ei hymyl.

'Peidiwch â gadael i Mam eich gweld chi, beth bynnag wnewch chi,' meddwn i. Rown i mewn cymaint o sioc, do'n i ddim yn gwybod beth arall i'w ddweud. A chan egluro i ble rown i'n mynd am ddiod – diod yr oedd arna i wir ei angen erbyn hyn – dyma fi'n canu'n iach i'r ddau yn y Cadillac.

Rhyw ugain munud yn ddiweddarach – ar ôl gyrru'r rhyfeddod pinc o gwmpas y Pafiliwn – dyma'r ddau'n ymuno â fi yn y bar a finne'n cael fy nghyflwyno i'r fenyw.

Pan ges i gyfle, dyma ofyn i Arthur, 'Pwy yw hon te?'

Gwraig darlithydd yn yr Adran Gelf oedd hi. Nid yn unig oedd e wedi achosi chwyldro yn y Brifysgol, roedd e hefyd wedi rhedeg bant 'da gwraig ei brif ddarlithydd. *Typical* o 'mrawd!

Cymdeithas yr Iaith

Wn i ddim ai bodio at Bont Trefechan wnes i neu a ges i bàs yno gan rywun – ond rwy'n gwybod i sicrwydd y bues i yno. Hon, yn 1963, oedd y brotest fawr gyntaf yn enw Cymdeithas yr Iaith. O'r tedi boi o rebel a adawodd Goleg Llanymddyfri bum mlynedd ynghynt, rown i'n raddol wedi dod i sylweddoli bod Cymreictod yn ddyfnach ynof i nag o'n i wedi bod yn barod i'w gyfaddef.

Ond os oedd hi'n JCBs ac yn fagiau o sment diddiwedd ar gampws y Drindod, nid ym maes addysg yn unig yr oedd 'na ymdeimlad fod 'na Gymru newydd yn cael ei chodi. Yn wleidyddol hefyd roedd 'na newid yn y gwynt. Roedd darlith 'Tynged yr Iaith' yn 1962 wedi esgor ar Gymdeithas yr Iaith, ac roedd helynt Tryweryn wedi rhoi cic yn nhin y syniad o genedligrwydd Cymreig a'i ddihuno o'r newydd go iawn. Ochr yn ochr â'r sbort cymdeithasol a'r gwaith caled oedd wedi mynd â'm bryd yn ystod tair blynedd y Drindod, roedd y deffroadau hyn yn hanes Cymru wedi bod yn ddylanwadau pwysig arna i hefyd. .

Erbyn 1966, y fi oedd Ysgrifennydd Cymdeithas yr Iaith. Roedd y criw hwnnw fu'n llywio'r Gymdeithas yn ystod ei dyddiau cynnar – pobl fel Neil ap Siencyn, Twm Jones (arweinydd band pres Trefor), Emyr Llew, Gareth Miles a Gwilym Tudur – yn griw brwdfrydig tu hwnt. Roedd eu gwaith yn gadarn, ac yn gyfraniad gwerthfawr o ran gosod sylfeini a sicrhau goroesiad y Gymdeithas. Rwy'n dal i edrych nôl ar y cyfnod hwnnw gydag edmygedd aruthrol ohonynt.

Mae'n debyg nad oedd y llwybr a gymerais i yn ôl at lawer o werthoedd a diwylliant Cymreig cynhenid Mam a 'Nhad mo'r un mwyaf amlwg, ond erbyn 1963 roedd y gwerthoedd hynny'n bendant yn ganolog i 'mywyd i, ac fe arhoson nhw yno'n gadarn hyd heddiw.

Aeddfedu

Gyrfa fel athro

Pentre Trelales ger Pen-y-bont yw'r lle rwy wedi'i alw'n gartre ers dros ddeugain mlynedd. Fe ddois i yma, mwy neu lai, yn syth ar ôl fy nghyfnod yng Ngholeg y Drindod i ymgymryd â swydd fel athro yn ysgol y pentre. Ymhlith y staff yno oedd John Jones – athro arbennig o dda ac un a ddaeth yn ffrind agos i mi. Roeddem ein dau'n cydweithio'n glòs wrth baratoi ar gyfer cystadlaethau Eisteddfod yr Urdd – y fi wrthi'n 'sgrifennu caneuon a sioeau cân actol i'r plant ac yntau'n mynd ati i'w cynhyrchu a'u cyfarwyddo. Roedd John yn aelod o gwmni'r Castle Players yn yr un cyfnod â mi, ac roedd yn actor a chyfarwyddwr llwyfan arbennig. Daeth y cydweithio hapus rhyngom yn sail i gyfeillgarwch sydd wedi para hyd heddiw, ac rwy'n dal i weld John yn gyson gan ei fod yn byw yn lleol yn dilyn ei ymddeoliad.

Arhosais yn yr ysgol yn Nhrelales am bum mlynedd cyn symud ymlaen i ddysgu yn Ysgol Tŷ Derwen, ysgol gynradd Gymraeg Maesteg, am ddwy flynedd a hanner olaf fy ngyrfa fel athro. Cefais gyfnod dedwydd iawn yn Tŷ Derwen, gyda'r menywod yno'n fy sbwylo i'n rhacs, ac rwy'n cofio rhannu llawer iawn o hwyl gyda chymeriadau megis Diane Mort, Dilys Richards, Malvina Ley a Gwerfyl Thomas. Mawr yw fy niolch i'r prifathro yno, Gerallt Jones, a fu'n arbennig o dda wrtha i. Dyma'r cyfnod pryd y bues i ar streic newyn yn brotest yn erbyn carcharu Dafydd Iwan, a rhaid oedd cael fy archwilio bob yn eilddydd gan feddyg a chyfreithiwr i sicrhau fy mod yn parhau'n addas i fod yn gyfrifol am ddosbarth o blant.

Cefais rwydd hynt gan Gerallt i sefydlu tîm rygbi yn yr ysgol, a hynny am y tro cyntaf erioed, ac roedd ei gefnogaeth ef i'r fenter ynghyd â brwdfrydedd y rhieni yn ychwanegu at y pleser a ges i wrth drefnu a chynnal y tîm.

Wrth gwrs, i rywun fel fi, roedd hi'n fendigedig cael mynd i ysgol Gymraeg fel Tŷ Derwen achos ro'n i wedi bod yn sgrechen am gael dysgu'r iaith i blant Ysgol Trelales a'r awdurdodau'n gwrthod.

Y ddau oedd â gofal dros addysg Gymraeg yn y cylch bryd hynny oedd Eric Evans a Maxwell Evans, ac roedd y ddau yn hynod gefnogol i mi yn fy ymdrechion i gyflwyno gwersi Cymraeg yn Ysgol Gynradd Trelales. Y sir oedd yn anfodlon. Y Blaid Lafur oedd wrth y llyw, yn anterth ei grym yn ne Cymru, a dyw'n ddim syndod i mi felly na chafwyd dim byd ond gwrthwynebiad. Wedi cryn bwyso, fe wnaethon nhw gytuno y gallwn i ddysgu Cymraeg i'r dosbarth oedd newydd wneud yr Eleven Plus, am yr wythnosau oedd yn weddill o'r tymor. Doedd e ddim yn amser hir i'w trwytho nhw yn yr iaith, ond rwy'n falch iawn o feddwl bod yna rai y gwnes i eu dysgu yn y cyfnod byr yna bellach yn rhugl eu Cymraeg.

Dim ond am flwyddyn y cefais gynnal y cwrs, ond roedd yn ddigon i brofi pwynt, ac roeddwn yn falch iawn o fod wedi cymryd un cam arloesol yn hanes dysgu Cymraeg yn yr hen Forgannwg Ganol.

Daeth Maxwell Evans ag un o Arolygwyr Ysgolion Ei Mawrhydi lan i'r ysgol yn Nhrelales yn ystod y cwta ddeufis y bues i'n cynnal y dosbarth Cymraeg hwnnw. Cymro Cymraeg oedd e, ac fe eisteddodd yng nghefn y dosbarth am gryn awr. Roedd anghrediniaeth lwyr ar ei wyneb, cystal â dweud 'Allwch chi ddim â gwneud hyn!', a does 'da fi ddim amheuaeth nad aeth e'n ôl i'w swyddfa a dweud 'Mae'n rhaid inni roi stop ar hyn!' Rwy'n siŵr bod y Blaid Lafur bryd hynny'n ofni beth oedd i ddod – bydde mwy a mwy o athrawon am droi i ddysgu Cymraeg a mwy a mwy o rieni am i'w plant ddysgu'r iaith.

O fewn llai na deng mlynedd, wrth gwrs, roedd y galw am addysg trwy gyfrwng y Gymraeg wedi gweddnewid sefyllfa'r iaith yn ysgolion yr ardal.

Bu'r frwydr i gael ysgol gynradd Gymraeg ym Mhen-y-bont yn un gas, hir a hyll iawn, iawn. Oni bai am deulu'r Emanuels, mae'n amheus gen i a fyddai'r ysgol wedi cael ei sefydlu pan nath hi. Beti Emanuel arweiniodd y frwydr dros ysgol – mam y cynllunydd dillad, David Emanuel. Roedd eraill hefyd yn y frwydr, wrth gwrs, ond does dim amheuaeth fod ei dyfalbarhad hi wedi bod yn allweddol i fynd â'r maen i'r wal. Mae hi wedi ein gadael ni bellach, ond mae gan achos addysg Gymraeg ddyled fawr iddi.

Fe fuon ni fel teulu'n lwcus – erbyn i Lowri, yr hynaf o'n dwy ferch, ddod i oedran mynd i'r ysgol roedd yna ysgol feithrin iddi ei mynychu ac roedd ysgol gynradd Gymraeg Pen-y-bont newydd agor. Diddorol nodi mai dim ond hi, Leah ei chwaer, ac un arall oedd yn aros am y bws yn y bore pan ddechreuon nhw fynd i'r ysgol yn y dre, ond erbyn iddyn nhw adael yr ysgol gynradd roedd yna ddeuddeg o'r pentref yn aros am y bws bob bore.

A stori o gynnydd fu hi'n gyffredinol yn y cyfnod hwnnw yn nechrau'r saithdegau. Ar ôl llwyddiant yr ysgol ym Mhen-y-bont ac

Ysgol Tŷ Derwen, lle fues i fy hun yn dysgu, daeth yr alwad am fwy a rhaid oedd agor ysgolion yng Nghorneli a Phen-coed ac yn y blaen.

Does dim dwywaith nad oedd y polisi ym Morgannwg Ganol bryd hynny'n wrth-Gymreig. Roedden nhw'n casáu'r iaith a chenedlaetholdeb o unrhyw fath. Erbyn heddiw fe newidiodd agweddau; yn raddol, mae'n wir, ond newid a fu.

Perfformio

Yr unig beth call wnes i yn ystod fy mlwyddyn gynta yn byw ym Mhen-y-bont oedd ymuno â'r Castle Players. Cwmni amatur oedden nhw, ond bron na allech chi ddweud eu bod nhw'n hanner proffesiynol achos roedd yna actorion da iawn, iawn wedi bod yn gysylltiedig â nhw ar hyd y blynyddoedd, gan gynnwys Anthony Hopkins ym mlynyddoedd ei febyd. Un arall a dorrodd ei dannedd gyda'r cwmni hwn pan o'n i'n weithgar 'dag e oedd Jean Ferguson, ddaeth i amlygrwydd wedyn fel rhan o gast *Last of the Summer Wine*.

Roedd perfformio gyda'r Castle Players yn aruthrol o bwysig i mi. Yn naturiol, roedd gweithio ar amrywiol gynyrchiadau yn diwallu'r awch am berfformio oedd ynof i, ac roedd y cwmni'n dda, ond roedd e'n fwy na hynny hefyd. Roeddwn i'n dysgu crefft ac yn datblygu fel actor, roeddwn i'n dod yn gyfarwydd â dramâu Saesneg ac roedd e'n wrthbwynt arall i'r hyn oeddwn i'n ei wneud yn y stafell ddosbarth bob dydd. Wrth gwrs, roedd e hefyd yn gyfle i un fel fi gael teithio ar hyd a lled Prydain yn gyson.

Fe enillon ni wn i ddim faint o wobrau am berfformiadau mewn gwahanol gystadlaethau yn y cyfnod hwnnw. Rwy'n cofio mynd i Felixstowe – allwch chi ddim mynd ymhellach i'r dwyrain na Felixstowe – a dod adre 'da gwobr Actor yr Wythnos o'r ŵyl arbennig honno. Gyda'r Castle Players y gwnes i fy nghynhyrchiad cyntaf o *Under Milk Wood* hefyd.

Yn yr un cyfnod, yng nghanol y chwedegau, eto tra oeddwn dal i ddysgu, roeddwn i'n cael cyfle i berfformio trwy gyfrwng y Gymraeg diolch i

Wythnos Ddrama Theatr y Grand, Abertawe. Gŵyl ddrama flynyddol fyddai'n cyflwyno dramâu newydd, dramâu clasurol a chomedïau oedd hon, ac fe fues i'n rhan o'r ŵyl am ryw dair blynedd. Roedd sawl cyfarwyddwr brwdfrydig yn allweddol i lwyddiant yr wythnos, gan gynnwys Emily Davies. Rwy'n cofio actio Proctor yn *Y Crochan* gan Arthur Miller, gyda Victoria Plucknett yn ferch ysgol bymtheg oed yn yr un cynhyrchiad. Hyd yn oed bryd hynny, roedd hi'n amlwg fod gan y ferch ifanc hon yrfa ddisglair o'i blaen, ond ychydig a wyddwn i y bydden ni'n dod ar draws ein gilydd sawl gwaith eto yn y dyfodol.

Priodi Margaret

Os taw ymuno â'r Castle Players oedd y peth callaf wnes i yn ystod fy mlwyddyn gyntaf ym Mhen-y-bont, y peth calla wnes i yn fy nhrydedd flwyddyn yno oedd priodi Margaret.

Fel cymaint o'r pethau gorau hynny sydd wedi cyfoethogi 'mywyd i, yng Nglan-llyn y cwrddais i â Margaret gyntaf. Erbyn 1966 rown i wedi bod yn caru'n ôl a mlaen 'da hi ers rhai blynyddoedd. Nid gyda hi'n unig – nid un fel'na o'n i bryd hynny – ond roedd hi wedi bod adre i gwrdd â'm rhieni ac roedd hi'n amlwg i bawb 'mod i'n hoff iawn ohoni. Y flwyddyn honno dyma ddarganfod ei bod hi'n feichiog, ac ar y pryd roedd hynny'n dal yn dipyn o beth i ferch sengl.

Fe benderfynodd y ddau ohonon ni briodi'n syth. Rown i'n berffaith hapus gyda hynny ac yn gwbl dawel fy meddwl mai dyna own i am ei wneud. Roedd 'Nhad, ar y llaw arall, yn gadarn iawn o'r farn na ddylwn i wneud y fath beth.

'Paid â phriodi a chlymu dy hunan am oes os nad wyt ti'n siŵr fod y ferch iawn 'da ti,' oedd ei eiriau fe wrtha i. Fe'u cofia i nhw am byth. 'Nid ti fydd yn gorfod wynebu'r sen ond fi a dy fam, ac fe edrycha i ar ôl dy fam.'

Ar sawl cyfri, mi fydd yr ymateb hwnnw'n ymddangos yn annisgwyl i lawer, ond yn ogystal â bod yn ddyn o ddaliadau cadarn roedd 'Nhad hefyd yn ddyn oedd yn gweld ymhell.

Priodi wnaethon ni, er gwaetha geiriau 'Nhad. Rown i'n gadarn fy meddwl ar y pwnc, ond cymaint oedd ei wrthwynebiad e dda'th e ddim i'r seremoni. Yn Swyddfa Gofrestru Pen-y-bont oedd honno, gyda dim ond dau ffrind inni'n bresennol, Carol a John Jones (fy nghyfaill o Ysgol Trelales), a Mam a Dafydd Iwan. Cafwyd pryd o fwyd i ddilyn – criw bach dethol iawn ohonom yng ngwesty'r Ddraig yn Abertawe. A dyna ni. Roedd Huw Ceredig yn ŵr priod.

Y noson honno, noson y briodas, roedd yn rhaid symud yn ein blaenau i Gaerdydd lle rown i ar lwyfan y Theatr Newydd yn rhan o gynhyrchiad y Castle Players o *Under Milk Wood.*

Oedd, roedd yn ddiwrnod pwysig, ond roedd hi'n noson bwysig hefyd, gyda'r perfformiad yn rhan o ffeinal cystadleuaeth Dramâu Un Act Prydain. Roedd y Castle Players eisoes wedi ennill y gystadleuaeth yng Nghymru, a nawr roedden ni'n wynebu enillwyr yr Alban, Lloegr a Gogledd Iwerddon. A'r canlyniad? Y Castle Players ddaeth i'r brig ac, wrth gwrs, mawr fu'r llawenhau. A thybed nad oedd hynny'n argoeli'n dda o ystyried digwyddiad pwysig arall y diwrnod hwnnw?

Llinos

Cafodd Llinos ei geni ar yr unfed ar ddeg o Dachwedd 1966 a fi oedd y fydwraig.

Diwrnod sefydlu 'Nhad yn Gwyddgrug, Pencader, oedd hi, ac roedd Margaret a finnau yno. Yn oedfa'r hwyr y cyrddau sefydlu, Wncwl Derek, brawd 'Nhad, oedd yn traddodi'r bregeth, ac yng nghanol yr oedfa honno y dechreuodd Margaret ar ei phoenau esgor.

Fe adawson ni'r capel a mynd yn ôl i'r tŷ ac fe ddaeth 'Nhad gyda ni. Erbyn hyn roedd hi'n amlwg nad oedd amser i gael ambiwlans na gwneud unrhyw drefniadau eraill mwy na mynd yn y car a gyrru cyn gynted ag y gallen ni i'r ysbyty. Fe ffoniwyd Ysbyty Caerfyrddin, gan mai hwnnw oedd yr ysbyty agosaf, ond cawsom ein gwrthod yno gan ein bod wedi'n cofrestru yn Aberystwyth. Doedd dim amdani felly ond cychwyn ar frys tua'r gogledd. Ffoniwyd Bronglais i rybuddio ein bod ni ar y ffordd – doedd dim y fath beth â ffôn symudol bryd hynny – a bant â ni.

Daeth Llinos i'r byd ar sêt gefn y car yn Llanfarian, gyda fi'n cynorthwyo Margaret ac yn gwrando ar gyfarwyddiadau 'Nhad yn y ffrynt, oedd yn dal wrthi'n gyrru fel cath i gythraul. Hyd yn oed o dan y fath bwysau, roedd e'n dal i allu dweud wrtha i beth i'w wneud, gam wrth gam, a chynghori sut i gadw'r babi'n fyw wedi iddi gyrraedd ac yn y blaen.

Pan gyrhaeddon ni Ysbyty Bronglais yn Aberystwyth roedden nhw'n disgwyl amdanon ni wrth y drws, chwarae teg. Cafodd Margaret aros yn yr ysbyty, a doedd hi ddim gwaeth ar ôl rhoi genedigaeth o dan y fath amgylchiadau, diolch i'r drefn. Ar ôl bod gyda hi am sbel fe ddywedwyd wrtha i am fynd gartre gan nad oedd dim mwy y gallwn i ei wneud. Fe ddychwelodd 'Nhad a minnau i Gwyddgrug gyda'r newyddion mai merch fach oedd y newydd-ddyfodiad, fy mhlentyn cyntaf i ac wyres gyntaf fy rhieni.

Daeth yn amlwg o fewn rhai wythnosau nad oedd Llinos yn datblygu'n iawn. Roedd rhywbeth yn bod ar ei llygaid yn un peth, ac yn gyffredinol doedd hi ddim yn datblygu fel y dylai.

Ar ôl bod yn ôl ac ymlaen i'r ysbyty am gyfnod ar gyfer gwahanol brofion, gofynnodd rhywun a oedd Margaret wedi cael rubella erioed. Doedd hi ddim, ond pan oedd hi'n dysgu yn y Rhws roedd hi wedi bod mewn cysylltiad â phlentyn oedd yn dioddef o'r clefyd yn yr ysgol. Roedd hynny cyn iddi hyd yn oed sylweddoli ei bod hi'n feichiog, ond roedd y cyswllt wedi'i wneud a dyna oedden nhw'n ei gredu oedd wedi niweidio Llinos yn y groth.

Roedd Margaret a minnau yn gwirioni arni, wrth gwrs, ond gyda'r nam ar ei hymennydd fe allen ni weld nad oedd fawr o ddatblygiad i'w ddisgwyl i'r dyfodol a rhaid felly oedd cynllunio ar gyfer wynebu'r dyfodol hwnnw.

Fe symudon ni i'r tŷ ry'n ni wedi byw ynddo ers bron i ddeugain mlynedd er mwyn ateb y gofynion hynny yn un peth. Cyn hynny roedden ni'n byw mewn lle reit serth, ac roedd yno ardd serth hefyd. Gan fod ei chalon yn wan, fe feddylion ni y bydde tŷ mewn man mwy gwastad yn hwylusach o lawer i Llinos wrth iddi dyfu i fyny.

Gwehelog yw'r enw a roesom ar ein cartref. Gweld yr enw ar arwyddbost ger y Fenni wnaeth Margaret a fi un diwrnod – ei weld a'i hoffi. Fe holais am darddiad yr enw, a chynnig yr Athro T. J. Morgan oedd ei fod yn rhywbeth i wneud â choed helyg – gweu helyg efallai – tra oedd yr Athro Bedwyr Lewis Jones yn tybio y gallai ddod o 'gwên heulog'. Rwy'n hoffi meddwl mai'r elfen heulog yna sydd wrth ei galon.

Fe welais i ein cartref yn cael ei godi, heb feddwl ar y pryd mai ein tŷ ni fyddai e un diwrnod. Codwyd y tŷ a'r tŷ drws nesaf iddo gyda'i gilydd ar gyfer yr un teulu. Ond ddwy flynedd ar ôl symud i mewn cafodd y mab gynnig swydd newydd ym Mryste a rhaid oedd newid nyth. Modryb i Margaret, Anti Nel, sylwodd fod y lle ar y farchnad a thynnu'n sylw ni ato. 'Ma hwnna'n dŷ bach neis – pam na' ewch chi amdano fe?'

Mynd amdano fe wnaethon ni – ac rŷ'n ni yma byth!

Blwyddyn yn Aberystwyth ...

Cyn ac yn ystod oes fer Llinos fe fudon ni fel teulu i Aberystwyth. Bu Margaret a minnau yn byw mewn fflat ar North Road am gyfnod, ond wedi geni Llinos cawsom symud am sbel i dŷ Prys a Cath Edwards yn Waunfawr a chael croeso cynnes yno. Yn sicr, mawr yw ein dyled i Prys a Cath am eu cefnogaeth i ni fel teulu yn ystod y cyfnod helbulus hwnnw.

Roeddwn i yn Aberystwyth i ddilyn cwrs mewn Addysg Ddwyieithog yng Nghyfadran Addysg y Brifysgol – cwrs o dan arweiniad yr Athro Jac L. Williams ei hun. Cwta flwyddyn oedd hyd y cwrs ac roedd wedi'i gynllunio'n benodol ar gyfer pobl oedd eisoes wedi dilyn cwrs athro.

Yn ystod y flwyddyn honno fe gafodd Margaret a minnau dreulio amser gyda John Eric Williams, Eunice ei wraig a'u mab ifanc, John. Roeddem eisoes yn gyfeillion gan fod John Eric yn gyn-bennaeth ar wersyll Glan-llyn. Rwy'n cofio ymweld â hwy'n aml yn eu carafán fawr ar gyrion y dref, a minnau'n cael oriau o hwyl wrth chwarae pêl gyda'u mab afieithus. Daeth trasiedi i ran y teulu hwn yn ddiweddar wrth i'r mab bach hwnnw, ac yntau bellach dros ei ddeugain, farw'n ddisymwth.

Rhaid dweud bod yr atgofion am ochr gymdeithasol y cyfnod yn Aberystwyth cyn gryfed, os nad yn gryfach, nag unrhyw atgofion am y cwrs ei hun. Roeddwn i yno ar gyflog athro llawn, felly nid myfyriwr tlawd oeddwn i o bell ffordd, ac roedd hynny'n caniatáu i mi fod yn fwy afradlon na'r mwyafrif o'r myfyrwyr. Hyd heddiw, mae Eurig Wyn, y cyn Aelod Seneddol Ewropeaidd, yn dal i roi'r bai arna i am iddo dderbyn gradd 2:2 yn hytrach na gradd dosbarth cyntaf, gan fynnu mai Huw Ceredig aeth ag e ar gyfeiliorn yn ystod y flwyddyn honno'n y dref!

Mae un achlysur doniol yn codi gwên bob tro y daw i'r cof. A minnau wedi bod ar y cwrs ers tri mis, rwy'n cofio gofyn i Jac L. un diwrnod, 'A ble yn union ma'r llyfrgell, Athro?'

'Mae hi reit y tu cefen ichi,' daeth yr ateb swta.

Fe ddysgais i'r diwrnod hwnnw fod yna rai cwestiynau y byddai'n rheitiach peidio â'u gofyn i Athro prifysgol. O leiaf, nid tra'ch bod chi i fod yn astudio'n galed ar un o'i gyrsiau!

Colli Llinos

Dim ond deunaw mis fuodd Llinos fyw. Yn ystod ei bywyd byr, fe dreuliodd hi wythnosau lawer yn ysbytai Moorfields a Guy's yn Llundain. Bu Margaret yn ffodus o garedigrwydd Anti Nest (chwaer 'Nhad) ac Wncwl Alun yn ystod y cyfnod hwnnw. Roedd Alun yn brifathro yn yr East End ac roedden nhw'n byw yn Westbourne Park Road, gan gynnig llety cyfleus a chefnogaeth werthfawr i Margaret tra byddai Llinos yn derbyn ei thriniaethau. Gydag amser, daeth yn amlwg fod llygaid Llinos rywfaint yn well ac roedd yna adegau yn ystod y cyfnod hwnnw pan fydden ni'n codi calon ac yn meddwl bod gwelliant yn bosibl iddi. Gwelliant, nid gwellhad. Doedden ni ddim yn twyllo'n hunain i feddwl na fyddai bywyd yn anodd iddi i'r dyfodol – ond wrth gynllunio i wneud pethe cyn hawsed â phosibl roedd yna ambell lygedyn o obaith yn ein cadw i fynd.

Pan ddaeth y diwedd disymwth, rwy'n argyhoeddedig fod y chweched synnwyr sydd gen i i allu rhag-weld pethau unwaith eto ar waith. Rwy'n cofio'r noson fel petai'n ddoe. Roedden ni'n ôl yn Nhrelales erbyn hyn, ac rown i wedi bod yn y Mackworth, fy nhafarn leol, yn chwarae dartiau. Pan ddaeth hi'n amser cau fe ddywedais i wrth Mervyn James, ffrind i mi sy'n dal i fyw yn y pentref, 'Os gei di alwad ffôn yng nghanol y nos heno, paid â dychryn gormod; fi fydd e.' Pam ddywedais i hynny wrtho, does 'da fi ddim syniad. A does dim mwy o syniad 'da fi beth na'th i mi godi o 'ngwely rai oriau'n ddiweddarach.

Fe es i mewn i ystafell Llinos i'w gweld hi ac roedd hi'n amlwg imi'n syth fod y druan fach yn brwydro am ei hanadl. Fe ffoniais i Mervyn yn syth ac fe ffoniais i'r meddyg – ac o fewn dim roedd y ddau wedi cyrraedd y tŷ.

Roedd hi'n amlwg i bawb fod y sefyllfa'n argyfyngus, a chyda Llinos wedi ei lapio'n dynn mewn siôl fe aethom i'r ysbyty yng nghar y meddyg. Yno, yn Ysbyty Pen-y-bont, y bu hi farw'r bore wedyn.

All geiriau byth fynegi'n iawn y cyfraniad wnaeth Llinos i 'mywyd i. Roedd ei bywyd byr wedi uno ei mam a fi mewn modd mwy ystyrlon a pharhaol nag y gallai tystysgrif gyfreithiol neu sacrament grefyddol byth ei wneud. Ei hanghenion hi roddodd inni'r tŷ sydd wedi bod yn gartref inni byth oddi ar hynny. Roedd y gwewyr, y gorfoledd a'r galar a greodd hi yn ddwys, a bu ei heffaith yn hirymarhous ar berthynas Margaret a fi.

Yn syth ar ôl yr angladd cawsom fendith fawr o garedigrwydd ffrindiau da o'r enw Len a Dorothy Gwilliam. Roedd gan y teulu garafán yn Llanrhystud, ac yno yr aeth Margaret a minnau i gael amser i ni'n hunain yn dilyn y brofedigaeth. Mawr yw ein dyled iddynt.

Fe effeithiodd y farwolaeth yn ddirfawr arna i. Mae'n amlwg fod hynny'n mynd i fod yn wir, ond ar lawer cyfrif rwy'n credu i'r brofedigaeth gael effaith fwy arna i nag ar Margaret. Wn i ddim ai oherwydd rhyw reddf famol neu rhyw ddoethineb amgen neu beth, ond rwy'n synhwyro bod colli Llinos wedi bod yn rhywbeth roedd Margaret wedi bod yn ei ddisgwyl – a finne yn fy niniweidrwydd heb weld nad oedd dyfodol i fod.

Ar fore braf o Fai y bu hi farw – yn 1968. Torrwyd y newyddion inni'n reit blygeiniol a gallaf gofio'n iawn gerdded yn ôl ac ymlaen ar hyd llwybr yr ardd. Rhwng y pyliau o lefain, fe gododd casineb enfawr yno' i wrth i mi droedio felly y bore hwnnw. Fe gerddodd casineb trwy 'nghorff i. Trwy 'meddwl i. Trwy 'nghalon i. A thrwy f'enaid i. Casineb tuag at bawb a phopeth. Ac fe barodd effaith hynny ar fy mywyd i am flynyddoedd wedyn.

Llwyddodd Margaret i ysgwyddo'i galar yn fwy tawel gadarn na fi. Roedd hi'n fwy parod i dderbyn rhagluniaeth, am wn i, tra 'mod i, ar y llaw arall, yn cronni'r casineb 'ma tuag at ddynoliaeth yn gyffredinol. Pam oedd hyn wedi digwydd i mi? Pam oedd bywyd mor annheg? Pam oedd pobl eraill yn cael plant holliach a'u bod nhw'n cael byw?

Roedd e'n shiglad i'r ddau ohonom, wrth gwrs, ac i'r teulu i gyd o ran hynny, ond gyda fi y gadawodd y golled y gwaddol chwerwaf.

O fewn rhyw fis wedi'r angladd, rwy'n cofio rhywun yn dweud wrtha i, 'Mae'n ddrwg iawn 'da ni trostoch chi. Ry'n ni'n gwbod shwt chi'n teimlo.'

Fe golles i 'nhymer yn lân 'da nhw. 'Peidiwch â siarad shwt blydi nonsens!' dywedes i. 'Sda chi ddim syniad shwt ydw i'n teimlo.' Ac rwy'n meddwl hynny hyd y dydd heddiw. Dw i ddim yn meddwl bod hawl 'da chi i honni 'ych bo chi'n gwbod shwt ma rhywun yn teimlo heb i chi fynd trwy'r un felin â nhw eich hunan. Estynnwch gydymdeimlad. Dywedwch wrth rywun eich bod chi'n meddwl amdanyn nhw. Dangoswch dosturi. Ond peidiwch â dweud wrth riant sydd wedi colli plentyn eich bod chi'n gwybod sut maen nhw'n teimlo pan fo'ch plant chi'ch hunan yn fyw ac yn iach.

Ar un olwg, rwy'n difaru siarad â nhw mor llym, ond mae rhan ohona i'n falch imi eu goleuo nhw ar yr adeg honno hefyd. Gobeithio'u bod nhw wedi meddwl ddwywaith cyn gwastraffu geiriau gwag wrth gydymdeimlo ag unrhyw un arall wedi hynny.

Roedd derbyn llythyron a chael cyfeillion yn galw yn y dyddiau a ddilynodd farwolaeth Llinos yn gysur inni ar lawer cyfri. Fe gawson ni lythyr hyfryd iawn oddi wrth Syr Ifan ab Owen Edwards. Mae gyda ni o hyd, ac mae'n un o'r arwyddion o gydymdeimlad y mae Margaret a fi wedi ei drysori byth.

Erbyn hyn, rwy'n gweld yn gliriach. Nid Margaret a fi oedd y rhai cyntaf i golli plentyn. Nid ni fyddai'r olaf ychwaith. Mae pawb ohonom yn wynebu trasiedïau o wahanol fathau yn ein bywydau a dim ond yr unigolyn all ddysgu dygymod â hynny yn y pen draw. Rhywbeth personol yw e ar ddiwedd y dydd. Rhywbeth y mae'n rhaid i chi eich hun ei sortio mas.

Llinos oedd ein cyntafanedig ni, ac fe erys yn y cof am byth. Mi fydde hi'n ddeugain erbyn hyn petai hi wedi cael byw – ydy, mae'r cof yn dal i gyfri'r blynyddoedd. Wrth i amser basio, lliniarwyd tipyn ar loes y golled, ond all hyd yn oed amser wneud dim i bylu arswyd yr atgofion eu hunain.

Bu Margaret a finnau'n ddigon ffodus i gael dwy ferch arall, ac mae mil o resymau eraill dros fod yn llawen wedi cuddio rhywfaint ar y creithiau. Mae'r creithiau'n dal yno, cofiwch, o dan yr wyneb. Mae'n amheus gen i a oes dim yn bod all eu dileu yn llwyr.

'Nhad

Yr unig gweryl ges i gyda 'Nhad ar ôl tyfu'n ddyn oedd yr un a ddaeth yn sgil colli Llinos. 'Beth yw'ch Duw chi sy'n caniatáu pethe fel hyn?' rown i'n dannod iddo. Ches i erioed ateb boddhaol ganddo. Does dim un yn bosibl mewn amgylchiadau felly, mae'n debyg.

'Rwy'n deall shwt wyt ti'n teimlo,' oedd y gorau a gawn i allan ohono. Ac er cystal dealltwriaeth y ddau ohonom o'n gilydd, yr oedd yn dal hyd y diwedd rai llefydd o fewn ein gwahanol brofiadau na allai'r llall byth eu cyrraedd.

Er mor gadarn oedd e, gallai syrthio ar ei fai pan fyddai amgylchiadau ac amser yn ei brofi'n anghywir. Fe wnaeth hynny yn achos ei adwaith cyntaf i 'mhriodas i â Margaret, er enghraifft. Roedd wedi bod yn gadarn iawn ei wrthwynebiad yn 1966, ond cyn diwedd ei oes fe gyfaddefodd imi ei fod wedi bod ar fai. Pan fyddai'n dod i bregethu ym Mhontypridd neu Ben-y-bont, neu i rywle o fewn cyrraedd, atom ni y byddai'n dod i aros.

'Ry'n ni wrth ein boddau'n dod yma,' fyddai ei eiriau'n aml, ac mewn gwirionedd roedd hynny'n amlwg. Roedd Margaret yn dwlu arno a daeth yntau'n hoff iawn ohoni hithau. Gallai ymlacio gyda ni a bod yn gartrefol bob amser. Rwy'n amau'n aml ei fod e'n chwilio am esgus i ddod i'r cyffiniau.

Roedd rhywbeth yn gryf iawn, iawn ynddo. Dihangodd i'r môr pan oedd yn ifanc iawn, heb ddweud gair wrth ei rieni. Anfonodd lythyr o Vladivostoc i ddweud ble'r oedd e! Bu'n teithio'r byd am bum mlynedd, cyn dod adre a mynd i'r weinidogaeth.

Ar ôl ei farw, roedd y ffaith nad oeddwn wedi siarad mwy ag e am ei gyfnod ar y môr yn un o'r pethau rown i'n eu difaru fwya, ond rwy'n cofio gofyn iddo un tro pan oedd e'n aros gyda ni ble oedd y lle rhyfedda fuodd e yn ystod y pedair blynedd hynny, a'r ateb ges i ganddo oedd Rio de Janeiro.

'Cer 'na, cyn dy fod ti'n rhy hen i'w fwynhau e,' dywedodd e. Ond fues i yno byth, ac o gofio'r geiriau hynny rwy'n dechrau amau a yw hi'n rhy hwyr imi lwyr werthfawrogi'r lle bellach. Bob tro y clywa i sôn am y ddinas honno rwy'n meddwl amdani fel y lle a greodd argraff arbennig ar fy nhad.

Ar sawl achlysur yn fy mywyd i fe ddangosodd e a Mam gadernid mawr. Roedd ganddyn nhw asgwrn cefn ac fe fu'n rhaid iddyn nhw fod yn gryf ar adegau yn wyneb llawer iawn o sen a gwatwar.

Soniais eisoes am helbulon Arthur Morus ynn Nghaer-wysg yn nechrau'r chwedegau. Tua'r un adeg roedd Dafydd Iwan yn dechrau ar ei yrfa fel canwr, fel gwleidydd ac fel ymgyrchydd brwd gyda Chymdeithas yr Iaith. Cyrhaeddodd sawl llythyr atgas a dienw yn y cyfnod hwnnw. Ac, wrth gwrs, cyn wynebu hynny i gyd roedden nhw eisoes wedi cael blynyddoedd o ofid 'da fi. Dim ond ar ôl profi ing go iawn fy hun y des i i lawn sylweddoli faint o loes roeddwn i wedi'i hachosi iddyn nhw dros y blynyddoedd.

Dechrau encilio ...

Mi fydd yn syndod i ambell un glywed 'mod i wedi dal i fynd i'r capel yn selog tan i'r brofedigaeth hon ddod i'm rhan yn chwech ar hugain oed. Rwyf wedi ystyried fy hun yn berson crefyddol erioed, ond gyda cholli Llinos daeth dadrithiad mawr yn fy mherthynas â chrefydd gyfundrefnol. Fe ddechreuais gadw draw. Do'n i ddim isie gwybod. Er hynny, fe wnes i ddal i d'wyllu drws capel yn achlysurol. Aeth pedair blynedd arall heibio cyn imi droi 'nghefn ar y capel yn derfynol.

Lowri a Leah

Ganwyd Lowri yn 1970 a Leah yn 1975. Erbyn hynny rown i'n actor proffesiynol ac yn rhannu'r flwyddyn rhwng gwaith llwyfan, gyda Chwmni Theatr Cymru gan fwyaf, a gwaith teledu. O ddewis roedd hynny, yn naturiol, ac rown i'n fwy na bodlon gyda phrysurdeb fy ngyrfa i ar y pryd – ond wrth edrych 'nôl fe alla i weld imi golli darnau helaeth iawn, iawn o fagwraeth y ddwy, ac mae hynny'n un o'r pethe rwy'n 'u difaru fwya.

Fe ddaeth diwrnod pan feddylies i, 'Yffach, ma'r ddwy 'ma wedi tyfu lan a does 'da fi fawr o gof ohonyn nhw'n gwneud hynny.' Fe ddes i'n ymwybodol 'mod i wedi diodde colled, achos mae cymaint mewn bywyd nad yw e byth yn dod yn ôl ar ôl diflannu. Rown i'n ymwybodol hefyd fod Margaret wedi ysgwyddo mwy na'i siâr o'r baich o fagu'r ddwy a chadw cartref, a gwneud hynny tra oedd hi'n dilyn ei gyrfa ei hun fel athrawes.

Ar ôl cyfadde mai prin yw'r amser dreuliais i 'da nhw pan oedden nhw ar eu prifiant, mae perthynas dda wedi bod rhyngof i a'r merched erioed – ac, unwaith eto, i Margaret mae llawer o'r diolch am hynny.

Margaret

Dyw Margaret erioed wedi stopo 'ngharu i. Neu, o leiaf, dyna rwy'n hoffi ei gredu. Fel arall, alla i ddim dychmygu shwt y byddai hi wedi rhoi lan 'da popeth mae hi wedi rhoi lan 'dag e – yr holl deithio, y straeon, y gamblo – y bywyd tymhestlog dw i wedi'i fyw. Nid nad yw hi wedi lleisio barn. Peidiwch â becso, mae hi wedi gwneud hynny droeon! Ac eitha reit hefyd! Ond dyw hi erioed wedi bygwth cerdded mas arna i na dim o'r pethe 'ma mae dyn yn clywed amdanynt. Ac rwy'n sylweddoli person mor lwcus ydw i ohoni. Uffernol o lwcus, a dweud y gwir.

Beth yw cariad, meddech chi? Yn bersonol, rwy'n meddwl ei fod e'n debyg iawn i gyfeillgarwch, a dy'n ni erioed wedi peidio â bod yn gyfeillion yn yr ystyr yna.

Adeg colli Llinos, un wers anferth ddysgais i oedd pa mor gryf oedd Margaret. Fe chwalais i mewn chwerwder. Rown i'n rhacs yn y dyddiau hynny, rwy'n gwybod 'mod i. Ond er cymaint oedd maint y galar oedd yn corddi oddi mewn iddi hithau hefyd, fe ddangosodd Margaret ryw ruddin cadarn ac urddasol – ac mae'r un cadernid wedi bod yn amlwg mewn sawl creisis arall ddaeth ar ein traws dros y blynyddoedd.

Gweithgaredd extra-curricular!

Yn y flwyddyn neu ddwy olaf cyn imi droi'n broffesiynol a rhoi heibio fy ngyrfa fel athro rown i'n dod yn fwy ac yn fwy adnabyddus fel perfformiwr ac roedd llosgi dau ben y gannwyll yn dod yn arfer mwy a mwy cyffredin yn fy mywyd i.

Ar wahân i'r dysgu, y gwaith actio, y garddio a'r dilyn chwaraeon oedd yn llyncu cymaint o'n amser, rown i hefyd yn gweithio fel DJ mewn discos a chlybiau. Ar ben hynny, roedd y chwedegau yn eu hanterth – oes aur nosweithiau llawen fel Pinaclau Pop ac ati. Ar ôl gorffen diwrnod llawn yn yr ysgol mi fyddwn i'n aml yn teithio i gyflwyno nosweithiau o'r fath ym mhob cwr o Gymru. Ac nid fi oedd yr unig athro ysgol ymysg y criw hwn. Roedd Dewi Pws yn athro bryd hynny hefyd.

Doedd cydweithio â Dewi yn ddim byd newydd imi. Roedden ni wedi arfer ysgrifennu sgetsys ac ati gyda'n gilydd ar gyfer gwersyllwyr yng Nglan-llyn. Yno yn ôl yn y pumdegau y des i i nabod Pws gynta – er bod Margaret a Dewi yn nabod ei gilydd o'u plentyndod cynnar iawn. O Dreboeth ar gwr Abertawe y daw'r ddau. Roedden nhw yn ysgol Gymraeg Lôn Las gyda'i gilydd ac yn byw o fewn stryd i'w gilydd pan oeddent yn blant.

Erbyn canol y chwedegau roedd y bwrlwm o berfformio a chyflwyno yn golygu bod Dewi a finne ac eraill yn treulio oriau yng nghwmni'n gilydd yn diddanu pobl. Fel arfer mi fydde hyn yn golygu cwrdd lan yn rhywle tua phump o'r gloch y prynhawn a gyrru i le bynnag y bydden ni'r noson honno. Doedd hi'n ddim byd inni yrru'n solet am ddwyawr a mwy i gyrraedd neuadd rhyw bentre ym mherfeddion Sir Gaerfyrddin neu Sir Aberteifi, bod ar y llwyfan am ddwyawr – jôcs, sgetsys a chanu – a gyrru'n ôl adre drachefn i fod yn barod ar gyfer yr ysgol eto bore wedyn am naw.

Roedd y penwythnosau fel arfer yn arbennig o brysur a doedd dim yn anghyffredin mewn teithio i rywle ac yn ôl nos Wener a mynd bant i rywle cwbl wahanol wedyn nos Sadwrn. I berfformiwr, roedd hynny'n rhan o fyw yng Nghymru'r cyfnod. Trwy gydol y chwedegau roedd mwy a mwy o gantorion a grwpiau pop yn dod i'r amlwg drwy'r amser. Byddai'r perfformwyr eraill fyddai'n teithio gyda Dewi a fi'n amrywio o noson i noson – rhai ohonyn nhw'n dod i amlygrwydd am gyfnod byr yn unig ac yna'n diflannu ac eraill – fel Heather Jones, yr Hennessys, Dafydd Iwan a'r Tebot Piws – yn enwau a wnaeth gyfraniad gwirioneddol sylweddol i faes adloniant yn y Gymraeg.

Pharhaodd y cyfnod hwnnw ddim yn hir a dweud y gwir. Yn raddol fe fagwyd agwedd fwy proffesiynol at adloniant yng Nghymru. Mae'n wir ein bod ni'n cael ein talu bryd hynny, ond wrth edrych yn ôl mae dyn yn sylweddoli cyn lleied oedd y gydnabyddiaeth honno. Fe wyddwn i'n iawn na fyddwn yn dysgu am yn hir iawn a 'mod i am i 'nyfodol, o ran gyrfa, fod ar lwyfan yn hytrach nag mewn ystafell ddosbarth. Alle pethe ddim cario 'mlaen fel oedden nhw. Cyfnod o drawsnewid oedd yr ychydig flynyddoedd hynny pan droediais i rhwng dau fyd – ond roedd hi'n gyffrous iawn cael bod yn rhan o'r don yna o adfywiad oedd, heb inni sylweddoli hynny ar y pryd, yn newid agwedd a disgwyliadau cynulleidfaoedd Cymraeg.

Ma' Pawb Isio Byw gan Wil Sam

Cyfres gomedi gan HTV yn 1967 oedd *Ma' Pawb Isio Byw.* Rwy'n amau a yw hi'n dal ar glawr yn unman ac a fydd unrhyw un yn ei chofio, ond mae'n werth ei chofnodi yma gan taw'r gyfres honno oedd y gwaith teledu sylweddol cyntaf imi ei wneud.

Rheswm arall dros ei chofio yw'r ffaith fod *jaundice* arna i ar y pryd, mae'n debyg, er na ddioddefais i'n rhy ddrwg o hynny! Na, doedd dim byd yn bod arna i go iawn. Rown i'n holliach, ond rown i'n dal yn dysgu a'r broblem oedd fod angen imi gael pedair wythnos yn rhydd o'r ysgol i allu gwneud y gyfres. Aeth fy meddyg i dros ben llestri braidd, gan roi aflwydd angheuol imi. Teg dweud y bu'n ddechreuad digon 'peryglus' i yrfa broffesiynol fel perfformiwr.

Annis Abraham

Ymhell o neuaddau pentref Shir Gâr a Cheredigion a chwmnïaeth Gymreig a Chymraeg y nosweithiau llawen a Phinaclau Pop, rown i'r un mor gyfarwydd yn y cyfnod hwnnw â diwylliant hwyrol, dinesig Caerdydd. Un enw oedd reit ar frig uwch-*echelons* crwcs nid yn unig Caerdydd, ond Bryste a Llundain hefyd, bryd hynny, oedd Annis Abraham. Y fe oedd berchen y Prince of Wales ar gornel Wood St a Heol Eglwys Fair – sy'n un o dafarndai Wetherspoons erbyn hyn. Yn ôl yn y chwedegau roedd 'na gasino ar lawr uchaf yr adeilad hwnnw, mewn oes cyn i ddeddfwriaeth newydd roi stop ar lawer o'r llefydd gamblo oedd yn gyffredin iawn yn y ddinas ar y pryd.

Ganol y chwedegau fe agorodd e glwb nos arall o'r enw'r Cleopatra ar ben Heol Bute ac fe fuodd yno am rai blynyddoedd tan y dymchwelwyd yr adeilad yng nghanol y saithdegau. Rown i yno ar y noson agoriadol ac fe gafodd pawb oedd yno aelodaeth oes o'r clwb. Fe fuon ni hefyd yn chwarae cardiau tan hanner awr wedi pedwar. Ond mae un digwyddiad arall wedi aros yn fy nghof i'n gliriach na'r un o'r ddau yna.

Roedd Annis Abraham yn aml i'w weld yng nghwmni merch dal, luniaidd, hardd a'i gwallt mewn *beehive*. A'r noson arbennig hon rwy'n ei chofio hi'n dod i mewn i'r ystafell lle rown i'n eistedd yn meindio fy musnes fy hun ac yn mwynhau cwpl o ddrincs. Fe drois i 'mhen ac edrych arni'n cerdded yn osgeiddig at ei gŵr. Wnes i ddim dangos unrhyw ddiddordeb arbennig ynddi, hyd y galla i gofio, ond rhyw chwarter awr yn ddiweddarach dyma Annis Abraham i fyny ata i a dweud, 'A word please, Huw.'

Dyma fi'n codi heb feddwl fawr am y cais, achos rown i weithiau'n gwneud negeseuon trosto – cario parseli i fan hyn a fan draw ar ei ran. O feddwl yn ôl, rhaid fod y negeseuon hynny'n bur amheus, ond gwell peidio pendroni gormod dros gynnwys y parseli hynny nawr.

'I like you,' medde fe. 'But nobody … nobody … looks at my wife like that.'

'I was only looking at her,' meddwn innau.

'No,' mynnodd wedyn. 'You can say hello and be polite to her, but no-one looks at my wife like that.'

Rhybudd amlwg oedd y sgwrs fach honno ac fe fues i'n ofalus iawn o 'nghamre pryd bynnag y byddwn i yng nghwmni Mrs Abraham ar ôl hynny.

Ar achlysur arall rwy'n cofio mynd i ysgol gardie yng Nghasnewydd gydag Annis Abraham. 1965 oedd hi a hithau'n fore Sul – ac rwy'n cofio gweld degau o filoedd o bunnoedd ar y bwrdd. Pobl oedd piau clybiau nos yn Llundain, Newcastle, Bryste, Manceinion ac ati oedd yno, ac afraid dweud nad oeddwn i yn cymryd rhan. Laci oeddwn i – nôl diodydd a gwneud te yn ôl y galw. Ond fe ges i aros yn yr ystafell a gweld yr arian anhygoel 'ma'n cyfnewid dwylo.

Chofia i ddim ym mha glwb yn union y ces i 'nghyflwyno gyntaf i Annis Abraham. Y Sphynx oedd e, mwy na thebyg. Yn Nhreganna oedd hwnnw – ar draws y ffordd ac ychydig rownd y gornel o lle mae'r orsaf heddlu yno heddiw – ac Annis Abraham oedd ei berchen. I'w gyrraedd rhaid oedd dringo hen risiau haearn simsan a doedd fawr o lewyrch ar olwg y lle o'r tu fas. Dyna lle gweles i fyrddau rwlét a blacjac am y tro cyntaf. Ac roedd *strip joint* yn rhan o'r un lle. Drwyddi draw, roedd y Sphynx yn cynnig elfennau o ddiwylliant gwahanol iawn i ddim a welais i yn Neuadd Brynaman erioed!

Os welsoch chi erioed ffilm yn darlunio cyfnod Al Capone, fe fyddwch chi'n cael syniad o anian a naws y lle, gyda'r nenfydau isel a'r awyrgylch myglyd.

A minnau'n un ar hugain oed, roedd yr elfen gamblo yn sicr yn rhan bwysig o atyniad lle o'r fath imi. Alla i ddim â dweud ei fod e yn fy ngwaed i – fydde hynny ddim yn deg â'm rhieni – ond mae gamblo yn sicr wedi bod yn rhan o'n natur i erioed. Yn Llanymddyfri y dechreuais i gamblo ar geffylau gyntaf. I blentyn ysgol oedd am wneud safiad yn erbyn y drefn, roedd wedi ymddangos yn beth cynhenid gyffrous i'w wneud – yn gam naturiol i rebel ei gymryd. Erbyn i mi gyrraedd clybiau nos Caerdydd yn fy ugeiniau cynnar, roeddwn wedi camu ris neu ddwy yn uwch ar yr ysgol.

Aderyn y nos

O'i gymharu â'r Sphynx, roedd y Cleopatra yn glwb tipyn mwy swish a safonol. O ran dodrefn a charpedi ac ati, roedd e'n fwy dymunol ac yn cynrychioli rhyw awyrgylch mwy soffistigedig yn ôl safonau'r cyfnod. Yna, i lawr y lôn o hwnnw, roedd 'da chi'r Blue Haven. Fe dreuliais gryn dipyn o amser yn fan 'nny hefyd. Ac wedyn i lawr ymhellach ar hyd Heol Bute roedd 'da chi glwb jazz a dim ond rhyw deirgwaith y bues yno. Dim ond dynion du oedd yn cael mynd yno, mwy na heb. Os oeddech chi'n wyn, dim ond ar wahoddiad gelech chi fynd i mewn, ac wedyn roedd disgwyl ichi eistedd yn dawel yn y gornel a pheidio tynnu sylw atoch 'ych hunan.

Roedd doniau jazz Caerdydd yn canu yno'n rheolaidd ac weithie mi fydde enwau reit adnabyddus yn perfformio yno hefyd – cyrchfan bendant i bobol dduon dociau Caerdydd, ac fe ddes i'n ffrindie gyda llawer ohonyn nhw yn y blynyddoedd hynny.

Un arall rown i'n ei nabod yn dda oedd perchennog clwb y Casino ar Heol Bute. Fe ddaeth fanno hefyd yn enw cyfarwydd iawn ym mywyd Cymraeg y brifddinas, gyda Welsh Nights poblogaidd iawn yn cael eu cynnal yno. Rwy'n cofio gweld Meic Stevens yn canu yno, a Geraint Jarman ifanc iawn.

Dyn tal, smart oedd y perchennog. Roedd wastad yn fy atgoffa o Harry Belafonte o ran ei bryd a gwedd. Dyn busnes craff hefyd. Roedd e'n caniatáu'r nosweithiau Cymraeg am fod y lle'n llawn a'i far e wastad yn fishi ar y nosweithiau hynny.

Mae'n ymddangos i mi fod pob agwedd ar fywyd Caerdydd oedd yn cyd-fyw yn un berw nosweithiol yng nghlybiau nos y ddinas wedi eu gweddnewid yn llwyr dros y ddeugain mlynedd diwethaf. Mae bywyd cymdeithasol Cymraeg ei iaith y ddinas wedi newid. Mae natur diwylliant nos pobl ifanc wedi newid. Ac mae'r rhan fwyaf o'r adeiladau hynny lle câi adar y nos fel fi le i nythu am oriau bwygily' wedi eu chwalu ac wedi mynd am byth.

Disco Barbarella's

Tua diwedd 1969 neu ddechrau 1970 y dechreuais i gynnal y discos Cymraeg cyntaf erioed yng Nghaerdydd. Ar ôl gwneud rhyw raglen radio 'da'n gilydd roedd Hywel Gwynfryn a finne'n siarad dros ddisgled a dyma ni'n dweud, 'Pam na ddechreuwn ni ddisco?'

'Wel! Ti yw'r boi sy'n gwybod 'i bethe,' dywedodd yntau a dyna egin y syniad yn cydio go iawn.

Y gwir oedd 'mod i eisoes wedi agor trafodaeth ar y pwnc gyda pherchennog Barbarella's, Tony Evans. Yn ystod blynyddoedd y chwedegau rown i'n amlwg wedi dod yn gyfarwydd iawn â chlybiau nos Caerdydd ac yn gyfarwydd iawn â'u perchnogion nhw. O dipyn i beth roedd Tony a finne wedi dod yn ffrindiau.

Ar ben uchaf Heol Bute lle mae'n cwrdd â Heol Eglwys Fair oedd clwb Barbarella's, mewn adeilad o'r enw Custom House. Er i'r ardal gael ei gweddnewid yn llwyr dros y blynyddoedd diwethaf mae'r adeilad yn dal yno, ond ar ei newydd wedd.

Fe soniais i wrth Tony am y posibilrwydd o gynnal nosweithiau Cymraeg yno ac roedd e'n gefnogol iawn. Y fe'n cadw'r arian oedd yn croesi'r bar a ninne'n cadw'r arian oedd i'w gymryd wrth y drws. Dyna'r trefniant. Ac fe wireddwyd y freuddwyd yn ysgubol o lwyddiannus. O'r noson gyntaf un, roedd y discos hynny yn Barbarella's yn denu torfeydd o bob cwr. Nid Cymry Caerdydd yn unig oedd yn amlwg yn awchu am nosweithiau o'r fath. Fe ddeuai pobl o Abertawe ac Aberhonddu a hyd yn oed ymhellach, a thros y ddwy flynedd y bu Hywel Gwynfryn a finne wrthi rhaid dweud mai ychydig iawn o nosweithiau gwan a gafwyd.

Y gamp fawr oedd nid denu cynulleidfa ond cael digon o gerddoriaeth addas i'w chwarae. Digon prin oedd y deunydd disco a oedd ar gael ac mi fydde bri ar recordiau na fydde unrhyw un yn trafferthu codi o'i gadair i ddawnsio iddyn nhw heddiw. Yn ara bach y newidiodd y sefyllfa honno ac y gwelwyd mwy o grwpiau roc go iawn fel Edward H a Shwn yn codi.

Mawr yw fy niolch i Eirianedd, gwraig gyntaf Hywel Gwynfryn, am fy nghroesawu i'w cartef mor gyson yn ystod y dyddiau disco. Yn y fan honno y byddwn i'n aros, yn hytrach na cheisio teithio nôl i Ben-y-bont yn hwyr y nos, ac mae ei lletygarwch a'i chwmni hawddgar yn y cyfnod hwnnw wedi bod yn sail i gyfeillgarwch hirhoedlog rhyngom.

Torri matsien yn bedair

Malcolm, os cofia i'n iawn, oedd enw'r dyn a ddysgodd i mi shwt i dorri un fatsien yn bedair, ac yng ngharchar Caerdydd y dysgodd e i mi wneud hynny.

Fel *minder* Tony Evans rown i wedi dod i'w adnabod gyntaf: wastad ar ddeheulaw ei fòs, yn edrych ar ei ôl ac yn rhedeg y clwb iddo mwy neu lai. Roedd e'n dipyn mwy na bownsyr cyffredin a doedd e ddim yn edrych fel y bownsyr sgwot, tew arferol. Dyn tal gydag ysgwyddau llydan a golwg go lewyrchus arno oedd Malcolm ac mae gen i syniad ei fod e'n arbenigwr ar jiwdo neu rywbeth tebyg. Wrth eistedd wrth y bar yn Barbarella's un noson fe dda'th imi nad o'n i wedi ei weld e yn y lle ers rhai wythnosau, ond es i ddim i holi Tony beth oedd wedi digwydd iddo.

Yn 1970 rown i wedi gwrthod llenwi ffurflen y cyfrifiad fel protest yn erbyn y cwestiwn oedd arni am yr iaith Gymraeg. Rown i hefyd am wneud safiad yn erbyn y cyfrifiad yn gyffredinol – rhywbeth oedd yn ymyrryd â 'mhreifatrwydd i, yn fy marn i ar y pryd. Fe ges i 'nwyn o flaen y fainc a'm dirwyo £60.

Erbyn 1971 rown i wedi gadael dysgu ac yn gweithio ar y gyfres deledu broffesiynol gyntaf wnes i, sef cyfres i blant o'r enw *'Nôl Mewn Pum Munud*. Pan ddygwyd fi'n ôl o flaen y fainc am beidio talu'r ddirwy, roedd y gyfres ar ei hanner, ond roedd wythnos o doriad o'n blaenau am fod penwythnos y Llungwyn ar y trothwy ac y byddai Eisteddfod Genedlaethol yr Urdd yn llenwi slot *'Nôl Mewn Pum Munud*.

Os na fyddwn i'n talu'r ddirwy o fewn mis, fe ddyfarnodd mainc ynadon Pen-y-bont y dylwn i fynd i'r carchar am 60 niwrnod – diwrnod am bob punt oedd yn ddyledus. Roedd carcharu unrhyw un am beidio llenwi ffurflen cyfrifiad yn rhywbeth na chlywyd sôn amdano yn y lle cyntaf, ac roedd 60 niwrnod o garchar am beidio talu dirwy o £60 yr un mor eithafol.

Fe wnes i ddêl gyda heddlu Pen-y-bont – rown i'n nabod nifer fawr ohonyn nhw drwy'r clwb rygbi – y celen nhw ddod i fy nôl i ar y bore dydd Gwener ac na fyddwn i'n cael y wasg a'r cyfryngau yno. Rown i wedi rhybuddio Margaret y galle hyn ddigwydd ac wedi dweud wrthi am beidio â becso'n ormodol ac y byddwn i'n cysylltu cyn gynted ag y medrwn i.

Fe ddaeth yr heddlu yn ôl yr addewid, yn eu car bach panda cyffredin, a bant â fi i orsaf Pen-y-bont, lle ches i mo'n rhoi mewn cell. Rown i'n dal i smoco'r dyddie hynny a dyma nhw'n rhoi ugain o ffags imi a dweud wrtha i bod man a man imi eu smoco nhw i gyd achos cael eu cymryd oddi arna i fydden nhw yn y carchar. Felly dyna lle fues i yng nghyntedd yr orsaf heddlu yn smoco fel trwpyr am ddwyawr a hanner.

Erbyn i'r *Black Maria* gyrraedd i 'nghludo i bant rown i wedi dechrau cachu brics, rhaid imi gyfaddef. Wedi'r cwbwl, doedd 'da fi ddim syniad beth oedd o 'mlaen i.

Y peth cyntaf wnaethon nhw, wrth gwrs, oedd gwacáu 'mhocedi i a chymryd y ffags oedd ar ôl. Yna stripo, *medical*, cawod a dillad oedd ddim yn ffito. A dyna fi. I mewn i'r carchar go iawn. Rwy'n cofio edrych o 'nghwmpas a chael y cyfan yn gwmws fel o'n i wedi ei weld mewn ffilmiau – coridors haearn a stâr haearn yn mynd o un llawr i'r llall.

Cyrraedd pen y stâr i fynd i 'nghell, oedd ar yr ail lawr, own i pan glywais i'r llais nefolaidd yma: 'Huw, you bastard!'

Dyma fi'n troi rownd i weld pwy oedd e, a'r argol, dyna falch o'n i o weld Malcolm yn sefyll fan 'nny. Yn ddiweddarach, fe dda'th i lawr i 'ngweld i yn y gell. Rhaid cofio ei bod hi'n benwythnos gŵyl y banc a dyma fe'n dweud: 'Right, you won't have a chance to earn any money until Tuesday, because the workshops will be closed Monday, so take these.'

Rhoiodd e wyth matsien imi, hyn a hyn o faco a hanner pecyn o Rizla. 'These should just about last you,' medde fe. 'Roll them thin.'

A dyna pryd y cymerodd e lafn siafio – *safety razor* – a dangos imi shwt i dorri matsien yn bedair er mwyn gwneud i bob un bara'n hirach. Roedd gwersylla yn Llangrannog a Glan-llyn wedi dysgu aml wersi imi am fyw'n ddarbodus, ond rhaid oedd mynd i ysgol brofiad wahanol i dderbyn hyfforddiant mor arbenigol â hyn. Ac roedd hefyd, wrth gwrs, yn help 'mod i'n adnabod dyn fel Malcolm.

Profiadau eraill Carchar Caerdydd

Roedd pawb yn y carchar yn meddwl 'mod i'n boncyrs. Cwbwl boncyrs! Dewis mynd i'r carchar yn hytrach na llenwi ffurflen! Ac roedd pawb yn rhyfeddu at lymder y ddedfryd.

Ond dau beth a wnaeth fy arhosiad yno'n annifyr. Un o'r sgriws oedd un ohonyn nhw. 'You fucking…' hyn a 'You fucking…' llall oedd hi trwy'r amser. Roedd ei iaith a'i holl ymarweddiad yn uffernol. Ac rwy'n cofio ar y ffordd i'r gweithdai ar y dydd Mawrth, gyda'r sgriw 'ma'n bytheirio ac yn fy mwrw i wrth inni gerdded, fe galedes i 'nwrn ac fe deimles i'r bachan oedd yn cerdded yn fy ymyl i yn cydio yn fy llaw. 'Don't be so stupid,' ddywedodd e. 'Just carry on walking.' A thrwy lwc, dyna wnes i. Ond roedd y boi 'nny wedi gallu gweld 'mod i ar fin troi i fwrw'r sgriw 'na.

Heblaw am y boi hynny, fe fues i'n hynod o lwcus hefyd yn y ddau oedd yn rhannu'r gell 'da fi. *Chef* ar longau Guest-Keen, y bobol bananas, oedd un. Roedd wedi ei gyhuddo o dderbyn nwyddau wedi'u dwyn ac yn aros i'w achos ddechrau. Fedre fe ddim ysgrifennu ac fe fu'n rhaid i mi ysgrifennu llythyr ar ei ran i foi ar y tu fas oedd yn edrych ar ôl ei wraig. Weles i lun ohoni – yffarn o fenyw smart ac alla i ddim ond dychmygu pa fath o 'edrych ar ôl' roedd y ffrind 'ma'n ei wneud o'i wraig. Profiad chwithig iawn oedd ysgrifennu llythyr fel petawn i'n rhywun arall yn yr amgylchiadau hynny. Rai misoedd wedi imi ddod mas o'r carchar, rown i'n cael fy ngyrru mewn tacsi i lawr Heol y Gadeirlan yng Nghaerdydd pan welais i e'n sefyll wrth arhosfan bws a dyma fi'n stopio'r tacsi i gael gair ag e. Roedd e wrth ei fodd yn fy ngweld i. A phan ofynnes i iddo faint gafodd e o ddedfryd, yr ateb oedd dim. Fe'i cafwyd yn ddieuog, ac yntau wedi treulio pum mis yn y carchar.

Cyn-joci proffesiynol oedd y llall yn y gell 'da ni – dyn bach byr ac yffarn o foi ffein o'r enw Tony. Erbyn y cyfnod hwnnw roedd e'n *stuntman* gyda Theledu Tyne Tees lan yng ngogledd Lloegr ac yn gallu gwneud y stynts rhyfedda hyd yn oed yno yn y gell fach gyfyng. Un o'i gampau oedd cydio ym marrau'r ffenest a gwneud *back-flip* a glanio ar y gwely haearn yn ddianaf. Wedi cael blwyddyn o garchar am fwrw plismon ym Mhorthcawl oedd e.

Roedd yr ail brofiad annifyr ges i yn ystod yr wythnos honno yn ymwneud â'r llywodraethwr. Ges i 'ngalw i'w weld e un diwrnod a dyma fi'n meddwl, 'Beth ddiawl odw i wedi'i wneud nawr?'

I mewn â fi, ta beth, a dyna lle'r oedd e y tu ôl i'w ddesg a'r pentwr llythyron 'ma o'i flaen. 'And who do you fucking think you are?' oedd y peth cyntaf ddywedodd e.

'I'm just an ordinary human being,' atebais inne.

'Oh yes!' medde fe. 'And do you know the prison rules? It's two letters per week. Look at all these.'

A chyda hynny fe dowlodd nifer o'r llythyron 'ma lan yn yr awyr.

'I haven't asked anybody to write,' dywedais i. 'I can't help it if people choose to write to me.'

'You Welsh bastards! You think you own this place …'

Ar y pwynt hwn rown i bron â marw isie chwerthin, ond meddwl mai callach peidio wnes i. Fe ges i'r ddau lythyr yr oedd y rheolau'n dweud y cawn i eu derbyn yn y fan a'r lle a chyhoeddodd y llywodraethwr y cawn i'r gweddill pan fyddwn i'n gadael.

Ymhlith y llythyron rheini a ddarllenais ar ôl dod o'r carchar oedd un hynod ddiddorol gan ddoctor yn Braintree, Essex. 'How did you manage it?' Dyna'r cwestiwn mawr oedd ganddo. Roedd e wedi bod yn gwrthod llenwi pob cyfrifiad ers degawdau ac wedi gweddïo am gael ei garcharu er mwyn dwyn cyhoeddusrwydd at ei brotest. Newydd ddarllen fy hanes i yn y papur oedd e ac roedd e'n genfigennus iawn ohona i.

'You'll have to come to live in Bridgend and come up before our local bench ...' ysgrifennais i'n ôl ato.

Rhyw dridiau'n unig ar ôl cael y llythyron 'na i gyd yn gonffeti trosta i o law llywodraethwr Carchar Caerdydd, fe ges i'n rhyddhau. Wythnos o'r ddedfryd 60 niwrnod fu'n rhaid imi ei chyflawni achos fe dalwyd yr hyn oedd yn weddill o'r ddirwy gan bobl fel R Alun Evans, Rhydderch Jones, Gwenlyn Parry a Merêd yn y BBC er mwyn imi allu bwrw ati gyda gweddill y gyfres. Y nhw arbedodd *'Nôl Mewn Pum Munud* rhag troi yn *'Nôl mewn 60 Diwrnod!*

Doedd gen i ddim syniad am eu bwriad nhw i wneud hynny ymlaen llaw. Doeddwn i erioed wedi trafod y posibilrwydd o hynny gyda neb, ond rown i'n ddiolchgar iawn i bob un ohonyn nhw.

Y noson honno, es i a Margaret i'r dafarn leol, y Mackworth, yn Nhrelales, a phan gerddes i mewn fe gododd pawb ar eu traed a churo dwylo – ac fe ges groeso tywysogaidd tebyg yn Eisteddfod yr Urdd pan es i lan i honno cyn diwedd yr wythnos. Roedd yn ddiwedd cofiadwy i wythnos ddigon anodd ac amrywiol yn fy hanes. Ond doedd y ddiod honno yn y Mackworth ddim yn cau pen y mwdwl yn llwyr chwaith ...

Cau drws y capel

Un o sgil effeithiau'r profiad o gael fy ngharcharu oedd i'r bennod honno yn fy hanes roi'r ergyd farwol i unrhyw ymlyniad at gapel oedd ar ôl ynof. Er imi galedu llawer tuag at grefydd yn dilyn colli Llinos, fel rwy eisoes wedi adrodd, fe wnes i barhau i fynd i'r cwrdd weithiau yn ystod y blynyddoedd rhwng hynny a chael fy ngharcharu.

Y fainc ym Mhen-y-bont oedd wedi fy nedfrydu i, a chadeirydd y fainc oedd Trefor Jones, oedd hefyd yn ddiacon yn y Tabernacl. Er cymaint rown i'n croesawu'r cyhoeddusrwydd i'r achos a ddeuai yn sgil fy ngharcharu i, rhaid imi gyfaddef hefyd na allwn i gredu 'nghlustiau pan ges i'r ddedfryd.

Y Sul cyntaf ar ôl dod mas fe benderfynais i fynd i'r capel. Un pwrpas oedd yn fy meddwl i, sef yr angen i wynebu'r ynad hwnnw ddedfrydodd fi ac yntau nawr, nid ar ei fainc, ond yn ei sêt fawr. Rown i angen sefyll o'i flaen e ac edrych i fyw ei lygaid. Dyna shwt o'n i'n teimlo y bore Sul hwnnw.

Ar ddiwedd yr oedfa fe es i mas o'r capel – oedd bryd hynny reit yng nghanol y dref, yn Adair Street – a sefyll ar y pafin. Fe wyddwn i nad oedd ffordd gefn allan. Roedd rhaid i bawb ddod allan trwy ddrws y ffrynt. Ond gwrthod edrych arna i wnaeth Trefor Jones pan ddôth e mas. Es inne ar ei ôl e a'i alw fe'n bopeth. Wnes i ddim rhegi, ond rown i am iddo wybod shwt o'n i'n teimlo. 'Galw'ch hunan yn Gristion!' dywedes i wrtho. 'Shwt allech chi hela Cymro Cymraeg i garchar am ddilyn ei ddaliadau a heb wneud drwg i neb?'

Fe gas e 'i gwybod hi! Ac yn y pen draw rwy'n siŵr y baswn i wedi'i fwrw fe ond fod rhywun wedi ymyrryd a 'nhynnu i o'na.

'I'r diawl â chapel' fu hi wedyn.

Dyw hynny ddim yn golygu nad oes 'da fi grefydd o fath. Rwy'n dal i weddïo. Mae gweddi'n un o'r pethe hynny sydd wedi aros yn gyson gydol fy mywyd, a waeth pa stad dw i ynddi pan ddo i i'r tŷ, waeth pa bynnag awr o'r nos, rwy wastad yn dweud fy mhader cyn cysgu. Gall Margaret dystio i hynny.

Y pedwar brawd – (o'r chwith) Arthur Morus, Dafydd Iwan, Alun Ffred, a fi.

O flaen drws Nantyfyda – Dafydd Iwan a fi gydag Anti Sera ac Wncwl Maurice.

Ar wyliau yn y Borth. Fi, Dafydd Iwan ac Arthur Morus.

Gari Samuel a fi yn facwyon yn Eisteddfod Genedlaethol Ystradgynlais, 1954.

Llun ysgol – y flwyddyn gyntaf yn Llanymddyfri – dechrau ar yrfa addysgiadol lewyrchus iawn!

Dad, Mam a'r pedwar ohonom – finnau yn siaced Llanymddyfri. Ychydig a wyddai'r genedl beth oedd o'i blaen!

Tedi Boi cyntaf Llanuwchllyn yn Ffair y Bala!

Fi, Arwel Lloyd Jones a Rhys Jones yn eistedd yng nghanol Llanuwchllyn ar ddiwrnod Eisteddfod y pentref – Llungwyn 1961.

Tua 19eg oed – gyda'r peiriant plicio tatws yng ngwersyll Glan Llyn.

Perfformio yn y Drindod eto - 'Fel y Tybiwch y Mae' gan Pirandello. Fi, John Hefin (ar y ddesg) a Len Davies

Gyda'r bois! Criw ffrindiau coleg yn ystod y cyfnod adeiladu mawr ar safle Coleg y Drindod.

Mynd i berfformio yn y Royal Albert Hall tra yn y coleg.

Do, fe fues i mewn canw! – ar Afon Tarn ar daith gyda'r Urdd.

(Llun gan Iolo Williams)

Gwersylla yn Sbaen, 1965. Ar y trip canwio gyda'r Urdd.

Taith gerdded hanesyddol yr Urdd – yng ngweddillion ffermdy Hyddgen.

(Llun gan Iolo Williams)

Staff Ysgol Gymraeg Tŷ Derwen, Maesteg ym 1970 – y flwyddyn o'n i'n gadael.

Gyda Esme Lloyd yng nghynhyrchiad y Castle Players o *Under Milk Wood*

rgaret a Llinos

Fel John Lassells yn *The Rose Without a Thorne* – cynhyrchiad amatur gyda'r Castle Players.

Margaret a fi.

Leah, Mam a Lowri tu fas i'r tŷ yng Nghaerwedros.

Mam a 'Nhad

Y pedwar brawd gyda'i gilydd eto ar ddiwrnod priodas Alun Ffred.

Gyrfa

Wrth aros … am yrfa fel actor proffesiynol

Yr hyn a arweiniodd yn derfynol at y trobwynt mawr yn fy ngyrfa i – sef y penderfyniad i droi'n broffesiynol a thrio fy lwc yn llawn-amser fel perfformiwr – oedd *Wrth Aros Godot* yn Eisteddfod Rhydaman yn 1970.

Ar ôl diwrnod o ddysgu ym Maesteg rhaid oedd cyrraedd Rhydaman ar gyfer ymarfer fin nos yn ystod yr wythnosau cyn y Brifwyl. Doedd hi ddim yn siwrne hawdd! Rown i'n cael lifft gan gyd-athrawes i Bontarddulais ac yna byddai rhywun arall yn dod i fy nôl – neu, os na fyddai hynny'n bosibl, rhaid oedd dibynnu ar fy hen ffrind, y bawd, i gyrraedd yr ymarferiadau.

Ar ddiwedd y noson arferai Jim Jones, ein cyfarwyddwr, roi lifft imi'n ôl i Bontarddulais drachefn a rhywun arall eto'n gorfod dod i fy nôl. Trafferthus ac anhygoel, ond doedd maint yr ymdrech yn ddim o'i gymharu â pha mor wych oedd hi i fod yn rhan o'r cwmni hwnnw.

Rown i'n nabod Ernest Evans (oedd yn chwarae fy nghyd-drempyn) cyn hyn, gan ein bod ni wedi gweithio ar gynhyrchiad o *Under Milk Wood* ar gyfer twristiaid yn Nhalacharn gyda'n gilydd rai blynyddoedd cyn hynny. Roedd Jim ac yntau'n gyfarwydd â'i gilydd drwy'r un cysylltiad.

Cyfieithiad Saunders Lewis o ddrama Samuel Beckett yw *Wrth Aros Godot*, ac yn y darlleniad cynta wnaethon ni rwy'n cofio Ernest yn dweud, 'Rwy'n mynd adre, bois bach. Ma hwn i gyd yn ormod i fi. Alla i byth …' Ond aros wnaeth e, drwy lwc, ac fe fu'r cynhyrchiad yn llwyddiant ysgubol.

Y diwrnod wedi'r perfformiad cyntaf daeth Gwenlyn Parry i'm gweld i a gofyn imi ddod i mewn i stiwdio'r BBC ar y Maes i wneud cyfweliad gydag e. Fe gytunais i hynny ac fe wnes y cyfweliad. Yna, pan oedden ni oddi ar yr awyr, dyma fe'n dweud wrtha i, 'Ti'n gwastraffu dy amser yn dysgu, Huw. Mae'n rhaid iti droi'n broffesiynol a gweithio'n llawn-amser yn y busnes 'ma.'

Newydd wneud ei farc ers ychydig flynyddoedd oedd Gwenlyn, gyda dramâu fel *Saer Doliau* a *Tŷ ar y Tywod*, ac roedd e'n rhan o'r symudiad i greu theatr broffesiynol oedd yn gweithio yn yr iaith Gymraeg.

Cnewyllyn bychan iawn o actorion proffesiynol oedd yn bodoli ar y pryd – pobl fel Gaynor Morgan Rees, Lisabeth Miles, Clive Roberts, David Lyn ac ati – ond yn reddfol rown i'n gwybod bod Gwenlyn yn dweud y gwir a 'mod i am ddilyn ei gyngor.

O fewn ychydig fisoedd roedd Dewi Pws a minnau wedi cael ein galw i weld Meredydd Evans, Pennaeth Adran Adloniant Ysgafn BBC Cymru ar y pryd, ac wedi cael cynnig cytundeb i berfformio ac ysgrifennu, ar yr amod ein bod ni'n dau yn gadael dysgu. Y cynhyrchiad cyntaf y byddem yn gweithio arno oedd cyfres adloniant newydd i blant – ymhen amser, fe fyddai Dewi a minnau'n penderfynu ar *'Nôl Mewn Pum Munud* fel enw i'r gyfres.

Cyn hynny, wrth gwrs, rhaid oedd dod adref i ddweud wrth Margaret. Chwarae teg iddi, mi fu hi'n gefnogol o'r dechrau. Roedd ei mam, ar y llaw arall, yn ffyrnig yn erbyn y penderfyniad, ac nid hi oedd yr unig un. Roedd fy rhieni innau'n gwrthwynebu hefyd, a hawdd deall pam. Roedd sicrwydd gwaith a chysondeb cyflog ar fin diflannu – a chyfnod newydd o ansicrwydd ac ansefydlogrwydd ar fin dechrau. Roedd yn drobwynt arwyddocaol yn fy mywyd i, ond go brin fod angen imi ddweud na wnes i erioed ddifaru. Wedi'r cwbwl, rown i wedi bod yn aros am y cyfle yn ddigon hir!

'Nôl Mewn Pum Munud

Fe soniais am y gyfres hon eisoes, gan mai dyma'r gyfres yr oeddwn i'n gweithio arni pan ddanfonwyd fi i'r carchar gan Gristnogion pybyr y fainc ynadon ym Mhen-y-bont.

Yn union fel roedd Merêd wedi'i addo, y fi a Dewi Pws oedd yn gyfrifol am ysgrifennu'r gyfres, yn ogystal ag ymddangos ynddi. Roedd Christine Pritchard a Victoria Plucknett gyda ni yn y gyfres gyntaf ac ymunodd Siân Miarczynska â ni yn yr ail gyfres wedi i Victoria adael. Chwe rhaglen oedd yn y ddwy gyfres wnes i a Dewi ac roedd y sioe'n cael ei darlledu'n fyw gan amlaf. Roedd criw o blant gyda ni yn y stiwdio bob wythnos ar gyfer pob rhifyn hefyd, a phan ymunodd Ieuan

Rhys â chast *Pobol y Cwm* fel plismon y pentref fe ddywedodd e wrtha i mai'r tro diwethaf iddo 'ngweld i oedd flynyddoedd ynghynt pan oedd e'n un o'r plant hynny ar *'Nôl Mewn Pum Munud.*

Cymeriad a ddechreuodd ei oes fel rhan o *'Nôl Mewn Pum Munud* oedd Sheriff Mogo – fe brofodd hwnnw mor boblogaidd nes iddo gael ei gyfres ei hun am sbel, ac mi fydden ni'n crwydro gwahanol ardaloedd yn recordio anturiaethau'r hen Sheriff. Hwnnw oedd fy mhrofiad cyntaf i o ffilmio ar leoliad.

Yn ystod cyfnod creu a ffilmio *'Nôl Mewn Pum Munud* roeddwn i hefyd, ar adegau, yn mentro troedio ambell lwyfan. Un yr wy'n ei gofio'n dda yw llwyfan theatr danddaearol ar Ffordd Casnewydd, Caerdydd, gan mai yno y bûm i'n perfformio *Yr Aderyn* yn 1972. Un o ddramâu cynharaf Meic Povey oedd hon, gyda Meic a finnau a Geraint Jarman yn actio ynddi.

Wrth gwrs, os am weithio trwy'r dydd ac yna ymarfer neu berfformio drama gyda'r nos mae angen digonedd o egni, a theg cyfaddef mai un o'r rhesymau yr wy'n cofio'r theatr fach honno yw oherwydd ei lleoliad. Roedd hi gyferbyn â Mario's – y *steak bar* gorau a fu yng Nghaerdydd erioed, a'r man delfrydol i ddarparu'r egni angenrheidiol i gadw dyn ar fynd!

Cwmni Theatr Cymru

Fe ymunais i â Chwmni Theatr Cymru yn haf 1971, pan ddaeth y gyfres gyntaf o *'Nôl Mewn Pum Munud* i ben. Wilbert Lloyd Roberts oedd wedi sefydlu'r cwmni, gyda phobl fel Lisabeth Miles, Gaynor Morgan Rees, Iona Banks, David Stafford, Robin Huws ac Owen Garmon yn cael y cyfle i fod ymhlith y to cyntaf o actorion i ennill bywoliaeth yn y theatr broffesiynol trwy gyfrwng y Gymraeg. Rown i'n perthyn i'r ail don. Fe drodd llawer iawn mwy o actorion yn llawn-amser yn ystod y saithdegau – roedd yn gyfnod o dwf aruthrol.

Wn i ddim ydy e'n dal yn arferiad ymhlith cwmnïau drama i chwarae triciau ar noson olaf taith, ond yn sicr yn y blynyddoedd hynny roedd e'n hen arferiad o fewn Cwmni Theatr Cymru. Fe gâi'r pethe rhyfedda eu gwneud, ond y noson sy'n aros gryfa yn y cof i mi yn diwedd taith *Harris*. Drama gan Islwyn Ffowc Elis ar y Diwygiwr mawr Hywel Harris oedd y ddrama a fi oedd â'r brif ran. Roedd hi'n ddrama reit drom, rwy'n cofio; yn hir a chydag areithiau hirfaith.

Profiad sy'n gyffredin i bob actor sy'n troedio llwyfannau Cymru, am wn i, yw dygymod â'r amgylchiadau mewn rhai neuaddau. Nid theatrau mohonyn nhw, mae'n amlwg, a gall y lle yng nghefn y llwyfan fod yn gyfyng. Mae mynd o un ochr o'r set i'r llall oddi ar y llwyfan yn aml yn orchwyl anodd yn y tywyllwch, a phan mae'n rhaid ichi newid gwisg ac ati hefyd mae'r sefyllfa'n gallu bod yn ddelicet iawn ar brydiau.

Mewn un olygfa o *Harris*, rown i'n gorfod gadael y llwyfan i'r chwith a rhuthro rownd y cefn, gan newid i deits glân ar y ffordd a dod yn ôl i mewn o ochr arall y llwyfan. Pan fyddwn i wedi cyrraedd yr ochr dde fe fyddai rhywrai'n aros amdana i gyda chlogyn mawr du. Câi hwnnw ei daro'n gyflym dros fy sgwyddau ac yn ôl â fi i mewn i'r ddrama mewn chwinciad.

Juliana Thomas oedd yn chwarae rhan fy ngwraig. Yn ddiweddarach fe ddaeth Juliana'n amlwg yn y byd gwleidyddol fel Juliana Hughes, ac mae wedi sefyll sawl etholiad dros y Democratiaid Rhyddfrydol. Ar y llwyfan, roedd Hywel Harris yn dod adre ar ôl bod allan yn pregethu, a llinell Juliana oedd, 'Sut oedd y bobl heno?' Rown innau'n ateb, 'Nid hanner mor arw â'r tywydd.'

Mi fydde mymryn o ddŵr wedi ei ddiferu dros y clogyn cyn imi ei wisgo er mwyn cyfleu noson mor arw oedd hi, ac wrth ddweud y frawddeg rown i'n tynnu'r clogyn oddi ar fy sgwyddau, yn ei ysgwyd ychydig ac yn ei estyn i 'ngwraig. Bydde hithau wedyn yn ei gymryd oddi ar y llwyfan ar yr ochr arall gan ddweud ei bod hi'n mynd i baratoi swper imi neu rhyw frawddeg debyg.

Neu, o leia, dyna oedd i *fod* i ddigwydd, ond nid felly y bu ar noson ola'r daith yn Llanfyllin. Roedd y tŷ'n llawn, er ei bod hi'n noson gythreulig o oer – ffaith a ddaeth, rhag ofn fod perygl imi anghofio hynny o dan y goleuadau, yn amlwg iawn yn fuan.

Mi fydde cynulleidfa dda bob amser yn Llanfyllin, ac am wn i mai dyna pam yr oedd teithiau Cwmni Theatr Cymru bron yn ddieithriad yn dod i ben yno. Roedd wedi dod yn fath o draddodiad – tan y daith arbennig hon!

Beth oedd y diawliaid wedi ei wneud oedd trochi'r clogyn mewn dŵr nes ei fod yn socan ac yna ei adael allan yn rhywle. Â hithau'n rhewi'n gorn, roedd y dilledyn wedi troi'n galed ac yn drwm fel haearn.

Pan ddes i o gysgodion cefn y llwyfan i'r ochr dde, fe sylwais nad oedd neb yn gallu edrych arna i'n iawn. Roedd pawb â'u hwynebe at y llawr. Cafodd y clogyn caled, tamp 'ma ei dowlu'n ddiseremoni amdana i ac rown i'n ôl ar y llwyfan cyn imi gael amser i sylweddoli beth oedden nhw wedi ei wneud. Roedd e'n uffernol o drwm ac yn uffernol o oer. A dyna lle o'n i'n sefyll ar y llwyfan gyda'r wigwam solet 'ma o glogyn amdana i. Rown i mewn twll. Beth allwn i ei wneud 'da'r peth?

'Nid hanner mor arw â'r tywydd,' meddwn i ar ôl cael ymholiad fy ngwraig am y dyrfa. A dyna dynnu'r clogyn stiff a'i osod i sefyll ar ganol y llwyfan. Roedd wyneb Juliana y peth rhyfedda welais i erioed. Doedd ganddi hi, mwy na finne, mo'r syniad lleia beth i'w wneud ag e. Rywsut fe hanner cododd, hanner llusgodd Juliana fe draw i'r ochr arall a'i wthio oddi ar y llwyfan, gan ddal i ddweud ei llinell ynglŷn â mynd i wneud swper.

Fe allai'r gynulleidfa weld y cyfan, wrth gwrs, ac er bod rhai yn chwerthin roedd eraill yn lloerig. Yn anffodus, y noson honno fe chwaraewyd cymaint o driciau nes bod y gynulleidfa wedi hen synhwyro bod drygioni ar droed. Erbyn i'r clogyn hwnnw ddadebru roedd ei gysgod rhewllyd wedi diferu dros fwy na llwyfan Llanfyllin!

Fe ysgrifennodd pwyllgor Llanfyllin lythyr at Wilbert Lloyd Roberts yn dweud nad oedd croeso i'r cwmni fynd i'r neuadd yno eto am fod agwedd y cast mor amhroffesiynol a'u bod yn amlwg yn meddwl mwy o gael sbort ymysg ei gilydd na gwneud cyfiawnder â'r ddrama. Canlyniadau reit chwerw i dipyn o hwyl a aeth dros ben llestri.

Dewi Pws

Dewi Pws yw'r athrylith mwya i mi weithio gydag e erioed. Mae e i'w gymharu gyda phobl fel Spike Milligan, yn fy marn i – dawn gynhenid, naturiol. All e ddim peidio â bod yn ddoniol. Sdim ots gyda phwy mae e – dieithriaid, ffrindiau, pwy bynnag – mae 'i ddoniolwch e'n siŵr o'i amlygu ei hun.

Rwy'n ei gofio gyda Gwilym Owen rhywdro yng Nghlwb y BBC. Dewi a fi wedi mynd i mewn ar ôl recordio rhywbeth – 'nôl yn nyddiau cynnar *Pobol y Cwm* efallai. Fe welodd Dewi Gwilym draw wrth y bar a dyma fe'n gweiddi fel bod ei lais i'w glywed uwch llais pawb arall, 'Gwilym Owen, shwt ddest ti 'mlân gydag achos y crwtyn bach 'na y diwrnod o'r blaen? Ddest ti bant yn iawn?' Doedd Gwilym Owen ddim yn gwybod lle i'w roi ei hun, a phawb yn y bar yn eu dyble. Cellwair oedd Dewi, wrth gwrs

Dewi oedd hefyd y tu ôl i'r enghraifft waetha o dynnu coes actor ar ganol perfformiad y ces i 'nal ynddi erioed. Yn ystod taith *Harris* oedden ni bryd hynny hefyd, ond yn perfformio yng Nghaerffili y tro hwn.

Mewn un olygfa rown i'n sefyll ar lwyfan bychan yn wynebu cefn y llwyfan, fel petawn i'n pregethu i dorf. Yna, ar bwynt arbennig yn y traethu, rown i'n troi i wynebu'r gynulleidfa – a dyna lle roedd pedwar o ddilynwyr Harris yn sefyll yn gwrando arno'n areithio, gyda'u cefnau tuag at y gynulleidfa. 'Blaw 'mod i'n amlwg yn gwybod pwy oedd y pedwar actor, fedrwn i ddim mewn gwirionedd weld eu hwynebau'n dda iawn. Roedden nhw yn nillad y cyfnod a chlogyn dros ben pob un.

Y noson honno yng Nghaerffili dyma fi'n troi rownd a dyna lle roedd *pump* yn sefyll, nid pedwar. Fedrwn i ddim gweld wyneb yr un ychwanegol mwy na'r pedwar oedd i fod yno. Roedd y pump yng ngwisgoedd y ddrama ac i'r gynulleidfa fydde dim yn edrych mas o'i le.

Dyma fi'n cerdded i lawr oddi ar y llwyfan bach ac yn parhau 'da'r araith oedd yn y sgript am dipyn. Ond erbyn hyn rown i'n gallu gweld bod yr actorion eraill oedd yn yr olygfa yn cadw'u hwynebau i lawr ac yn methu edrych arna i rhag ofn y bydden nhw'n bosto mas i chwerthin. Rown i'n gwybod bod rhyw dric ar droed a dyma fi'n penderfynu torri'r araith yn fyr. Bygyr y geiriau yn y sgript – fy mlaenoriaeth i nawr oedd cael gwared o'r pump yma oddi ar y llwyfan achos doedd 'da fi ddim syniad beth fydden nhw'n ei wneud nesaf.

'Ewch,' meddwn i. 'Ewch i'r ystafell tu hwnt. Ac fe ddof i'ch gweld yn y man.'

Fe wyddai'r pedwar actor oedd i fod yno taw dyna oedd i fod i ddigwydd, mwy neu lai – ar wahân i'r ffaith 'mod i wedi cwtogi'r olygfa er mwyn ceisio achub y sefyllfa. Ymaith â nhw yn ôl y gorchymyn, ond fe arhosodd y pumed yn y fan a'r lle.

'A chithe,' meddwn i wedyn. 'Ewch chithe ar eu hôl nhw.'

Cyn mynd oddi ar y llwyfan dyma fe'n cerdded tuag ata i – roedd ei gefn e'n dal tuag at y gynulleidfa – a dyma weld o'r diwedd pwy oedd e. Dewi Pws!

Roedd e wedi dod lan o Gaerdydd i weld y ddrama heb yn wybod imi ac wedi bod yn yr ystafell newid a chymryd benthyg gwisg Grey Evans (oedd yn y cast, ond ddim yn yr olygfa arbennig honno) gan weld ei gyfle i fynd ar y llwyfan jest er mwyn fy nghorddi i. Ond os oedd pawb arall yn meddwl bod y stynt yn *hilarious* ar y pryd, ro'n i'n wallgo.

'Os digwyddith rhywbeth fel'na eto, mi fydda i'n cerdded mas o'r theatr,' bytheiriais. Rown i wedi gwylltio'n gacwn. Ond fe wnes i chwerthin … ymhen amser … ymhen cryn amser! Ac mae'n amlwg na thalodd neb fawr o sylw i 'mygythiad i achos roedd y clogyn yn Llanfyllin yn dal i ddod i'm rhan ar y daith honno.

Fiw i chi fod yn rhy esgeulus wrth siarad â Dewi; fe achubith ar bob cyfle geith e i dynnu coes, fel rwy wedi ffeindio mas fwy nag unwaith.

Bob mis Awst ar ôl yr Eisteddfod mae'n arfer 'da ni fel teulu i fynd i Symi yng ngwlad Groeg – ac fel arfer mae yno griw o Gymry eraill yr un pryd. Yn y cyfnod hwnnw roedd y criw yn cynnwys Dewi a Rhiannon.

Y flwyddyn honno roeddwn i wedi rhoi tro ar geisio tyfu tomatos yn yr awyr agored yn ogystal ag yn y tŷ gwydr, ac felly pan oedden ni bant yn joio roedd fy meddwl i'n llawn chwilfrydedd am y tomatos. Pan ddychwelon ni o'r maes awyr y peth cynta wnes i oedd mynd i'r ardd i weld shwt siâp oedd ar y tomatos. Roedd y rhai yn y tŷ gwydr yn llewyrchus, yn ôl y disgwyl, ond er mawr lawenydd imi roedd 'na un tomato coch ar y planhigion rown i wedi eu plannu tu fas hefyd.

'Margaret! Dere 'ma! Dishgwl! Tomato coch, tu fas,' gwaeddais i'n gyffrous – ac yn wir, mawr oedd y llawenydd fod fy arbrawf bach i wedi llwyddo.

Pan dynnais i'r tomato fe feddyliais i fod rhywbeth yn od, ond ro'n i wedi dotio gymaint ar y ffrwyth wnes i ddim cymryd fawr o sylw. A'r unig beth o'n i wir yn ei gofio oedd fod blas da arno.

Rai dyddiau wedyn ges i alwad ffôn 'da Pws yn gofyn, 'Shwt ma dy domatos di'n dod yn 'u blân?'

'Blydi grêt,' atebes inne, gan fynd ymlaen i ganu clodydd yr un tomato aeddfed coch oedd wedi 'nghroesawu i'n ôl o Symi.

Chlywn i ddim byd i lawr y ffôn am eiliad ar wahân i chwerthin Dewi.

'Cer i edrych eto ar y tomato 'na.'

'Alla i ddim. Wy wedi'i f'yta e,' atebais i, gan ddechrau sylweddoli'r un pryd 'mod i wedi llyncu mwy na'r tomato!

Roedd Dewi wedi hedfan adre ddeuddydd neu dri o'n blaenau ni. Ac yntau'n siŵr o fod wedi laru clywed sôn am y cnwd tomatos rown i'n arfaethu ei weld ar fy nychweliad, fe ddaeth e'r holl ffordd i'n tŷ ni a chlymu tomato roedd e wedi ei brynu mewn siop i'r planhigyn. Ac fe fues inne'n ddigon dwl i'w bigo mewn diniweidrwydd.

Ches i fawr o lewyrch ar y prosiect tomatos awyr agored – a synnwn i fawr nad dyna'r tomato mwya a 'dyfwyd' y tu fas i dŷ gwydr yn Nhrelales erioed.

Ffalabalam

Fi oedd y dyn cyntaf i gyflwyno *Ffalabalam*, cyfres sydd wedi gadael ei hôl ar genedlaethau o blant Cymru. Tybed a yw hi'n saff imi gyffesu nawr mai fi oedd yn gyfrifol am dynnu llygad Huwcyn? Tedi oedd Huwcyn – un o 'gymeriadau' eiconig y gyfres – ac rown i wedi laru ar weld y llygad yma'n hongian allan o'i ben e yn ystod yr ymarferion. Rhyw bum munud cyn i'r rhifyn cyntaf o'r rhaglen ddechrau fe benderfynes i 'bygyr it!' a dyma dynnu'r llygad. A chyn pen fawr o dro roedd gan Huwcyn y tedi unllygeidiog, ffans dirifedi – ac un llygad fu ganddo am ddegawd cyfan tra bu'r gyfres yn ei hanterth.

Roedd dau gyflwynydd i bob rhifyn – dyn a menyw – ac ychydig iawn o newid fu i ffurf y rhaglen dros y ddwy flynedd y bues i ar *Ffalabalam*. Un cyd-gyflwynydd yr wy'n ei chofio'n iawn yw Elliw Haf. Un arall na wna i byth mo'i hanghofio yw Bethan Jones. Cydgyflwyno *Ffalabalam* 'da fi oedd ei gwaith proffesiynol cyntaf hi fel actores. Flynyddoedd yn ddiweddarach, hi oedd y cynhyrchydd ar *Bobol y Cwm* a dorrodd y newyddion imi fod Reg Harris i gael ei ladd. Fe allech chi ddweud felly fod fy ymwneud proffesiynol i â Bethan yn cwmpasu'r diniwed a'r dieflig!

Miri Mawr

Pleser pur oedd gweithio ar y gyfres glasurol hon. Yn un peth, roedd cael gweithio gyda chymaint o ffrindiau da yn rhoi awch ar y gwaith.

Llywelyn, Blodyn Tatws a Caleb oedd y tri chymeriad sefydlog, gyda gweddill y cymeriadau yn taro i mewn i'r ogof yn achlysurol i ychwanegu at y miri. John Bŵts (neu John Pierce Jones i roi iddo'i enw parchus) oedd Dan Dŵr, Dewi Pws oedd y Dyn Creu a fi oedd y Dyn Tew fyddai'n galw heibio bob hyn a hyn. (Roedd cymeriad y Dyn Tew yn dragwyddol sownd yn y shŵt oedd yn arwain i mewn i'r ogof ddychmygol.) Robin Griffith oedd yn darparu llais Blodyn Tatws, ac ar ôl i John Ogwen adael fe ymunodd Iestyn Garlick â'r criw fel llais Llywelyn. Ac, wrth gwrs, Dafydd Hywel oedd yr anfarwol Caleb.

Gan nad oedd DH (Dafydd Hywel) yn rhyw hoff iawn o ddysgu'r sgriptiau ar gof, beth fydde fe'n ei neud yn aml fydde rhoi tudalennau'r sgript mewn gwahanol fannau ar lawr y stiwdio. Gyda'i drwyn mawr, roedd hyn yn ddelfrydol i gymeriad Caleb gan fod ei ben yn naturiol yn gwyro tua'r llawr. Y peth hawsa yn y byd oedd drysu rihyrsal trwy newid trefn y papurau ar y llawr – a sawl tro fe chwalodd golygfa yn chwerthin afreolus wrth i DH weiddi, 'Pwy ddiawl sydd wedi symud 'yn sgript i?'

Fe gawson ni'r sbort rhyfedda'n gwneud *Miri Mawr* a does 'da fi ddim ond atgofion hapus o'r gyfres yna.

Tua'r un adeg, mae gen i gof treulio tipyn o amser rownd clybiau Caerdydd yng nghwmni Robin Griffith. O ran hwyl roedden ni wedi creu ein hiaith ein hunain – nonsens pur, wrth gwrs – a dyna lle fydden ni'n esgus clebran yn yr iaith ddiystyr 'ma. Mae'n anorfod, bron, mewn sefyllfa felly fod rhywun yn siŵr o ddod draw atoch chi, maes o law, i ofyn pa iaith 'ych chi'n siarad. Mi fydden ninnau'n eu hateb mewn rhyw fratiaith hanner Cymraeg, hanner Saesneg.

Cwmnïwr da iawn yw Robin, fel y criw yna i gyd a dweud y gwir. Rown i'n nabod y rhan fwyaf ohonyn nhw eisoes. Fe fu John Bŵts, er enghraifft, yn rhannu tŷ gydag Alun Ffred ym Mangor ar un adeg – a dyna'r tŷ mwya brwnt y bues i ynddo erioed! Petai muriau'r tŷ hwnnw'n gallu siarad, rargol, mi fydde 'da nhw storïe arswydus i'w hadrodd!

Eithriad o ran y ffaith nad oeddwn i'n ei adnabod cyn inni ddod ynghyd i wneud *Miri Mawr*, oedd DH. Er ei fod e wedi'i fagu yn y Garnant a finne ym Mrynaman, doedden ni erioed wedi cwrdd o'r blaen. Cyn pen fawr o dro fe fydden ni'n frodyr-yng-nghyfraith i'n gilydd ar y sgrin ym *Mhobol y Cwm*.

Mynd i Firmingham

Roedd 'na gân o'r enw 'Dy'n ni ddim yn mynd i Birmingham' gan y Tebot Piws slawer dydd, yn protestio'n erbyn y ffaith fod nifer o raglenni Cymraeg yn cael eu recordio yn Pebble Mill, stiwdios y BBC yno yn y saithdegau. Roeddwn i'n un o'r rhai oedd yn gorfod mynd i Firmingham o dro i dro. Mater o reidrwydd ymarferol oedd y trefniant, a welais i erioed fawr o broblem gyda hynny. Trefniant dros dro oedd e, dim ond am ddwy neu dair blynedd, tra bod stiwdios newydd yn cael eu codi gan y BBC yng Nghaerdydd.

Roedd nifer o raglenni'n dal i gael eu gwneud yn gyfan gwbl yng Nghaerdydd, ond os oedd angen cynulleidfa fyw doedd dim stiwdio digon o faint yng Nghaerdydd – ac felly bant i Birmingham â ni!

Un o'r cyfresi weithiais i arni yno oedd *Y Garej*, comedi sefyllfa gan Wil Sam. Roedd Meic Povey gyda mi yn y cast, ynghyd ag Elen Rogers Jones, Beryl Williams a Charles Williams. Fin nos byddai Meic a finne'n mynd draw i glwb nos Barbarella's – yr un enw â'r clwb yng Nghaerdydd, ond doedd dim cysylltiad rhwng y ddau. Ar y pryd roedd hwn yn un o glybiau mwyaf blaengar Prydain ar gyfer cerddoriaeth ac fe welson ni sawl grŵp enwog yno.

Atgof pleserus arall sydd gen i o stiwdios Pebble Mill yw gwneud peilot *sitcom* Saesneg yno gyda Stan Stennett, John Bluthal a Louise Jameson, oedd newydd adael *Dr Who*, lle roedd hi wedi bod yn chwarae rhan cynorthwyydd y doctor am gyfnod. Y cyfarwyddwr oedd Merfyn Owen. Rhan Arab rown i'n ei chwarae ac roedden ni i gyd yn meddwl bod y cyfan wedi mynd yn dda dros ben, gydag ymateb da gan y gynulleidfa. Yn anffodus, chlywson ni ddim byd pellach am y syniad a fuodd 'na'r un gyfres, mwya'r piti.

Z Cars

Roedd rhaglenni plant yn rhan reit sylweddol o'm gwaith i yn y blynyddoedd cynnar, ond roedd y teledu'n cynnig cyfleoedd imi fynd i feysydd gwahanol hefyd, gan gynnwys *Z Cars* – cyfres ag iddi le blaenllaw yn hanes cyfresi teledu am ei bod hi'n ddylanwadol iawn yn ei dydd. Roedd hi hefyd yn hynod o boblogaidd gyda chynulleidfaoedd.

Rown i a Clive Roberts wedi ein castio fel dau dditectif o Gymru mewn stori flaengar iawn am gyrch ar smyglwyr cyffuriau. Erbyn heddiw mae plot o'r fath yn ymddangos yn ystrydebol bron, gan ei fod wedi ei ddefnyddio mor aml mewn cyfresi drama am yr heddlu, ond 'nôl yn 1973 roedd taclo'r pwnc yn ymddangos yn reit herfeiddiol.

Yn ystod yr wythnosau dreuliais i yn Llundain yn gweithio ar *Z Cars* y ces i'r alwad am waith ar gyfres a ddaeth, gydag amser, yn *Pobol y Cwm.*

Hawkmoor ... a fi heb farf!

Yn yr un flwyddyn ag y dechreuodd *Pobol y Cwm* rown i hefyd wedi bod yn ffilmio'r gyfres *Hawkmoor* gyda John Ogwen, Jane Asher a chast anferth o actorion adnabyddus o Gymru a thu hwnt. Cafodd rhannau ohoni ei ffilmio yn ardal y Fenni ac eraill ym Mhumlumon. Chwedl Twm Siôn Cati oedd sail y stori ac roedd hi'n gyfres anferth. Mae'n amheus gen i a fyddai hi'n cael ei gwneud heddiw gan y byddai'n costio gormod.

Ymysg y llu o actorion ddaeth o Lundain i fod yn y gyfres chwe rhan oedd dyn o'r enw Tom Owen, nad oeddwn i erioed wedi clywed sôn amdano o'r blaen. Roedd e'n anobeithiol! Nid y fi yn unig oedd yn meddwl hynny, cofiwch – roedd pawb yn ei feddwl e. A phwy oedd e ond mab yr actor Bill Owen. Flynyddoedd wedyn fe welais i e'n ymddangos yn y gyfres *Last of the Summer Wine* wedi i'w dad farw. Dw i ddim yn meddwl imi ei weld e mewn dim byd ers *Hawkmoor* tan iddo gamu i sgidiau'i dad ddeng mlynedd ar hugain yn ddiweddarach!

Dau y des i i'w nabod gyntaf tra'n gwneud *Hawkmoor* ac y bues i'n ffrindiau 'da nhw am flynyddoedd wedyn oedd Jack May a Godfrey James.

Gŵr yr actores adnabyddus o Lanelli, Petra Davies, oedd Jack May. Ond mae'n siŵr ei fod e'n cael ei gofio'n bennaf am chwarae rhan Dan Archer yn *The Archers*. Y fe dynnodd fi off y seidr a 'nysgu i i werthfawrogi chwisgi. Roedd ganddo lais arbennig ac roedd yn actor ffantastig.

Cymeriad cadarn arall oedd Godfrey James. Doedd e ddim yn aros yn y gwesty gyda gweddill y criw – roedd ganddo fe a'i wraig gartref symudol, ac yn hwnnw y byddai'n mynd i bobman i weithio am fod ganddo ferch anabl oedd angen gofal arbennig. Y cyngor mawr ges i ganddo, ac rwy wedi'i gofio byth, yw: 'Never aspire to be a star, Huw. Be an actor. That way, you will always work.'

Un arall o'r cast oedd yn hawdd iawn gweithio 'da hi oedd Jane Asher – merch ddi-lol a phroffesiynol iawn wrth ei gwaith. Roedd hi'n gallu ymddangos braidd yn *precious* ar brydiau ond roedd hi'n fenyw ddymunol iawn unwaith ichi ddod i'w nabod hi.

Doedd hi a Gerald Scarfe ddim yn briod yr adeg honno – ond mi fydde fe'n dod draw o Lundain i aros gyda hi am noson neu ddwy weithiau yn y Tretower Court Hotel ger Crucywel lle roedden ni fel criw yn aros yn ystod y cyfnod ffilmio.

Cadw iddo'i hunan fydde fe gan fwya, gan adael i Jane fwrw ymlaen gyda'i gwaith heb ymyrryd. Ond un noson, a nhwythau gyda'r lleill ohonom yn y bar, fe fues i mor ewn a gofyn iddo, 'You wouldn't do a sketch of me, would you?'

'Yes, I would,' atebodd e, gan wneud sgets ohona i yn y fan a'r lle a'i harwyddo.

Mae llun gan Gerald Scarfe yn rhywbeth i'w drysori – a siawns nad yw e wedi para'n well, ac wedi cynyddu'n fwy yn ei bris, na phetawn i wedi cael cacen wedi ei gwneud gan Jane Asher!

Pan oedden ni'n ffilmio *Hawkmoor* fe ddechreuodd rihyrsals y gyfres gyntaf un o *Bobol y Cwm* ac am gyfnod rown i'n teithio'n ôl a blaen, yn ymarfer gyda chriw Cwmderi gyda'r nos yng Nghaerdydd ac yn ffilmio anturiaethau Twm Siôn Cati yng nghanolbarth Cymru yn ystod y dydd. Pwysig nodi hefyd mai *Hawkmoor* yw un o'r ychydig bethau wnes i erioed ar deledu heb farf ar draws fy ngên na mwstás ar draws fy swch!

Mae'r unig gynhyrchiad dilocsyn a chofiadwy arall yn perthyn mwy neu lai i'r un cyfnod, sef drama John Galsworthy, *Strife*, a gafodd ei chynhyrchu'n "Play of the Month" gan y BBC yn Llundain. James Cellan Jones – Cymro ac enw adnabyddus iawn ymysg cynhyrchwyr teledu'r cyfnod – oedd wrth y llyw ac roedd wedi castio nifer dda o Gymry yn yr addasiad teledu hwn, gan gynnwys y gŵr bonheddig o actor, Clifford Evans y bûm yn cydweithio ag e ddwywaith yn ystod fy nghyrfa a'i gael yn ddyn hynaws a di-lol y naill dro fel y llall.

Ond yn ôl at y farf ddiflanedig! Pan oedd y ferch yn fy eillio cyn imi fynd ar y set, fe ddywedais i wrthi 'mod i'n credu fod y Cyfarwyddwr am imi gadw'r farf yn arbennig. Ond credai hi ei bod yn gwybod yn well, wrth gwrs! A bu lle'r diawl yno pan welodd James Cellan Jones effaith ei hanfadwaith. Doedd dim amser i aros i'r farf aildyfu, wrth reswm, ac yn ddi-farf yr arhosais dros gyfnod y ffilmio.

Dechrau ar *Pobol y Cwm*

Erbyn 1974 rown i wedi bod yn brysur fel actor llawn-amser ers rhyw ddair blynedd, gydag amrywiaeth dda o waith llwyfan a chyfresi adloniant i blant a chyfresi drama ar deledu. Dim ond jobyn arall o waith a fyddai'n debyg o bara rhyw dri neu bedwar mis oedd y rhaglen newydd 'ma, *Pobol y Cwm*, yn fy meddwl i bryd hynny. Rwy'n siŵr ei bod hi'n deg dweud nad oedd neb ohonom a ddaeth ynghyd i weithio ar y prosiect yn sylweddoli beth roedden ni'n esgor arno mewn gwirionedd.

Fe synhwyrais i fod naws dda i'r ymarferiadau a bod yna obaith am gyfres a fyddai'n apelio at drwch y gynulleidfa – ond alla i ddim honni 'mod i na neb arall yno wedi synhwyro ein bod ni'n sefydlu cyfres a fyddai'n dal mewn bri ddeng mlynedd ar hugain yn ddiweddarach.

Roedd yno groestoriad da o ran cast o'r dechrau, gyda chnewyllyn o actorion profiadol – hen *stagers* fel Charles Williams, Dilys Davies, Harriet Lewis, Dic Hughes, Dillwyn Owen, Islwyn Morris, Rachel Thomas ac ati – yn ymddangos ochr yn ochr â wynebau ifanc, newydd.

Roeddwn i'n hoff iawn o Islwyn Morris a Dillwyn Owen – roedden nhw ill dau yn gymeriadau hoffus ac fe ddaethon ni'n ffrindiau da. Roedd gan y ddau ddawn anhygoel fel actorion ac wrth gwrs, fedrwn i ddim llai na'u hedmygu, ond yn bwysicach na hynny oedd y gefnogaeth a gefais i a'r actorion ifainc eraill ganddyn nhw yn y blynyddoedd cynnar hynny. Roedd Ernest Evans ymhlith y cast hefyd – roeddwn i'n ei nabod e wedi i ni'n dau gydweithio ar gynyrchiadau megis Wrth Aros Godot ac Under Milk Wood. Fel Dillwyn ac Islwyn, roedd yn braf iawn cael Ernest yno'n gyfaill i mi yn y dyddiau hynny.

O ran y criw ifanc, yn ogystal â fy hen ffrind Dewi Pws yn chwarae brawd imi, roedd 'da fi hefyd Gillian Elisa i chwarae rhan fy chwaer – ac roedd Gillian yn ei gwaith proffesiynol cyntaf un, yn syth o'r coleg. Roedd Dafydd Hywel yno'n frawd-yng-nghyfraith i Reg, ac Ifan Huw Dafydd yn actio rhan Dic Deryn; roedd Ifan Huw Dafydd a minnau'n hen gyfarwydd â'n gilydd wedi i ni fod yn rhannu fflat ym Mangor am gyfnod.

Un arall o'r wynebau lled newydd oedd Menna Gwyn. Fel fi, roedd Menna wedi bod yn gweithio cryn dipyn gyda Chwmni Theatr Cymru ac roedden ni'n gyfarwydd iawn â'n gilydd. Fe adawodd hi *Bobol y Cwm* yn weddol fuan, a gadael ei gyrfa fel actores i bob pwrpas, i ganolbwyntio ar waith cyflwyno a chyhoeddi ar Radio Cymru. Trist iawn oedd clywed am ei cholli mor greulon yn y cyfnod pan o'n i'n hel atgofion ar gyfer hyn o lyfr.

Dau y des i i'w hadnabod yn dda trwy *Pobol y Cwm* oedd Gareth Lewis a Lisabeth Miles. Mae 'mharch tuag at y ddau a'n cyfeillgarwch wedi para a thyfu dros y blynyddoedd.

Roedd Lis yn ganolog i'r gyfres gan mai Megan a'i gŵr cyntaf, Cliff (Clive Roberts) oedd yn rhedeg y Deri Arms, ac un o'u straeon cyntaf nhw oedd eu methiant i gael plant. Erbyn diwedd y saithdegau roedd Megan yn weddw ac fe briododd hi'r cymeriad rown i'n ei chwarae, Reg Harris. Yn eironig iawn, pan oedden ni'n saethu'r penodau yn arwain i fyny at briodas Reg a Megan roedd Lis ei hun saith neu wyth mis yn feichiog a rhaid oedd ei gosod y tu ôl i fwrdd neu bot planhigyn ym mhob golygfa, neu ei ffilmio ben ac ysgwyddau yn unig.

Er i Meic Pierce (cymeriad Gareth Lewis) ddiflannu o Gwmderi am gyfnodau maith dros y blynyddoedd, aros yn driw iawn i mi wnaeth Gareth ei hun. Y mae e'n un o'r llond dwrn hwnnw o gyfeillion agos yr wyf yn eu gwirioneddol drysori.

Cast cynnar *Pobol y Cwm*

Rachel Thomas

Un o'r to hŷn oedd yn aelod o gast gwreiddiol *Pobol y Cwm*, ac un yr oedd hi wastad yn bleser cydactio â hi, oedd Rachel Thomas. Er 'mod i'n gyfarwydd â Rachel cyn dyddiau *Pobol y Cwm*, doeddwn i erioed wedi cydweithio â hi cyn hynny. Roedd Mam a 'Nhad yn nabod Rachel yn iawn, ac ar un adeg, flynyddoedd ynghynt, bu ond y dim i 'Nhad dderbyn galwad i'r Alltwen, lle'r oedd ei gwreiddiau hi a lle'r oedd hi'n un o hoelion wyth ei chapel cyn iddi symud i fyw i Gaerdydd. Gwrthod yr alwad honno wnaeth 'Nhad, er nad wy'n siŵr pam, ond mi fydde Rachel yn aml yn dweud wrtha i, ''Na drueni na dda'th eich tad aton ni i'r Alltwen!'

Er nad wy'n cofio unrhyw eglurhad erioed yn cael ei roi am wrthod yr alwad honno, rwy'n rhyw feddwl mai gweld yr Alltwen yn rhy agos yn ddaearyddol at Frynaman oedd 'Nhad. Dwy gymdeithas ddigon tebyg oedd i'r ddau bentref, a rhaid gen i fod 'Nhad wedi rhoi ei fryd ar yr her o gymryd gofalaeth mewn bro wahanol iawn i Frynaman. Er mor ddidwyll oedd Rachel yn lleisio'i siom, dw i ddim yn meddwl i'm rhieni ddifaru eu penderfyniad am eiliad.

Ar wahan i gydweithio ar *Bobol y Cwm*, fe weithiais i gyda Rachel Thomas ar lwyfan unwaith hefyd, a hynny'n dilyn marwolaeth Ryan Davies.

Er imi ddod i adnabod Ryan yn lled dda yn ystod y blynyddoedd cyntaf pan own i'n gweithio'n gyson i'r BBC, mae'r unig gysylltiad proffesiynol rhyngon ni'n un trist.

Pan fu farw Ryan yn America roedd e ar fin dod adre i ddechrau chwarae tair rhan wahanol mewn tair drama fer. Drannoeth torri'r newyddion brawychus inni am ei farwolaeth wrth inni rihyrsio *Pobol y Cwm*, gofynnwyd imi a fyddwn i'n fodlon cymryd un o'r rhannau hynny. Gyda chyfuniad o fraint ac arswyd y cytunais i – ond wnes i ddim petruso rhag derbyn chwaith. Rwy'n gwybod mai dweud wrtha i am fynd amdani fyddai Ryan ei hun wedi'i wneud.

Yn y ddrama rown i ynddi, Rachel Thomas oedd yn chwarae fy mam – gan roi i mi reswm arall i drysori'r daith honno gyda chymysgedd o dristwch a diolch.

Beryl Williams

Roedd Beryl Williams yn actores fendigedig ac yn fenyw rown i'n dod ymlaen gyda hi'n dda iawn, iawn. Mae'n wir fod ganddi ei chwafars fel pawb arall – roedd hi'n hoff o'i chwisgi ac yn dwlu ar ei ffags. Er ei bod hi'n hŷn na fi o dipyn, ac wastad wedi edrych yn hŷn na'i hoedran, roedd hi'n fenyw smart iawn.

Fe fuodd hi ym *Mhobol y Cwm* am gyfnod yn y blynyddoedd cynnar ac fe gas hi a fi *affair* yn y gyfres. Hi oedd yn chwarae gwraig prifathro Ysgol Cwmderi os cofia i'n iawn, gyda David Lyn fel ei gŵr hi. Mae gen i gof clir o fod mewn carafán mewn cae yn rhywle yn ffilmio un diwrnod – lle roedd Reg a gwraig y prifathro yn cwrdd i garu – a Beryl yn gwrthod yn lân â mynd i mewn i'r gwely am ei fod e'n llaith. Roedd gwynt tamprwydd drwy'r lle i gyd a dweud y gwir.

'Dw i ddim yn mynd i'r gwely 'na – ddim hyd yn oed 'da Huw Ceredig!' oedd ei brawddeg fawr hi wrth iddi wneud ei safiad. Chofia i ddim sut y daethon ni dros y broblem, ond rhaid bod yr olygfa wedi ei chwblhau rywsut.

Rwy wedi bod yn lwcus dros ben 'da'r bobl rwy wedi cydweithio â nhw dros y blynyddoedd – ac mae Beryl yn sicr yn un o'r rheini rwy'n trysori'r atgofion sy gen i amdanyn nhw, o ran eu gwaith a'u cwmnïaeth.

Charles Williams

Er bod y ddau o gefndiroedd gwahanol iawn ac yn gwbl wahanol o ran personoliaeth hefyd, roedd Charles Williams, fel Rachel Thomas, yr wyf eisoes wedi sôn amdani, yn glamp o enw mawr ym myd adloniant a'r ddrama yng Nghymru.

Ar lawer cyfrif, ac i lawer o bobl, Charles oedd y brenin. Fel storïwr, digrifwr ac actor, roedd e wedi hen ennill ei blwy a chreu delwedd boblogaidd iddo'i hun. Roedd rhan Harri Parri yn ddelfrydol ar ei gyfer, ond roedd ochr hunanol iawn i Charles pan ddeuai i rannu llwyfan neu stiwdio deledu gydag unrhyw un arall.

Un o'r atgofion cynta sy 'da fi o weithio gyda Charles yw gwneud golygfa yn y Deri Arms rhwng Reg a Harri Parri. Eistedd ar stôl wrth y bar oedd Harri ac rown i wedi 'nghyfarwyddo i ddod i mewn a sefyll y tu ôl iddo. Y cyfarwyddyd i Charles oedd i dynnu ei stôl mas ychydig oddi wrth y bar fel 'mod i yn y shot yn glir wrth i'r ddau gymeriad sgwrsio. Ond yn yr ymarfer cyntaf wnaethon ni doedd dim symud modfedd ar y stôl. Fe arhosodd Charles lle'r oedd e, yn edrych yn syth at y camera. Felly erbyn mynd trwy'r olygfa am yr ail dro fe sefais y tu ôl iddo fel rown i fod ond gan droi 'nghefn arno. Yr hyn oedd 'da chi wedyn oedd dau ddyn yn sefyll â'u cefnau at ei gilydd yn cael sgwrs!

Yn sydyn gallwn glywed llais y cyfarwyddwr yn y galeri yn bytheirio i glustiau Brydan Griffith, y rheolwr llawr. (Mae Brydan yn un arall o'r cesys 'na rwy wedi cael y fraint o'u nabod. Yffach o gymeriad a dyn hoffus dros ben.)

'Se'r cyfarwyddwr yn lico se chi'n gallu edrych ar eich gilydd wrth siarad,' medde fe wrthon ni.

Fe eglurais innau imi ddod i mewn fel y ces i 'nghyfarwyddo a chael dim byd ond cefn Charles Williams. Ddywedais i mohono'n gas – do'n i ddim am fod yn gas 'dag e, ond rown i'n benderfynol o sefyll lan tros fy hunan ar yr un pryd.

Bu'n rhaid iddo gyfaddawdu ar yr achlysur hwnnw. Erbyn inni saethu'r olygfa'n derfynol roedd Harri'n wynebu'r bar yn hytrach nag eistedd wysg ei ochr. Rown innau o'r herwydd i 'ngweld yn glir wrth i mi sefyll wrth ei ymyl yn sgwrsio.

Ar ôl y digwyddiad bach yna fe dda'th Charles a fi ymlaen yn iawn, ac fe ddes innau i edmygu ei ddawn dweud. Roedd yr hanesion oedd ganddo am Sir Fôn yn ddiarhebol – ond roedd gan Sir Fôn hefyd ddigon i'w ddweud amdano fe. Er ei fod yn frenin i lawer, doedd e ddim at ddant pawb!

Harriet Lewis

Gyda Chymdeithas Ddrama Gymraeg Abertawe a rhaglenni radio y gwnaeth Harriet ei marc yn wreiddiol. Roedd hi'n un o hoelion wyth yr wythnos ddrama enwog a arferai lenwi Theatr y Grand yn y ddinas unwaith y flwyddyn. Er nad oes gen i gof o rannu llwyfan 'da hi erioed mewn drama, rown i'n sicr wedi gweithio ochr yn ochr â hi wrth baratoi ar gyfer yr wythnos ddrama ac felly rown i'n gyfarwydd â hi rai blynyddoedd cyn ein bod ni'n cydweithio ar *Bobol y Cwm*.

Un o'r cwestiynau a ofynnir i actorion amlaf yw shwt 'ych chi'n dysgu sgript. Ac, yn arbennig, shwt 'ych chi'n dysgu sgript, ei hanghofio drachefn a symud 'mlaen i'r nesaf. Wn i mo'r ateb – am nad oes 'na jest un ateb diffiniol, am wn i. Yr unig beth y gwn i yw fod rhaid ei wneud e, ac yn bersonol rwy wastad wedi gwneud y gwaith dysgu y noson cynt.

Roedd rhaid gweithio felly, mwy neu lai, gyda chyfres ddyddiol fel *Pobol y Cwm*.

Ond fe ddaeth yn amlwg un diwrnod fod Harriet Lewis yn dysgu ei sgript wythnosau ymlaen llaw, ac roedd hyn yn ei gwneud hi'n anodd iawn iddi addasu os oedd angen newid rhyw gymaint ar y sgript ar y funud olaf.

Rwy'n cofio ni'n ymarfer un bore Llun yn festri Ebeneser, Charles St. Fe ddaeth hi'n amlwg fod rhywbeth go fawr o'i le ar y sgript ar gyfer y bennod dan sylw. Doedd hi'n gwneud dim synnwyr yn rhediad y stori ar y pryd a dyma benderfynu bod yn rhaid newid rhai golygfeydd i roi trefn ar bethau.

A dyna lle buon ni wrthi'n newid yn y fan a'r lle. Maes o law fe ddywedodd Gwyn Hughes Jones, y cynhyrchydd, fod yn well inni ei thrio hi i weld shwt oedd pethe'n rhedeg. A'r olygfa ddiwygiedig gyntaf inni ei rhedeg oedd un rhyngof i a Maggie Post.

Fe dynnes i sylw Harriet at y newidiadau: 'Rwy i nawr yn gweud hyn a rhaid i chi ddod 'nôl 'da'r frawddeg newydd 'ma ac yn y blaen,' dywedais i.

Fe gofia i eiriau Harriet yn ôl wrtha i hyd 'y medd: 'Gwetwch chi be chi moyn 'weud, bach, a wedyn fe 'weta i be wy'n moyn 'weud.'

Roedd Gwyn Hughes Jones yn tynnu'i wallt mas! Ac fe ddywedodd un o'r lleill wrtha i, 'Huw Ceredig, rhaid iti siarad â hi.'

Finnau'n ymateb, 'Dw i wedi bod yn siarad â hi!'

Roedd y sgript mor gadarn yn ei chof hi fel alle hi ddim addasu dim. Yn yr achos hwnnw fe fu'n rhaid iddi ddysgu bod yn hyblyg. Ond fe orfodwyd ninnau i gyfaddawdu cryn dipyn hefyd er mwyn cadw cymaint â phosibl ar y sgript wreiddiol i gadw Harriet yn hapus.

Dilys Davies

Fel Rachel, roedd Dilys Davies wedi cael gyrfa lwyddiannus yn Llundain ymhell cyn bod sôn am unrhyw un yn gallu gwneud gyrfa fel actor yn y Gymraeg. Ar radio, llwyfan, ffilm a theledu – waeth beth oedd y cyfrwng, gallech chi fentro bod Dilys wedi ei hen feistroli erbyn dyddiau *Pobol y Cwm*.

Roedd hithau'n gymeriad a hanner ac yn un rown i'n dwlu arni, gyda'r llais rhyfeddol 'na'n dod tuag atoch chi'n donnau: 'Huw bach, shwt 'ych chi heddi te?'

Yn y dyddiau hynny rown i'n ysmygwr trwm fy hun, ond doedd y ffags elen i trwyddyn nhw mewn diwrnod yn ddim byd o'i gymharu â'r smoco a wnâi Dilys. Ar wahân i'r adegau pan oedd hi o flaen camera fyddech chi byth yn ei gweld heb sigarét yn ei llaw, ac rwy wedi meddwl yn aml mai ôl tar a mwg oedd yn gwneud y llais 'na mor hynod wrth iddo godi o ddyfnder ei hysgyfaint yn rhywle.

Fe fu farw yn ystod un awr ginio a ninnau ar ganol rihyrsal. Am ddeng mlynedd gyntaf *Pobol y Cwm*, yn festri capel Ebeneser yn Charles Street yr oedd yr ymarferion yn cael eu cynnal, ac wedi pigo mas i Marks & Spencer's gyferbyn â'r capel oedd Dilys. Roedd yn ddiwedd disymwth i actores fendigedig.

Yn y cyfnod hwnnw fe allwn innau hefyd fynd trwy rhyw 60 o sigaréts y dydd – a mwy na hynny'n aml – ond doedd gan farwolaeth anghymarus Dilys ddim oll i'w wneud â fi'n rhoi lan smoco. A dweud y gwir, dw i ddim yn gwybod yn iawn beth oedd y cymhelliad.

Nos Galan yn niwedd y saithdegau oedd hi. Roedd Margaret a fi wedi bod i ddathlu'r Flwyddyn Newydd, gydag wyth o ffrindiau rownd y bwrdd a phump o'r wyth yn smygwyr. Pan gyrhaeddon ni'n ôl i'r tŷ roedd hi'n 4 o'r gloch y bore – a phan ddes i'n sydyn yn ymwybodol o'r gwynt llethol yn fy ffroenau, wn i ddim, ond y Nos Galan dyngedfennol honno fe dynnais i'r pecyn Benson & Hedges o 'mhoced a'i osod yn ddeddfol ar y silff ben tân. A dyna ni. Rown i'n gwybod 'mod i wedi smoco'n sigarét olaf a bod arferiad rown i wedi ei ddechrau dros ugain mlynedd ynghynt yn Llanymddyfri wedi dod i ben.

Bu'r pecyn hwnnw ar y silff ben tân am dair blynedd. Feiddiai neb ei gyffwrdd, a wnes innau ddim cyffwrdd â sigarét o ddewis byth wedyn.

Dic Hughes a'r Parch. Ifan R. Williams

Gweinidog gyda'r Bedyddwyr ym Mhen-y-bont oedd y Parch. Ifan R. Williams, a dyn ffeind iawn, iawn. Fe gafodd Ifan ei ddiarddel o'i gapel ym Mhen-y-bont am ei fod e'n mynnu cynnal y gwasanaethau yn gyfan gwbl yn Gymraeg a chafodd e ddim cefnogaeth gan Undeb y Bedyddwyr o gwbl. Diwedd y gân oedd iddo orfod symud oddi yno a mynd i Gaerdydd.

Yn fuan wedi'r digwyddiad hwn, 'nôl yn nechrau'r saithdegau, fe ddaeth un o'i ddwy ferch, Elin, yn Rheolwr Llawr Cynorthwyol ar *Bobol y Cwm* ac yn naturiol, a minnau'n ffrind i'r teulu, pan welais i hi yn yr Ystafell Werdd un diwrnod rown i'n ei nabod hi'n syth. Y fi oedd yr unig un yn yr ystafell oedd yn ei hadnabod hi.

Ar un olwg, mae'r hyn wnes i'r diwrnod hwnnw'n anfaddeuol, ond rown i'n benderfynol o'i wneud e, serch hynny. Roedd nifer o'r cast rheolaidd yno'r bore hwnnw – Dilys Davies, Rachel Thomas ac ati – a dyma fi'n cyflwyno Elin i bawb. Wn i ddim beth dda'th drosta i, ond roedd yr annhegwch roedd ei thad wedi ei ddioddef yn dân ar fy nghroen i ac allen i ddim ymatal rhag gwneud yr hyn wnes i, hyd yn oed petawn i wedi bod isie gwneud hynny.

Fe gofiais i'n sydyn mai Dic Hughes oedd Llywydd Undeb Bedyddwyr Cymru y flwyddyn y cafodd Ifan R. Williams ei hel o Ben-y-bont. Dyma fi'n troi at Dic – roedd rhaid fod wyneb 'da fi! – a dyma fi'n dweud, 'Dic, dyma Elin. Elin, Dic …' cyn ychwanegu, 'Wrth gwrs, 'ych chi'n gwbod yn iawn pwy yw Elin?'

'Na, dw i ddim yn meddwl 'mod i'n ei 'nabod hi o gwbl,' atebodd Dic.

'Merch Ifan R. Williams,' gyhoeddes i, '… gynt o Ben-y-bont.'

Petai edrychiad yn gallu lladd, mi fyddai llygaid Dic Hughes y foment honno wedi bod yn ddigon amdana i.

Ryw awr yn ddiweddarach fe ddaeth un o'r lleill ata i a dweud, 'Yffach, Ceredig, roedd hwnna'n beth uffernol i'w wneud.'

'Nago'dd,' atebais inne. 'Roedd e'n 'i haeddu fe. Tasech chi'n gwybod y boen achosodd Undeb y Bedyddwyr i'r teulu yna fe fyddech chi'n gwybod nad oedd yr hyn ddioddefodd Dic Hughes y bore 'ma yn ddim byd o'i gymharu â hynny.'

Dw i ddim yn ddyn cas. Dw i ddim yn meddwl 'mod i'n ddyn cas, ond fe alla i fod yn uffernol o ddeifiol os oes 'na ronyn o reswm imi fod.

Chrybwyllodd Dic Hughes erioed yr un gair am y digwyddiad ar ôl hynny, er inni barhau i gydweithio am flynyddoedd lawer wedyn. Doedd e ddim y math o berson y byddwn i wedi mynd i chwilio am ei gwmni, p'run bynnag, ond yn broffesiynol fe barhaon ni i gydweithio heb iddo fe na fi ddal dig.

Y fi a Reg ... a Reg a fi ...

Roedd byd o wahaniaeth rhyngof i a Reg, o ran cefndiroedd a daliadau. Alla i ddim â dweud 'mod i'n uniaethu ag e'n ôl yn y dyddiau cynnar, ond roedd digon amdano rown i'n gallu ei ddeall. Aelod o'r Blaid Lafur oedd Reg, yn undebwr mawr yn y diwydiant glo ac yn ddilynwr brwd o dîm Llanelli. Roedd hynny i gyd yn golygu ei fod e'n gweld y byd yn wahanol iawn i Huw Ceredig.

Rwy'n cofio mor anodd oedd hi imi yngan y frawddeg 'Fe wharaeodd y Sgarlets yn dda dydd Sadwrn' am y tro cyntaf!

Gyda'i ddaliadau cryf ac yntau o gefndir yr own i'n gyfarwydd ag e, rown i'n meddwl ei fod e'n gymeriad diddorol iawn i'w bortreadu. A rhaid cofio ei fod e hefyd yn ddyn sengl yn y blynyddoedd cynnar hynny, felly roedd y posibiliadau storïol ar ei gyfer yn amrywiol iawn – popeth o fynych helyntion carwriaethol i ambell ffrwgwd diwydiannol.

Fe wnaeth y gallu 'na oedd ganddo i ffitio i mewn i bob math o stori ei fywyd yn un diddorol iawn, a chydag amser roedd e'n ddolen gyswllt rhwng pob elfen o'r gymdeithas oedd yn cael ei darlunio yn y gyfres.

Mi fydde pobl yn aml yn fy ngalw i'n Reg – maen nhw'n dal i wneud weithiau – ond dim ond unwaith y galla i gofio i'r ffin yna rhwng ffuglen a realiti fod yn annifyr imi. Flynyddoedd yn ôl bellach, fe gafodd Reg stori lle'r oedd e wedi ei gyhuddo o ymyrryd â rhyw ferch mewn pwll nofio, ac rwy'n cofio bod wrth y til yn Marks & Spencer's yng Nghaerdydd pan ddaeth y fenyw 'ma ata i a 'ngalw i'n bob enw dan haul.

'For Christ's sake, it's television, woman!' medde fi wrthi.

'No. You're a dirty, dirty old man,' ddôth yr ateb.

Be wnewch chi ag anghrediniaeth ronc fel'na? Roedd hi'n amlwg nad oedd modd ei darbwyllo'n wahanol – a bu'n rhaid imi adael y nwyddau ar y cownter a cherdded o'na yn y diwedd ... wedi dysgu gwers go iawn am rym teledu.

Roedd cael rhannu corff a llais gyda chymeriad ochr yn ochr â byw fy mywyd fy hun – a heneiddio gyda'n gilydd dros gyfnod o bron i ddeng mlynedd ar hugain – yn brofiad unigryw bron. Y fi sydd â'r record am chwarae'r un rhan mewn cyfres deledu am yn hiraf yng Nghymru o bell ffordd. A dim ond dau sydd yn fy maeddu i trwy Brydain i gyd, sef Bill Roache ac Eileen Derbyshire (Ken Barlow ac

Emily Bishop) yn *Coronation Street*.

Am ddeng mlynedd gyntaf y gyfres dim ond rhan o 'ngwaith i mewn blwyddyn oedd gwneud *Pobol y Cwm*. Roedd yr holl benodau a fyddai'n cael eu darlledu mewn blwyddyn yn cael eu ffilmio gyda'i gilydd mewn cyfnod o rhyw bum mis a'u dangos wedyn fesul pennod yr wythnos. Bryd hynny, felly, fe fyddai gweddill y flwyddyn yn rhydd ar gyfer pob math o brosiectau eraill – a llawer o'r rheini yn mynd â fi ymhell o Gwmderi ac ymhell oddi wrth Reg Harris.

Pwy Laddodd Laslo Kovacs?

Go brin y bydd llawer yn cofio'r teitl trawiadol hwn erbyn heddiw – ond yn ei dydd roedd hon yn ffilm deledu reit arbrofol a herfeiddiol gan HTV, ac roedd i ragflaenu llawer o'r stwff ddaeth ar S4C yn ei blynyddoedd cynnar.

Geraint Jarman oedd piau'r sgript ac roedd e hefyd yn aelod o'r cast, ynghyd â Dafydd Harvard, Marged Esli, Heather Jones a fi. Gydag Euryn Ogwen wrth y llyw fel y cynhyrchydd/cyfarwyddwr rown i'n gwybod o'r dechrau y byddai'r cyfnod ffilmio'n dipyn o hwyl. Ches i mo'n siomi yn hynny o beth. Roedden ni i gyd yn aros yn y Llew Aur yn Nhrefdraeth, Sir Benfro, a chafwyd amser da dros ben gan bawb.

Thriller oedd y ffilm yn ei hanfod, er nad oes 'da fi fawr o gof am y plot. Yr unig argraff sy'n aros yn glir yn y cof yw o Euryn Ogwen ar ben mynydd yn rhywle yn y Preseli yn chwifio potel o siampên o gwmpas. Pam? Does 'da fi ddim syniad. Ond mae'n ddelwedd drawiadol, ac yn un sy'n crisialu'r ffilm a'r cyfnod ffilmio i'r dim.

Trosleisio

Nid dyna'r unig dro y bues i'n gweithio gydag Euryn Ogwen o bell ffordd. Gyda'i ysbryd arloesol a'i awydd i ymestyn ffiniau arferol teledu Cymraeg y cyfnod, gallech wastad fod yn siŵr o rywbeth newydd a chyffrous pan ddôi'r cyfle i weithio ar ddim y byddai'n ymwneud ag ef.

Yn nechrau'r saithdegau, a than faner HTV unwaith eto, fe fu Euryn yn gyfrifol am y prosiect trosleisio cyntaf i oedolion yn Gymraeg. Roedd peth defnydd o ddybio cartŵnau i blant wedi digwydd yn barod – rwy'n cofio gwaith gwych Gaynor Morgan Rees ar Calimero i *Miri Mawr*, er enghraifft – ond roedd meddwl ymgymryd â throsleisiad llawn o'r ffilm gowboi glasurol *Shane*, yn dipyn mwy uchelgeisiol.

Bryd hynny, doedd 'mo'r adnoddau yng Nghymru i allu gwneud y gwaith yma. Erbyn heddiw, mae'r frawddeg yna'n swnio'n rhyfeddol o wirion. Ddegawd ar ôl ein gwaith arloesol ar *Shane* roedd diwydiant animeiddio o fri rhyngwladol yn cael ei draed tano yng Nghaerdydd a phobl fel fy ffrind annwyl Pat Griffiths a'i chwmni Atsain yn rhoi Cymru ar y map o ran adnoddau a safon trosleisio.

Ond llwyddiant a oedd eto i ddod oedd hynny. Yn 1972, rhaid oedd mynd lan i Lundain fel criw, gyda Robin Griffith yn darparu llais cymeriad Shane ei hun a minnau i wneud llais Reiker. Yn wahanol i Robin, druan – oedd wedi ei gamgastio'n ddybryd - roedd fy rhan i yn fy siwtio i'r dim. Roedd hyd yn oed tebygrwydd pryd a gwedd rhyngof i a'r actor a ymddangosai ar y sgrin.

Profiad newydd sbon oedd trosleisio inni i gyd. Rhaid oedd dysgu sgiliau newydd – dilyn y rhifau côd ar gornel y sgrin i sicrhau fod y llefaru'n cyd-fynd â'r genau oedd i'w gweld yn parablu; hepgor clywed ymateb yr un cymeriad arall i ddim a ddyweden ni gan fod pob trac llais yn cael ei recordio ar wahân, ac ati. Amser cyffrous iawn.

Ond yn fwy na dysgu dygymod â'r un o'r rhain ar fore cynta'r recordio yn y stiwdio 'ma yn Llundain, digwyddiad cwbl wahanol sy'n aros yn y cof.

Wrthi'n megis dechrau ar yr antur gyffrous oeddwn i, pan darfwyd ar holl drefn y stiwdio gan lais y fenyw 'ma'n bloeddio ar draws y gweithgareddau fod yn rhaid iddi hi gael gwybod llais pwy oedd yr un a glywai – a hynny yn ddiymdroi.

Prin fod angen imi ddweud wrthych mai fy llais i a greodd y fath gwthrwfl. Ac eto, nid fy llais i ychwaith oedd achos y cynnwrf.

Hoff actor erioed y fenyw hon oedd Rupert Davies. Erys ei enw yn bur adnabyddus ar draul un rhan yn arbennig – sef *Maigret.* Y gyfres deledu honno a'i gwnaeth yn seren, ond teg nodi iddo hefyd ymddangos mewn nifer o ffilmiau cofiadwy, fel *The Witchfinder General* a *The Uncle*.

Roedd yn actor grymus a llwyddiannus, yn ogystal â bod yn un poblogaidd. Ac ar ben hynny rown i'n perthyn iddo o bell ar ochr fy nhad.

Ar ôl deall, perchennog y stiwdio oedd y fenyw a dorrodd ar draws bopeth – oedd yn egluro pam na ddywedodd neb na bw na be yn ei herbyn pan gododd y fath dwrw. Fe wyddai'n iawn nad ei heilun oedd yn ei stiwdio'n gweithio'r bore hwnnw, gan fod Rupert Davies eisoes wedi marw. Ond mynnai fod ef a fi o'r un llais. A phan eglurais iddi fod cysylltiad teuluol, bu bron iddi fy mabwysiadu yn y fan a'r lle.

Mynnodd fy mod yn dod i gael cinio gyda hi – a doedd hi ddim y fath o fenyw y gallech chi ddweud 'na' wrthi'n hawdd – a hynny mewn rhyw dŷ bwyta swanc ym Kensington. Ymunodd ei gŵr â ni yno – sef yr actor Burt Kwouk, a chwaraeai rhan Cato yn ffilmiau *Pink Panther* Peter Sellers slawer dydd.

Thynnodd neb arall erioed sylw at unrhyw debygrwydd neilltuol rhyngof i a Rupert Davies, ond gwnaeth ymyrraeth y wraig honno fy medydd i fyd trosleisio yn un smala a bisâr.

Gyda dyfodiad S4C yn nechrau'r wythdegau, comisiynwyd dwy gyfres animeiddiedig gwreiddiol Cymraeg ei hiaith. Gwnaeth Myfanwy Talog orchest o adrodd straeon *Wil Cwac Cwac* ar ei phen ei hun, ond cafwyd cast llawn o leisiau ar gyfer *Super Ted* – Geraint Jarman, Emyr Glasnant, Gari Williams, Martin Griffiths a fi.

Cafwyd set gwahanol o leisiau ar gyfer y fersiwn Saesneg aeth allan ar BBC1 a phenderfynwyd lansio'r cyfan gyda pharti mawr yng nghlwb nos Stringfellow's yn Llundain. Dyna lle y cwrddais i â Roy Kinnear gyntaf. Dyn o'r un anian â mi fy hun yn gwmws a rhywun y gallwn uniaethu ag e'n syth. Cafwyd noson i'w chofio ac fe gwrddon ni drachefn trannoeth dros ginio. Ond prin fu ein hymwneud â'n gilydd, gwaetha'r modd. O fewn blwyddyn neu ddwy, roedd wedi ei ladd tra oedd yn gweithio ar un o ffilmiau'r *Three Musketeers*.

Mae toreth o actorion Cymraeg eu hiaith ymysg y trosleiswyr mwyaf profiadol ym Mhrydain. Mae'n sector arbenigol iawn ac rwy'n falch iawn o'r ffaith fod gwaith o'r fath wedi parhau'n rhan lled gyson o 'ngyrfa ar hyd y blynyddoedd. Yn ogystal â chynyrchiadau tramor a ddybiwyd i'r Gymraeg, fel *Châteauvallon* (ddaeth yn wreiddiol o Ffrainc), rwy hefyd wedi gweithio ar ffilmiau gwreiddiol Cymreig fel *Chwedlau Caergaint* (oedd yn seiliedig ar gampwaith Saesneg Chaucer ac a enillodd enwebiad am Oscar). Ar hyn o bryd, rwy i 'nghlywed ar y gyfres i blant, *Peppa Pinc* (sef cyfres o Iwerddon am foch bach). Ydy, mae'r gwaith yn amrywiol a dweud y lleiaf. Pan gamgymerwyd fy llais am lais rhywun arall yr holl flynyddoedd hynny yn ôl, fe ddylwn fod wedi sylweddoli fod yna rhyw hudoliaeth ryfedd yng ngrym y grefft o drosleisio.

Iestyn Garlick

Yn ystod fy nyddie i gyda Chwmni Theatr Cymru y cwrddais i ag Iestyn gyntaf. Fe ymunodd â'r cwmni yn Is-Reolwr Llwyfan, a dyna ddechrau cyfeillgarwch sydd wedi para byth. Ry'n ni'n ffrindie mawr, mawr, mawr. Yn ôl y sôn cyffredinol, does gan neb fawr fwy na llond llaw o gyfeillion gwirioneddol ddibynadwy ac rwy'n falch o allu cyfri Iestyn ymysg yr ychydig ffyddlon rai yn 'y mywyd i – y pum neu chwe unigolyn y gallwn i wir ddibynnu arnynt petai pethau byth yn argyfwng arna i.

Ces fod yn 'frawd mawr' iddo'n ddiweddarach – erbyn yr wythdegau roedd e wedi datblygu poblogrwydd mawr ymysg plant fel y cymeriad Jeifin Jenkins, a phan wahoddodd e fi i ymuno ag e yn yr act rown i wrth fy modd. Aeth Jeifin a Handel ymlaen i gael lot o sbort 'da'i gilydd ar lwyfannau ar hyd a lled Cymru, yn ogystal ag ar y teledu. Ar yr un pryd, câi Iestyn a Huw amser da hefyd …

Roedden ni eisoes wedi treulio llawer o amser yng nghwmni'n gilydd cyn hynny, wrth gwrs, gan inni deithio cymaint gyda Chwmni Theatr Cymru yn y saithdegau a rhannu gwahanol dai a fflatiau yn ardal Bangor yn sgil hynny. Fe rannon ni lot o sbort 'da'n gilydd yn y tai hynny, ond nid profiad hapus yw'r un sy'n aros gliriaf yn y cof.

Roedden ni wedi cael rhentu tŷ ger y Globe ym Mangor Uchaf, ond rhaid ein bod wedi dod i'r trefniant heb weld y lle achos pan droion ni lan yno roedd cathod y greadigaeth wedi meddiannu'r lle. Roedden nhw'n rhemp. Welais i erioed y fath fudreddi mewn tŷ – ar wahân i'r tŷ hwnnw rannai Alun Ffred a John Bŵts, efallai! – a phrofais i erioed y fath ddrewdod. Fydde moch ddim wedi symud i mewn yno!

Fe gymerodd hi wythnos a mwy inni glirio'r lle – a bu'n rhaid inni ffeindio rhywle arall i roi ein pennau i lawr tra bod y *fumigation* yn cael ei gynnal. Roedd baw cathod ac olion piso ym mhobman, gan gynnwys y gwelyau, a rhaid oedd cael drysau a ffenestri newydd i gadw'r creaduriaid mas ar ôl cael gwared arnyn nhw. Roedd *cat flaps* yn yr hen ddrysau i gyd. Anghofia i byth mo sŵn y crafu parhaus ar y ffenestri ddydd a nos ar ôl inni symud i mewn yn derfynol. Gyda'u mewian ffyrnig a'u sgyrnygu dannedd arnom o bob sil ffenestr, roedd hi'n amlwg nad oedden nhw'n hapus iawn o gael eu halltudio o'u teyrnas. Ond mynd fu raid iddyn nhw, ac ar ôl rhyw wythnos o fod tan warchae gan gathod cafodd Iestyn a fi y lle i ni'n hunain.

Atgof mwy dymunol sda fi o rannu lle 'da Iestyn yw'r amser dreulion ni mewn fflat bendigedig yn edrych dros y Fenai. Fe gawson ni sawl parti gwyllt yno … ond stori arall yw honno!

Yn nechrau'r nawdegau fe brynais i fflat yn Westgate Street, Caerdydd, oddi wrth Iestyn. Roedd e ar fin symud yn ôl i'r gogledd bryd hynny ac rown innau angen lle i aros yn y brifddinas yn ystod yr wythnos achos roedd *Pobol y Cwm* wedi mynd yn ddyddiol erbyn hynny ac yn llyncu llawer mwy o'm amser. Rown i wedi bod yn llogi'r fflat gyda Glan Davies, un arall o actorion *Pobol y Cwm*, cyn ei phrynu, a chyda'r newid perchnogaeth daeth Glan wedyn yn denant i mi. Diolch byth, ar yr achlysur hwn gallwn fod yn dawel fy meddwl nad oedd unrhyw sôn am 'fywyd gwyllt' yn y fflat yn cyfeirio at anifail anwes o unrhyw fath!

Teithio Llychlyn

Under Milk Wood oedd un o'r dramâu a'm cadwodd i ac Iestyn yn fishi. Fe wnaethon ni dymor ym Metws y Coed un haf a dilynwyd hynny gan daith drwy Loegr ac, yn ddiweddarach, ar y Cyfandir. Iseldirwr yw Iestyn – ffaith nad yw'r rhan fwyaf o bobl yn ei sylweddoli, efallai – ac roedd cael rhywun yn y cwmni â rhyw grap ar ieithoedd tramor yn gaffaeliad mawr.

Agoriad llygad imi yn ystod y daith trwy wledydd Sgandinafia yn 1978 oedd gweld lefel y nawdd cyhoeddus oedd yn cael ei roi i'r theatr, ac yn wir i'r celfyddydau'n gyffredinol, gan lywodraethau'r gwledydd hynny. Yr oedd agwedd awdurdodau yng Nghymru tuag at gynnal diwylliant byw yn ymddangos yn bitw a thruenus o'i chymharu.

Roedden ni'n amlwg yn siarad gyda phobl yn y theatrau yr oedden ni'n perfformio ynddyn nhw yn Sweden, Norwy a'r Ffindir ac yn cael ar ddeall bod pob un o'r theatrau hynny'n cael 80% o nawdd oddi wrth y llywodraeth – digon i gynnal cnewyllyn proffesiynol, nid yn unig o actorion, ond o gynllunwyr, pobl gwisgoedd, cyfarwyddwyr ac ati. Yn y wlad hon, rhaid ichi fegian am ddeg mil i gael mynd â drama ar daith!

Yn y Ffindir, nad yw'n wlad fawr yn y lle cyntaf, ac sydd wedi brwydro Rwsia i gael cadw'i hannibyniaeth ar hyd y blynyddoedd, roedd ganddyn nhw saith o theatrau cenedlaethol yng nghanol y saithdegau. Saith! Ac am wythnos bob blwyddyn, tua diwedd Ebrill neu ddechrau Mai, roedden nhw i gyd yn cau ac yn cwrdd mewn tref fechan o'r enw Pori. A dyna'r gwahoddiad geson ni, i ddiweddu'r chwe wythnos o deithio, oedd i ddod i gloi eu gŵyl broffesiynol nhw'u hunain. Ar nosweithiau eraill yr ŵyl roedd pob cwmni yn ei dro wedi cyflwyno drama. Yr unig gynulleidfa ar gyfer pob perfformiad oedd staff a chyfranwyr y chwe theatr arall – yn bawb a phobun, o bobl gwisgoedd a chyfarwyddwyr i arbenigwyr goleuo, setiau, gweinyddwyr ac, wrth gwrs, actorion.

Roedd hi felly'n gryn anrhydedd i Gwmni Theatr Cymru dderbyn y gwahoddiad yma i gloi'r gweithgareddau gyda'r cynhyrchiad hwnnw o *Under Milk Wood*, gyda Malcolm Taylor fel cyfarwyddwr gwadd. Fi oedd y Llais Cyntaf, ac er 'mod i wedi bod mewn cynyrchiadau eraill o'r ddrama fe ddysgais i lawer gan Malcolm Taylor, oedd yn cael ei gydnabod fel arbenigwr ar y ddrama. Roedd e eisoes wedi ei chynhyrchu yn y West End a chyda chwmni arall yn yr Alban.

Yn ystod haf 1977 roedd y cynhyrchiad wedi ei lwyfannu yn Theatr y Wennol ym Metws y Coed am hanner yr wythnos ac yn Theatr Gwynedd am yr hanner arall – ar gyfer twristiaid gan fwya. Mi fyddai llond byseidie ohonyn nhw'n cyrraedd o wersylloedd a pharciau carafannau y Rhyl a Llandudno ac ati, ac ar lawer cyfri doedd e ddim y math o adloniant y byddech chi wedi disgwyl i lawer ohonyn nhw ei chwennych. Ond fe gawson ni gynulleidfaoedd da a gwerthfawrogol.

Roedd e'n gynhyrchiad cwbl statig. Roedd Malcolm Taylor wedi trin y ddrama yn union fel roedd Dylan Thomas wedi ei thrin – *a play for voices*. Yr unig beth oedd yn newid oedd y goleuadau. Cynhyrchiad diddorol iawn ac un â rhywbeth arbennig iawn yn ei gylch. Fe ddywedodd 'Nhad mai dyna'r cynhyrchiad gorau o *Under Milk Wood* welodd e erioed. Cafodd y cynhyrchiad gystal derbyniad fe aed ag ef ar daith – trwy Loegr i ddechrau ac yna i ogledd Ewrop o dan nawdd y Cyngor Prydeinig. Mae'r Cyngor yn dewis un cwmni Prydeinig bob blwyddyn i'w noddi ar daith dramor – a hyd y gallaf gofio, dyna'r unig dro i Gwmni Theatr Cymru gael ei ddewis.

Wyth ohonom oedd yn y cast – Aubrey Richards, Gwyn Parri, Valmai Jones, Grey Evans, Jennifer Hill, Sharon Morgan, Dyfed Thomas a fi. Nid yr un cast yn union ag a fu yng ngogledd Cymru, ond yr un cynhyrchiad.

Mi fyddai gan Aubrey Richards (oedd yn chwarae rhan Captain Cat) gan o Worthington E gydag e bob tro y gwelwn i e – a dyma fi'n gofyn iddo ryw dro pan o'n i'n siarad ag e yn ei stafell shwt yn y byd oedd e'n llwyddo i ddod o hyd i far neu siop oedd yn gwerthu'r stwff drwy'r amser. 'Wy wedi dod â nhw gyda fi,' oedd yr ateb. 'Alla i ddim diodde'r cwrw ma nhw'n yfed rownd ffordd hyn.' Roedd e wedi cario dwsinau o ganiau gydag e. Duw a ŵyr pa mor drwm oedd ei gesys e! Doedd dim disgwyl i neb ond fe'i hunan eu cario nhw, diolch i'r drefn.

Ar ddechrau'r daith, yn dawel bach, rown i wedi bod yn cachu brics yn poeni beth fyddai cynulleidfaoedd Sgandinafia'n ei wneud o'r ddrama. Mae hi'n dechrau gydag araith hir, yn y lle cyntaf, a heb fod gan ddyn grap iawn ar yr iaith fe all hynny ynddo'i hun fod yn fwrn a gwneud i bobl aflonyddu. Ond fe ddywedodd rhywun cyn inni ddechrau am beidio â phryderu dim, y caem ni gynulleidfaoedd da yno.

A gwir y dywedwyd. Doedd dim angen imi fod wedi becso dim achos fe gawson ni gynulleidfaoedd llawn ym mhob man. Yn Sweden bu'n rhaid inni wneud tri pherfformiad ychwanegol am fod cymaint o bobl am weld y ddrama.

Ar ein noson gyntaf yn Oslo, lle dechreuodd y daith, rwy'n cofio eistedd yno ar y llwyfan yn crynu fel deilen. 'To begin at the beginning,' meddwn i pan gododd y goleuadau o'r diwedd. 'It is a spring, moonless night …'

Yn fuan iawn fe sylweddolais i fod y gynulleidfa gyda fi fel un gŵr – nid yn unig gyda fi, ond ar y blaen i mi! Roedden nhw i gyd yn gwybod y ddrama ar eu co'. Cael ar ddeall wedyn fod gwledydd Llychlyn wedi dwlu'n lân ar Dylan Thomas, gyda sawl cymdeithas yn noddi'i waith.

Ar ôl dychwelyd fe dderbyniodd Wilbert Lloyd Roberts lythyr gan rhywun yn dweud cymaint o lwyddiant fu'r daith ac yn sôn fod nifer o gwmnïau wedi'u hysgogi i fwrw iddi gyda'u cynyrchiadau eu hunain o *Under Milk Wood* ar ôl gweld ein cynhyrchiad ni. Cyn hynny, roedden nhw'n gyfarwydd iawn â'r gwaith ond erioed wedi mentro ar gynhyrchiad.

Roedd y daith drwyddi draw yn wefreiddiol, y golygfeydd wrth deithio o le i le yn ffantastig ac fe gawsom groeso anhygoel ym mhobman.

'Rhaid yw eu tynnu i lawr' … yn Norwy!

Roedd ymgyrch tynnu arwyddion ffyrdd Cymdeithas yr Iaith ar ei hanterth erbyn canol y saithdegau, ond ychydig a ŵyr, efallai, i oblygiadau'r ymgyrch honno gael eu teimlo yn Oslo. Felly, nawr yw'r amser i gyfaddef fy rhan i yn y digwyddiad hanesyddol, arwyddocaol, er pur annelwig, hwn.

Noson gyntaf ein harhosiad yn y ddinas, reit ar ddechrau'r daith trwy Sgandinafia, oedd hi ac roedd Iestyn Garlick a fi wedi bod allan yn llyncu peint neu ddau … neu dri neu bedwar. Digon yw dweud bod y ddau ohonom ar yr ochr simsan o fod yn chwil. Ro'n i'n meddwl 'mod i'n nabod Iestyn yn bur dda cyn hyn, ond wrth fyw a bod ar y daith honno – yntau'n rheolwr llwyfan ac yn gyrru'r fan a phob math o bethau eraill i'r cwmni – y seriwyd ein cyfeillgarwch go iawn.

Wrth gerdded yn ôl i'n gwesty y noson gyntaf honno – y ddau ohonom wedi cael llond cratsh, fel y dwedes i – fe sylwon ni ar arwydd a dyma un ohonon ni'n dweud, 'Does 'na ddim Cymrâg ar hwnna. Rhaid iddo fe ddod lawr!'

Y peth nesa gofia i yw fod Iestyn ar ben fy sgwydde i yn gwneud ei orau glas i falurio'r arwydd 'ma. Lwyddon ni ddim i'w dynnu i lawr yn y diwedd – roedd e'n rhy solet – ond fe blygon ni fe a'i adael fel 'nny, yn hongian oddi ar ei bolyn ac yn edrych yn shimpyl iawn yr olwg.

Pan gyrhaeddon ni'n ôl i'r gwesty roedd hi'n rhialtwch mawr yno. Roedd pawb ar eu traed ac yn methu deall lle oedden ni wedi bod. Dyma ninnau'n sôn am y clwb anhygoel yma roedden ni wedi bod ynddo'n yfed. O fewn y clwb roedd 'na theatr yn dal cant a hanner o bobol ac fe aethon ni'n ôl yno, â phawb gyda ni, y noson drannoeth ar ôl ein perfformiad cyntaf yn Oslo.

Ond cyn i hynny ddigwydd roedd gyda ni'n diwrnod llawn cyntaf yn y ddinas a'r perfformiad cyntaf i edrych ymlaen iddo. Ar ôl brecwast dyma adael y gwesty a cherdded tuag at y theatr er mwyn cael ymarfer. Ac, yn sydyn, dyma Iestyn yn tynnu ar fy llawes i a gwneud imi oedi i edrych ar rywbeth.

'Edrych lle o'n ni,' meddai fe.

Wrth ardd gefn cartref brenin Norwy oedden ni – a dyna lle'r oedd yr arwydd yn dal yn dyst i'n hanfadwaith. Daeth chwys oer drosta i!

Hanner canllath oddi wrth y gwrthrych trist yr olwg roedd milwr arfog yn sefyll ar ddyletswydd. Ble oedd e'r noson cynt, dyn a ŵyr, ond roedd Iestyn a finne'n falch iawn nad oedd e'n sefyll yn yr union fan honno.

Mae'n anodd dychmygu'r embaras diplomatig a fyddai wedi codi petaen ni wedi cael ein dal. Wedi'r cwbwl, roedden ni yno gyda chwmni a oedd ar ymweliad â'r wlad o dan nawdd y Cyngor Prydeinig, yn cynrychioli'r gorau o theatr, nid Cymru yn unig, ond y deyrnas oll.

Heb fynd â'r mater o flaen Senedd y Gymdeithas na neb arall, fe benderfynodd Iestyn a minnau yn y fan a'r lle mai dyna fyddai diwedd yr ymgyrch arwyddion yn Norwy!

Cafiâr a chariad!

O herwydd nawdd y Cyngor Prydeinig i'r daith roedd disgwyl inni fel cwmni fynd i dderbyniadau gyda'r Conswl neu'r Llysgennad Prydeinig yn y prifddinasoedd lle roedden ni'n perfformio. Ac arswyd y byd, bu hynny'n berfformiad ynddo'i hun ar brydiau! Y mae dau beth am y derbyniad a gynhaliwyd ar ein cyfer yn Oslo yn aros yn y cof. Fe flasodd Valmai Jones ei chafiâr cyntaf ac fe syrthiodd un o'r criw o actorion mewn 'cariad' dros ei ben a'i glustiau.

Roedden ni i gyd yno erbyn tua 5.20, gan feddwl y byddai'n anghwrtais inni droi lan yn hwyr. Ond mae'n amlwg mai prydlondeb i'r funud yw prydlondeb protocol, achos cael ein cadw i aros wnaethon ni. 5.30 oedd yr amser ar y gwahoddiad a daeth yn amlwg na chaem ni fynd ar gyfyl drws yr ystafell lle roedd y derbyniad i'w gynnal tan yr union amser hwnnw.

Awr oedd hyd y derbyniad i fod ac fe gawson ni'r syniad mai awr union i'r eiliad fyddai hyd a lled y lletygarwch. Wastraffwyd dim amser felly yn gwneud yn siŵr ein bod ni i gyd yn cael cymaint o win ag y gallen ni ei yfed – roedd wynebau'r gweinyddion 'ma oedd yn gorfod mynd yn ôl ac ymlaen i gyflenwi ac ailgyflenwi eu hambyrddau yn bictiwr. Dw i ddim yn credu eu bod nhw wedi gweld neb yn llyncu glaseidiau o win mor gyflym o'r blaen!

Roedd bwyd yno hefyd, wrth gwrs, wedi ei osod ar fwrdd bach ar hyd ymyl un wal o'r ystafell, ac ar un plât roedd darnau bach o gafiâr ar rhyw fisgedi bychain. Fe wyddwn i beth oedd e, fel mae'n digwydd, ond dw i ddim yn meddwl bod Valmai erioed wedi gweld na blasu shwt beth yn ei byw – a dyma hi'n gweiddi ar draws y lle, 'O! Sbiwch! Cachu llygod bach! Be maen nhw'n feddwl ydan ni yng Nghymru, deudwch?'

Trwy lwc, doedd neb ond ni'r Cymry'n medru ei deall.

Y Conswl oedd yn cynnal y derbyniad, gyda'i wraig a'i ferch yn bresennol a llond ystafell o hangyrs-on y gwasanaeth diplomatig yn llenwi'r lle.

Newydd gyrraedd o Lundain, lle'r oedd hi'n mynychu ysgol breswyl, oedd merch y Conswl. Merch bert ryfeddol, tua dwy ar bymtheg oed. Fe wirionodd un cyd-actor arni'n lân. Yn ddiweddarach y noson honno rwy'n ei gofio fe'n dweud wrtha i, 'Rwy wedi syrthio mewn cariad,

Huw … â merch y *Consul.*'

'Paid â bod mor blydi stiwpid,' medde fi wrtho, ac fe fuon ni i gyd yn chwerthin am ddyddie wrth ei weld yn ceisio meddwl am esgusodion i fynd 'nôl i weld y Conswl, yn y gobaith o gwrdd â'r ferch unwaith eto. Druan ag e! Rwy'n ofni mai gorfod byw heb ei gweld hi wnaeth e!

Tâp amhrisiadwy

Ar wahân i wewyr gastronomig Valmai a'r gwewyr carwriaethol a gynhyrfodd un galon, yr atgof clir arall sy 'da fi o'r orig yna yn y Gonswliaeth oedd sgwrs fer ges i 'da dyn oedd yn gweithio yno.

'I've got something of interest to you,' ddywedodd e. 'It's not really worth much to me, but I'll make sure it gets to you before you leave Oslo.'

Drannoeth, pan gyrhaeddais i'n stafell wisgo yng nghefn y theatr, roedd parsel bach yno â'n enw i arno. Agores i mohono'n syth ac roedd e'n dal heb ei agor ar ddiwedd y perfformiad pan es i'n ôl i'r gwesty.

Yr hyn ddois i o hyd iddo ar ôl ei agor maes o law oedd tâp, a dyma fenthyg peiriant rhywun er mwyn cael ei chwarae. Tâp o berfformiad yn Efrog Newydd o *Under Milk Wood* oedd e, gyda Dylan Thomas ei hun yn gwneud y Llais Cyntaf. Roedd e'n berfformiad unigryw a recordiwyd ar achlysur hanesyddol.

Un diwrnod roedd Dylan Thomas wedi llogi un o neuaddau enwocaf Efrog Newydd ac roedd ganddo ddau actor i ymuno ag ef ar y llwyfan. Ar gyfer gweddill y cast, yr hyn wnaeth e oedd stopio dieithriaid yn y stryd a hel ambell un o far cyfagos a gofyn iddyn nhw fydden nhw'n fodlon dod i ddarllen rhywbeth iddo. Ac felly, gyda phobl oddi ar strydoedd Manhattan, y rhoddwyd y cynhyrchiad ynghyd. Mae'n ddigwyddiad enwog – a diau fod y tâp ohono'n amhrisiadwy. Er nad fy nhâp i yw'r unig un sydd ar gael yn y byd, ychydig iawn gafodd erioed gyfle i glywed y cynhyrchiad hwnnw gan nad yw erioed wedi bod ar gael yn fasnachol.

Dwy lysgenhades a dau fachgen drwg!

Parti bythgofiadwy yw'r un gynhaliwyd ar ein cyfer yn Helsinki. Nid mewn Conswliaeth oedden ni y tro hwn, ond yn y Llysgenhadaeth Brydeinig ei hun, a hynny yn hwyr y nos, ar ôl y perfformiad yn y theatr. Roedd hwn yn barti nid i ni yn unig ond i gwmni sefydlog y theatr lle'r oedden ni'n perfformio hefyd.

Yr argraff gyntaf ges i wrth gyrraedd oedd un o gyfoeth. Dw i erioed wedi bod mewn lle mor foethus, gyda thomenni o'r bwydydd gorau y gall dyn eu dychmygu. Roedd yna fwydydd cynnes a gweinyddion yn dod rownd i ofalu eich bod chi'n cael eich gwala. A'r gwinoedd a'r gwirodydd wedyn. Digonedd o bopeth.

Roedd tyrfa i'w digoni. Rhwng ein cwmni ni a chriw'r theatr ei hun, roedd hynny'n hanner cant o bobl. Yna, yn ogystal â'r llysgennad a'i wraig a'i ferch – oedd, roedd gan hwn eto ferch – roedd Llysgenhadon Ffrainc a Japan yn y ddinas hefyd wedi eu gwahodd, a'u gwragedd hwythau. A does dim isie dweud bod toreth o'r swyddogion arferol yn chwyddo'r niferoedd.

Yn eistedd ar y naill law imi oedd y Llysgennad Prydeinig, gyda gwraig Llysgennad Ffrainc ar y llall – menyw hardd dros ben a thipyn iau na'i gŵr, roedd hynny'n amlwg. Fe ddes i ymlaen yn dda gyda hi a, rhaid dweud, roedd y gwmnïaeth gyfan yn ddifyr dros ben. Roedd pawb oedd yn bresennol wedi bod yn y perfformiad ynghynt y noson honno ac rown i'n cael fy nhrin fel *pin-up* gan bawb gan taw fi oedd y Llais Cyntaf yn y ddrama. Cafwyd rhyw elfen weddol ffurfiol i'r noson – fe wnaeth Wilbert araith ac fe rois inne air o ddiolch ar ran y cwmni ac ati – ond o ystyried lle'r oedden ni roedd naws gyffredinol y noson yn un hynod o hwyliog ac agos atoch chi.

Yna, yn ddisymwth, dyma Wilbert yn gorchymyn, 'Reit! Pawb adre!'

Chofia i ddim faint o'r gloch oedd hi'n gwmws – tua un ar ddeg, efallai – ond doedd gen i ddim bwriad gadael gyda'r noson ond megis dod i'w blas, fel petai. Ac ar ben hynny, fe ddaeth gwraig y Llysgennad Prydeinig ata i a sibrwd, 'You don't have to go yet, do you?' yn fy nghlust.

'Good God, no!' atebais. 'Don't worry. I have no intention of leaving.'

Fe ddaeth hi'n amlwg fod y rhai oedd yn byw wrth ddilyn protocol nosweithiau fel hon fel arfer wrth eu boddau o gael noson lle gallen nhw ymlacio a mwynhau eu hunain. Pethe digon stiff oedd y partïon hyn iddyn nhw fel arfer, siŵr 'da fi.

Dyma fi'n dweud wrth Iestyn Garlick, 'Paid ti â symud cam i fynd 'nôl i'r gwesty, a paid â becso am Wilbert. Fe wyneba i Wilbert yn y bore.' Fe ddywedais i'r un peth wrth y lleill, ond o fewn ychydig funudau dyna lle'r oedd Wilbert yn gwneud ei orau glas i gasglu pawb ynghyd.

Yn fuan wedyn fe ddaeth gwraig Llysgennad Ffrainc ata i a dweud bod yn well iddi hithau fynd. Roedd ei gŵr eisoes wedi gadael ac roedd hi'n awyddus i fynd yn ôl i weld ei merch. Dim ond ar draws lawnt go eang oedd Llysgenhadaeth Ffrainc a dyma fi'n cynnig ei hebrwng i'r drws. Nawr, rhaid imi gyfadde imi gael fy nhemtio i gamfihafio. Roedd y cyfle i wneud hynny yna ar blât i mi, ond ymatal wnes i.

Pan gyrhaeddais i'n ôl i'r parti roedd Wilbert a gweddill y trŵps ar fin gadael, ond fe ddywedodd Iestyn wrtho, 'Na, wy'n aros gyda Huw Ceredig.'

'Beth?' dywedodd Wilbert.

'Ma Huw'n mynd i aros rhyw hanner awr fach arall ac rwy'n mynd i aros 'dag e i gadw cwmni,' atebodd Iestyn. (Doedd e ddim i wybod 'mod i newydd gael cynnig cadw cwmni o fath gwahanol iawn ddeng munud ynghynt!)

Chwarae teg i Iestyn. Roedd ei sefyllfa fe mewn perthynas â Wilbert dipyn yn wahanol i'n un i. Actor rhyddgyfrannol dan gytundeb i'r cwmni own i, ond roedd Iestyn ar staff y cwmni. Fe ddangosodd e gryn gyts yn sefyll lan iddo fe'r noson honno.

'Fe gawn ni weld am hyn yn y bore,' dywedodd Wilbert a bant â fe a gweddill y Cymry, gan adael, yn y diwedd, y Llysgennad a'i wraig a'u merch.

'I have matters of state to attend to in the morning and I really must go to bed,' cyhoeddodd y Llysgennad maes o law. 'I leave you in the capable hands of my dear wife. Thank you for your company, Huw and Iestyn.'

Ar ôl iddo fynd fe ges i'r ddwyawr ryfedda ges i erioed yn fy myw. Y peth cyntaf wnaeth y Llysgenhades oedd rholio'r carped 'nôl er mwyn inni gael dawnsio. Fe alwodd hi am fiwsig i gael ei chwarae a dyna fuodd. Iestyn yn dawnsio gyda'r ferch a fi gyda'r fam, gydag egwyl bob hyn a hyn pan fydden ni i gyd yn cael hoe, eistedd i lawr, cael sgwrs a llyncu hanner potel o win yr un.

Yn ystod un o'r egwyliau hyn fe gymerodd hi Iestyn a fi i'r pantri yma oedd gerllaw. Roedd yno boteli o'r llawr i'r nenfwd ac ar un silff roedd sigârs a sigaréts. 'When you leave this evening, help yourself to anything you want,' meddai hi. 'There are bags on the floor over there. Take one each and pick whatever you want. You've given us one of the best nights we've ever had here.'

Doedd dim angen iddi ailadrodd y gwahoddiad. Erbyn inni adael yn oriau mân y bore a Helsinki jest yn dihuno yng ngoleuni cynta'r dydd, dyna lle'r oedd Iestyn a finne'n llwythog dan fagiau yn llawn gwerth cannoedd o bunnau o stwff, yn boteli a sigaréts.

Gwesty dirwestol oedd yr un lle'r oedden ni'n sefyll. Roedd hynny eisoes wedi achosi geiriau croes pan gyrhaeddon ni – i feddwl bod Wilbert wedi bwcio criw o actorion i westy heb far! Ond fu dim yn ddirwestol am ystafelloedd Iestyn a fi am weddill ein harhosiad ni yno. Fe rannon ni'n hanrhegion hael ar draul pwrs y wlad gyda gweddill y cwmni yn y bore – ond chawson ni byth mo'r cerydd roedd Wilbert wedi ei fygwth. Soniwyd erioed yr un gair am safiad heriol Iestyn a fi byth wedyn.

Rai misoedd yn ddiweddarach roedd Iestyn a fi yn rhannu tŷ ym Mangor ac yn gweithio ar gynhyrchiad arall i Gwmni Theatr Cymru. Un noson, be glywn i ond Iestyn yn galw arna i i ddod i weld yr hyn oedd ar y teledu ar frys. Eitem ar y newyddion oedd ymlaen ganddo. Roedd y Frenhines ar ymweliad â'r Ffindir a dyna lle'r oedd hi yng nghwmni'r Llysgennad a'i deulu – ond mae'n amheus gen i a wnaeth y Llysgenhades rolio'r carped yn ôl ar gyfer ei hymwelydd hi y diwrnod hwnnw!

The Mouse and the Woman

Dylan Thomas aeth â fi i Lychlyn – ac, yn anuniongyrchol, fe hefyd ddaeth â'n rhan gynta imi mewn ffilm go iawn. Roedd *The Mouse and the Woman* yn seiliedig ar stori fer ganddo a chafodd ei ffilmio yn 1980, ar leoliad yn Sir Benfro, gyda Dafydd Hywel, Karen Archer, Alan Devlin a John Pierce Jones hefyd mewn rhannau blaenllaw a Karl Francis yn cyfarwyddo.

Gydag enw Dylan Thomas yn gysylltiedig â'r ffilm, dyw hi ddim syndod, mae'n debyg, fod y cyfnod ffilmio wedi bod yn un o'r *shoots* mwya alcoholig y bues i arno erioed. Roedden ni'n aros mewn lle o'r enw'r Welsh Kitchen, lle cawson ni i gyd amser difyr iawn. Dyma ddod i lawr i frecwast un bore a chael Karl, un o'r cynorthwywyr cyntaf ac Alan Devlin yn dal i yfed a chwarae cardiau ers y noson gynt! Aethpwyd ymlaen ag amserlen ffilmio'r diwrnod hwnnw heb i'r llond bol o ddiod a'r diffyg cwsg fennu dim ar yr un o'r tri.

Cafodd Karl y gorau ar ei alcoholiaeth ymhen amser a ches innau weithio gydag ef sawl tro eto wedyn – rhywbeth na fyddai wedi digwydd, mae'n debyg, pe na bai wedi llwyddo i wneud hynny.

Dyn cymhleth ac anodd iawn yw Karl ar brydiau, yn enwog am leisio'i farn yn groch, gan gynnwys ei fytheirio mynych yn erbyn yr iaith Gymraeg: '*Unless you're a Welsh speaker, you may as well be living in Poland!*' yw un o'r honiadau mwy abswrd na'r cyffredin ganddo sy'n aros yn y cof.

Rhaid ei fod yn gwybod mor gwbl groes i'w ddaliadau e yw'n rhai i. Thales i erioed sylw iddo pan fyddai yn ei hwyliau drwg a chymerodd ata i am ryw reswm. Pryd bynnag y bydda i'n dod ar ei draws, mae sgwrs ddifyr rhyngom ac mae e wastad yn mynnu ein bod ni'n cael gêm o golff 'da'n gilydd.

Tra llwyddodd Karl i gael y gorau ar y botel, nid dyna fu hanes Alan Devlin. Pan gastiwyd e yn *The Mouse and the Woman*, roedd e newydd ennill Gwobr Olivier am berfformiad ar y llwyfan yn Llundain ac roedd gyrfa gyffrous fel petai'n ymestyn o'i flaen. Ond nid felly y bu, ysywaeth. Yn ôl y sôn, mae'r actor Gwyddelig a oedd unwaith mor olygus ac ar fin bod yn seren ddisglair yn byw erbyn hyn mewn hostel i'r digartref yn Nulyn ers rhai blynyddoedd.

Er nad oes gen i gof i Karen Archer gael prif ran yn yr un ffilm arall, fe barhaodd ei gyrfa yn bur lewyrchus ar y teledu – hi fu'n chwarae *The Chief* ar un adeg yng nghyfres boblogaidd ITV.

Ivor Emmanuel, Stan Stennett a'r 'hen frenhines'!

Pan wnes i bantomeim gydag Ivor Emmanuel yn y Theatr Newydd, Caerdydd, yn ystod gaeaf 1979/80, fe ddes i'n ffrindiau da 'dag e. Ni ein dau oedd yr unig siaradwyr Cymraeg yn y cwmni. Un o bantomeimiau Stan Stennett oedd *Billy and Bonzo Meet Robin Hood* ac fe redodd am dri mis a mwy – gyda phob perfformiad yn llawn i'r ymylon.

Mae Stan yn enwog am fod yn dipyn o deirant wrth redeg ei gwmni – yn disgwyl proffesiynoldeb llawn gan bawb gydol yr amser. Digon teg oedd hynny, ond ar ddau achlysur yn ystod rhediad y sioe fe aeth pethau'n draed moch ar ei waetha!

Un dydd Gwener, tua diwedd y cyfnod, rown i wedi dod i'r theatr yn gynnar gyda'r bwriad o wneud tipyn o siopa yng Nghaerdydd ddiwedd y prynhawn, cyn y perfformiad. Dydd Gwener oedd yr unig ddiwrnod pan nad oedd ond un perfformiad, felly dyma fi'n galw yng nghefn y theatr i ollwng fy magiau yno. Daeth yn amlwg yn syth fod rhyw strach. Roedd y porthor yn falch iawn o'm gweld.

'Oh, thank God! Thank God!' oedd bron â bod yr unig eiriau allwn i gael mas ohono. 'He won't talk to anyone – only you!'

'Who?' gofynnes i.

'Come with me.'

Dyma fi'n ei ddilyn i ystafell newid Ivor a chael y dyn ei hun ar led ar y llawr, yn amlwg yn feddw gaib.

'O, Huw bach! Huw bach!' ebe Ivor wrth fy ngweld.

Ymhen hir a hwyr dyma ddeall ei fod wedi bod 'nôl ym Mhont-rhyd-y-fen amser cinio, yn agor clwb newydd yno. Aeth y dathliadau dros ben llestri braidd, roedd hi'n amlwg, ac roedd ei fêts wedi ei yrru i Gaerdydd a'i adael i'w iachawdwriaeth ei hun yn y theatr.

Cafodd pob ystryw y gwyddwn i amdani i sobri dyn ar frys ei defnyddio'r prynhawn hwnnw. Fe arllwysais alwyni o goffi du i mewn iddo a cheisio ei gael i ddeall fod perfformiad 'da ni ymhen dwyawr.

Erbyn i'r llenni godi roedd Ivor yn ei wisg briodol ac ar y llwyfan, ond ar wahân i hynny mae'n anodd dweud dim byd cadarnhaol iawn am ei berfformiad y noson honno. Pan ddaeth yn bryd iddo ganu ei gân gyntaf fe safodd yn stond heb yr un gair yn dod o'i enau. Rwy'n cofio sefyll y tu ôl iddo, yn cydio ynddo i'w gael i sefyll yn llonydd ac yn sibrwd yn ei glust fod angen iddo ganu'r gân roedd y band (dan arweiniad Wayne Warlow) yn ei chwarae. Ar ôl i Wayne a'r band ail-adrodd yr *intro* ryw ddwywaith fe ddechreuodd Ivor ganu. Yn anffodus, nid yr un gân â'r band!

Taflodd Wayne ei faton i'r awyr mewn anobaith a pharhaodd Ivor â'r gân anghywir yn ddigyfeiliant.

Yna, fe ymddangosodd Sheriff Nottingham – dyn drwg y panto, wrth gwrs. Roedd actor reit adnabyddus yn y rhan honno – dyn mawr, tal, cydnerth o ran pryd a gwedd ac un effeithiol iawn fel dyn cas ar lwyfan, ond nid yr un oedd yr argraff roedd e'n ei chreu fel fe'i hunan!

Llinell Robin Hood (Ivor Emmanuel) iddo pan ddeuai ymlaen ar ddiwedd y gân oedd, 'Ah! There you are, my lord!', ond yr hyn gafwyd y noson honno oedd, 'Ah! There you are, you old queen!'

Fe gerddodd yr actor oddi ar y llwyfan a bron na allai'r gynulleidfa ei glywed yn bytheirio o'r *wings* am yr actorion Cymreig amaturaidd 'ma! Roedd yn mynnu cael ymddiheuriad gan Ivor cyn y byddai'n camu'n ôl ar y llwyfan i barhau gyda'r sioe.

Fe aeth Stan yn boncyrs! Gallwn ei glywed o'r llwyfan yn dal pen rheswm gyda'r Sheriff er mwyn inni gael bwrw ymlaen 'da'r olygfa. Llwyddodd i'w berswadio i ddychwelyd i'r llwyfan o'r diwedd, ar ôl addo iddo y byddai Ivor Emmanuel yn cael ei gosbi'n drwm am y sarhad.

Oedd, roedd honno'n noson i'w chofio, ond roedd gwaeth i ddod.

Nos Sadwrn ym mis Chwefror 1980 i fod yn fanwl gywir. Diwrnod gêm gynta Pencampwriaeth y Pum Gwlad y flwyddyn honno – gyda Chymru'n chwarae'r Alban ar Barc yr Arfau. A'r noson honno oedd perfformiad olaf *Billy and Bonzo Meet Robin Hood*, gyda'r theatr, unwaith eto, dan ei sang.

Fe ddechreuodd fwrw eira ganol y prynhawn, heb i'r ffaith beri gormod o bryder i unrhyw un o'r cwmni. Aeth perfformiad y prynhawn yn dda a chan mai hwnnw oedd ein diwrnod olaf gyda'n gilydd fel cwmni roedd 'na ysbryd 'diwedd tymor' braidd tu cefn y llwyfan. Roedd cans o gwrw o gwmpas y lle a phawb mewn hwyliau da – pawb ar wahân i Stan Stennett, hynny yw! Roedd ei gi (y 'Bonzo' yn y teitl) yn diflannu trwy'r amser, gyda'r cast yn chwarae triciau arno a Stan yn ymateb trwy fygwth na fyddai neb ohonom byth yn gweithio eto ac yn y blaen. Pantomeim i orffen tri mis o bantomeim, fe allech ddweud. Ac os oedd hi'n bantomeim yn y Theatr Newydd, roedd hi hefyd yn ddrama ar strydoedd Caerdydd – a hynny heb i neb ohonom sylweddoli'n iawn tan tua 8.15 yr hwyr.

Dyna pryd y cyrhaeddodd yr heddlu i gefn y llwyfan i fynnu ein bod yn atal y sioe er mwyn iddyn nhw wneud cyhoeddiad. Roedd y sefyllfa cynddrwg ar y ffyrdd, dyma orfodi pawb oedd wedi dod ar fws neu o bellter – enwyd llefydd fel Merthyr a'r Rhondda – i adael ar unwaith oherwydd y lluwchfeydd oedd ledled de-ddwyrain Cymru. Hanerwyd maint y gynulleidfa ar amrantiad yna, ar ôl seibiant o rhyw ddeg munud i roi cyfle i'r holl bobl 'ma adael, ymlaen â ni gyda'r sioe ...

Tan 8.45, hynny yw. Bryd hynny daeth yr heddlu'n eu hôl a dyma waredu cyfran bellach o'r dorf – pawb oedd yn byw i'r gorllewin o Ben-y-bont y tro hwn. A digwyddodd yr un peth eto am 9.15 – ecsodus arall! Erbyn rhan olaf y perfformiad dim ond saith o bobl oedd ar ôl yn y gynulleidfa.

Yn ôl hen draddodiad theatrig, os oes mwy o bobl yn cymryd rhan ar y llwyfan nag sy'n eistedd yn y gynulleidfa caiff y perfformiad hwnnw ei ganslo. Ond er mor selog oedd Stan Stennett i safonau ac arferion y theatr, daeth yn amlwg nad oedd y traddodiad arbennig hwnnw at ei ddant. Rhaid oedd parhau gyda'r sioe tan y diwedd yn deg.

Rhyngom ni'r actorion, y dawnswyr a'r band, roedden ni'n gwmni o 26 ac wn i ddim sut y llwyddon ni i fynd drwy ein pethau y noson enwog honno o storm eira yng Nghaerdydd. Mae gen i gof ein bod ni rhannu'r caniau cwrw gyda'r ffyddlon saith erbyn y diwedd. Doedd dim angen inni boeni bod neb ohonyn nhw'n gyrru – rhaid fod pob copa walltog ohonyn nhw'n byw o fewn tafliad carreg i'r Theatr Newydd neu fyddai'r heddlu ddim wedi gadael iddyn nhw aros!

Erbyn hyn, mae'r diwrnod hwnnw pan ddaeth yr eira mawr yn rhan o hanes, os nad chwedloniaeth, Caerdydd. Effeithiwyd ar ardal eang ac roedd Bro Morgannwg cynddrwg ag unman. Gartre yng Ngwehelog, bu merch ifanc o ardal Gorslas yn llochesu gyda ni am noson neu ddwy a throdd holl bentref Trelales yn wersyll ffoaduriaid. Cymerodd llawer o'r brodorion bobl oedd wedi gorfod gadael eu ceir i'w cartrefi. Agorwyd yr ysgoldy a bu pobl yn cysgu ar lawr yno am noson neu ddwy – ac fe arhosodd y Mackworth ar agor bedair awr ar hugain y dydd am ryw dridiau.

Diar, Diar Doctor

Roedd y gyfres hon, gan Wil Sam a John Pierce Jones, yn arwyddocaol nid yn unig i mi, ond i S4C hefyd. Yn ôl yn 1981, hon oedd y gyfres gomedi sefyllfa gyntaf i'r sianel ei chomisiynu erioed.

Cymeriad go ymylol mewn ffilm o'r enw *O.G.* oedd Dr William Brady yn wreiddiol. Doedd fy ymddangosiad i yn honno yn ddim mwy na chameo ond fe gymerodd yr awduron at y ffordd rown i'n ei bortreadu a phenderfynwyd dyrchafu'r hen walch, 'Dr Shady', fel roedd pawb yn ei alw, i fod yn ganolbwynt ei gyfres ei hun. Roedd pedigrî da i'r gyfres – awduron tan gamp a chast da. Christine Pritchard a Hugh Tudor oedd gyda fi yn y gyfres gyntaf – hi fel y nyrs ac yntau fel rhyw fwtler a dyn gwneud tipyn o bopeth oedd yn gofalu am y doctor. Cymerodd Dafydd Dafis ifanc iawn y rhan honno yn yr ail gyfres.

Ffilmiau Tŷ Gwyn oedd y cwmni cynhyrchu, gyda Gareth Wyn Jones wrth y llyw – dyn o'r un anian a fi'n hunan mewn llawer ffordd. Roedd e fel petaen ni wedi'n magu gyda'n gilydd. Yn un peth, roedd y ddau ohonom yn hoff o'n diod, a Gareth ddysgodd fi i wneud y Singapore Gin Slings gorau yn y byd. A bod yn onest, do'n i erioed wedi cael un cyn cwrdd â Gareth, ond rwy wedi llyncu ambell un ers hynny.

Gyda chwmni mor ddifyr, doedd dim rhyfedd fod y cyfnod ffilmio'n amser mor bleserus. Mi fydde rhywun yn dweud ambell fore, 'Gwell inni gymryd rhyw saib bach am ddiod amser cinio, mae'n debyg?' A dyna ni.

Dyna ddiwedd ar ffilmio am y diwrnod hwnnw. Dyddiau difyr iawn.

Un diwrnod ym Mangor fe ddygwyd côt Dr Shady. Roedd hi'n gôt ysblennydd, a dim ond am eiliad adewais i hi ar do car wrth ymyl y lôn wrth inni ffilmio, ond mae eiliad yn ddigon i leidr. Diflannodd y gôt, gan achosi pob math o broblemau *continuity* i weddill y bennod honno.

Tra oeddwn yn ffilmio *Diar, Diar Doctor* rown i'n byw yn y Stables, Llanwnda – gwesty bendigedig. Menyw o'r enw Jenny Howarth oedd y perchennog, ac erbyn diwedd fy arhosiad yno rown i mwy neu lai yn rhedeg y bar iddi, ac yng nghyd-destun fy ngwaith fel barman answyddogol y cwrddais i â'm darpar chwaer-yng-nghyfraith, Bethan, gyntaf.

Un ifanc iawn oedd Bethan ar y pryd ac roedd hi yno ar gyfer cinio Nadolig y banc lle'r oedd hi'n gweithio. Rown i wedi bod yn tynnu sgwrs 'da hi dros y bar wrth weithio. Roedd hi'n amlwg yn gwybod pwy oeddwn i – ac yn amlwg wedi cofio pwy oeddwn i hefyd, achos rai blynyddoedd wedyn, pan ddechreuodd hi a Dafydd Iwan ganlyn, fe ddywedodd hi wrtho am y tro y bu iddi gwrdd â'i frawd mawr ym mar y Stables. Bellach mae hi'n wraig iddo ers blynyddoedd, ac yn fam i fy nau nai, Caio a Celt.

Roedd trydedd gyfres o *Diar, Diar Doctor* yn yr arfaeth, ond am ryw reswm fe newidiodd S4C ei meddwl yn hwyr iawn yn y dydd. Er bod y sgriptiau bron â bod yn derfynol a phopeth, chafodd hi erioed mo'i gwneud, ac rown i'n teimlo bod hynny'n gam gwag. Fe dyfodd y rhaglen o gyfres i gyfres ac rwy'n argyhoeddedig y byddai wedi codi i lefel hymdingar go iawn erbyn y drydedd.

Ond os amddifadwyd y genedl o'r pleser hwnnw, chafodd hi mo'i hamddifadu o 'mhen-ôl i! Roedd golygfa wedi ei ffilmio wrth recordio un o benodau'r ail gyfres lle roedd y tywel wedi disgyn oddi ar fy ngwregys wrth imi redeg am y tŷ bach. Fe ges i bob sicrwydd gan Gareth nad y shot honno fyddai'n cael ei defnyddio, ond fe ddylwn i fod wedi gwybod yn well na'i gredu!

Meddwdod mawr yn Nulyn

Yn ystod ail gyfres *Diar, Diar Doctor* fe fuon ni am wythnos gyfan yn ffilmio pennod yn Nulyn. Ymunodd fy hen ffrind Robin Griffith â'r cast arferol fel cyd-feddyg a hen ffrind i Dr Shady. Yng ngwesty'r Gresham ar O'Connell Street, un o westai enwoca Dulyn, oedden ni'n aros, gan gymryd drosodd llawr uchaf y gwesty i gyd ar gyfer ffilmio.

Amser cinio un dydd fe es i mas i osod bet yn y siop bwci – ac fe enilles i dros £1,500. Pan es i'n ôl i gasglu'r enillion a dod 'nôl i'r gwesty dyma ddweud bod siampên i fod i bawb. Roedd rhai'n dal wrthi'n ffilmio ar y pryd, ond fuodd neb yn hir cyn troi at rannu yn y dathlu. Yr unig gof sy 'da fi o weddill y diwrnod yw gweld pawb yn cario poteli o *pink champagne* o gwmpas y lle. Mae gwesty adnabyddus arall, o'r enw'r Great Western os cofia i'n iawn, gyferbyn â'r Gresham, a dyna lle oedd pobl yn croesi'r ffordd ddwy lôn gyda'r poteli siampên 'ma. Shwt y da'th yr ail westy'n rhan o'r rhialtwch, dyn a ŵyr, ond doedd neb yn rhyw boeni llawer ar y dydd. Ar un pwynt fe dda'th rheolwr y Gresham ata' i a dweud, 'We're about to run out of champagne, sir. Shall we rush out to fetch some more?' Dyna'r unig dro erioed imi yfed gwesty'n sych o siampên.

Yffach o barti – hyd yn oed yn ôl safonau Dulyn. A dyma ddihuno bore wedyn 'da'r pen tost mwya diawledig. Rown i yn fy ngwely'n hunan, er nad oedd gen i syniad yn y byd shwt y cyrhaeddais i yno. Gallwn weld golau dydd yn brwydro'i ffordd drwy gonglau'r llenni a dyma feddwl bod yn well imi ymbalfalu am fy wats ar y bwrdd wrth ochr y gwely.

Nefi wen! Bu bron imi gael ffit. Roedd hi'n 12.30 y prynhawn ac rown i i fod lan ar y llawr uchaf yn barod i ddechrau ffilmio am 8.30 y bore. Er 'mod i wedi cael digonedd o sbort ar bob math o gynyrchiadau dros y blynyddoedd, rwy wastad wedi gwybod lle mae'r llinell rhwng y joio a chadw safonau proffesiynoldeb. Fues i erioed yn feddw neu'n anabl i wneud 'y ngwaith yn iawn mewn ymarfer na stiwdio nac ar lwyfan chwaith. Ond y bore hwnnw, dyna lle o'n i, yn diodde'n enbyd o hangofyr a finnau i fod ar y set bedair awr ynghynt.

Ces gawod a gwisgo, gan ddechrau meddwl tybed pam nad oedd neb wedi dod i 'ngalw i neu i weld lle o'n i a finne mor hwyr. Ar ôl cael 'yn hunan i edrych mor ddeche â phosibl fe wnes i'n ffordd at y criw – ac rwy'n gallu cofio sefyll y tu fas i'r drws am funud, yn trial meddwl beth oedd y ffordd orau o ddelio â'r sefyllfa. Dyma benderfynu mai ymddiheuriad didwyll oedd y dewis gorau.

I mewn â mi, ac roedd golygfa ar ganol cael ei ffilmio. Er i ambell un amneidio i 'nghyfeiriad i, thalodd neb fawr o sylw. Aeth Gareth Wyn Jones, Christine Pritchard a'r dynion camera i gyd ymlaen â'u gwaith, yn gweithio ar yr olygfa dan sylw.

'Wel! Wy wedi'i gwneud hi nawr!' meddyliais i. Rown i wedi pechu, ac mi fyddai angen sachliain a lludw go iawn arna i i wneud fy mhenyd y tro hwn.

Pan ddaeth toriad yn y ffilmio fe gymerais i'r cyfle i ddechrau siarad: 'Gareth, a phawb arall …', meddwn i gan fwrw iddi â'r araith o ymgreinio edifeiriol rown i'n meddwl oedd ei hangen. Doeddwn i erioed wedi gwneud shwt beth yn fy mywyd o'r blaen, ebe fi. Fe ofalwn i na fyddwn i byth yn gwneud dim byd tebyg byth eto, es yn fy mlaen.

Drwy hyn i gyd, fe gedwais fy mhen i lawr, gan beidio edrych ar neb yn fwriadol. Ond fe ddigwyddais godi'n llygaid ymhen sbel a sylweddoli'n sydyn fod hanner yr ystafell yn eu dyblau'n chwerthin.

Yng nghanol rhialtwch y noson gynt roedden nhw wedi penderfynu ailwampio'r drefn ffilmio ar gyfer y diwrnod hwnnw, gan osgoi fy nefnyddio i o gwbl fel ffordd o ddiolch am y parti. Doedd dim gofyn i neb fod wrth ei bethau cyn 10.30 y bore, ac fe allwn i fod wedi aros yn fy ngwely'n iawn! Doedd mo'n angen i o gwbl – ond, wrth gwrs, o ran jôc roedden nhw i gyd wedi cynllwynio i beidio dweud dim o hyn wrtha i.

Christine Keeler a Chlwb y Kismet

Y chwedegau a'r saithdegau oedd oes aur clwb y Kismet yn Soho – roedd Richard Burton, Richard Harris a Peter O'Toole wedi torri syched yno aml i dro. Parhaodd y clwb yn ei fri trwy gydol yr wythdegau ac i mewn i'r nawdegau. Yn ogystal ag actorion, byddai'n denu cymeriadau brith o sawl byd arall hefyd, megis y gyfraith a gwleidyddiaeth. Pryd bynnag yr awn i yno roedd yno groestoriad difyr o bobl, ond rhaid dweud bod un prynhawn o ganol yr 80au yn sefyll mas.

Gwaith aeth â mi i Lundain y diwrnod hwnnw. Roeddwn i yng nghwmni John Bŵts, ac o bopeth dan haul, y rheswm dros ein trip oedd mynd i gael *fitting* am wig ar gyfer rhifyn o'r gyfres *Almanac* roedden ni'n ymddangos ynddo gyda'n gilydd.

Cawsom daith dda ar y Pullman o Gaerdydd gan adael tua chanol dydd a chael Owen Roberts (cynhyrchydd teledu a gŵr Ann Clwyd AS) yn eistedd ar ei ben ei hun yn y cerbyd bwyd. Dyma ymuno ag e a chael cinio hynod hwyliog yng nghwmni'n gilydd a'r sgwrs yn llifo cyn felysed â'r gwin.

Ar ôl ffarwelio ag Owen yn Paddington aeth John a fi i'r Kismet, oedd i lawr o dan lefel y stryd ergyd carreg o Charing Cross Road. Roedd John yn aelod yno. Do'n i ddim, ond dim ond imi lofnodi'r llyfr doedd dim problem. Wrth imi daro'n enw daeth John draw i sefyll wrth fy ymyl a chynhyrfu i gyd ar amrantiad.

'Sbia!' meddai. 'Sbia enw pwy sydd uwchben dy enw di. Christine Keeler.'

Roedd yr enw ynddo'i hun wedi hen ddod yn rhan o chwedloniaeth gwleidyddiaeth Prydain erbyn canol yr wythdegau, ac er bod ugain mlynedd wedi mynd heibio ers y dyddiau pan fyddai ei henw a'i hwyneb yn gwerthu papurau newydd wrth y miloedd, fe'i hadnabyddais yn syth. Ar stôl wrth y bar ar ei phen ei hun yr oedd hi, ei chorff mor osgeiddig ag erioed a'r gwallt llaes du yn dal i ddisgyn dros ei hysgwyddau. Fuodd hi erioed yn ferch brydferth iawn o ran pryd a gwedd, i'm tyb i, ond gallai ddal i dynnu sylw gyda'i hosgo a'i rhywioldeb.

Un arall oedd yno y prynhawn hwnnw – a chwedl arall yn ei faes ei hun, er fod y maes hwnnw ymhell o fyd Christine Keeler – oedd Keidrych Rhys y llyfrwerthwr. Rown i'n adnabod Keidrych fel cenedlaetholwr brwd ac un a safodd yn enw'r blaid mewn Etholiad Cyffredinol ryw dro, a chyn dim rhaid oedd mynd i dorri gair ag ef.

Eisteddodd y tri ohonom wrth fwrdd a chael dwy rownd o ddiodydd gyda'n gilydd. Erbyn y drydedd, fy nhro i oedd hi i fynd at y bar – ac yno, yn dal ar ei phen ei hun, roedd Christine Keeler yn dal i eistedd. Doedd dim modd yn y byd y gallwn i ei hanwybyddu a dyma dorri'r garw.

'Anyone who can bring down a government is worth talking to,' meddwn i.

'It's a long time ago now,' atebodd.

Ymunodd John â'r sgwrs cyn pen fawr o dro, ac wrth i'r diodydd luosogi a'r tafodau ymryddhau dyma hi'n dechrau sôn am ei chysylltiadau Cymreig. Byddai'n britho'i sgwrs gydag ambell air Cymraeg ac yn crybwyll teitl ambell gân Gymraeg.

'Where did you learn these songs?' gofynnais.

'On my stepfather's knee,' daeth yr ateb. Cymro o'r Rhyl oedd ei llysdad ac roedd ganddi bob math o atgofion am wyliau teuluol yng ngogledd Cymru pan oedd yn blentyn.

Cyn iddi droi'n seiat rhwng John Bŵts, Christine Keeler a finnau, roedd rhyw fargyfreithiwr go rwysgfawr yr olwg wedi camu i lawr y grisiau i'r bar. Roedd *top coat* fawr ddrud amdano pan gyrhaeddodd, ond pan gafodd honno ei thynnu daeth yn amlwg i bawb ei fod wedi dod yn syth o lys yn rhywle. Roedd yn dal yn ei ddillad gwaith. Pan gyrhaeddodd roedd wedi gwneud allan ei fod yn Wyddel – ac roedd y ddiod y gallai ei thaflu i lawr y lôn goch yn ymddangos fel petai'n ategu hynny. Ond ymunodd â'n sgwrs ni yn raddol ac o dipyn i beth fe fagodd yntau wreiddiau Cymreig o rywle. Roedd hwnnw hefyd yn gwybod geiriau caneuon fel 'Dafydd y Garreg Wen' a 'Bugail Aberdyfi'.

Request gan Christine Keeler oedd 'Bugail Aberdyfi'.

'Can you sing?' gofynnodd hi.

'Well, I can hold a note!' meddwn i. 'But I don't claim to be a great singer.'

'That's my favourite song of all time. Will you sing it for me?'

'Mi geisiaf eto ganu cân …' dechreuais innau arni, 'i'th gael yn ôl, fy ngeneth lân, i'r gadair siglo ger y tân, ar fynydd Aberdyfi …'

Rhaid ei bod hi'n olygfa ryfeddol. John Bŵts, y chwe troedfedd a hanner ohono, yn sefyll wrth y bar gyda phen Christine Keeler feddw a dagreuol yn pwyso ar ei ysgwydd – a fi, oedd hefyd wedi cael mwy na'n siâr o gwrw a jins erbyn hyn, yn morio canu fel cyfeiliant i'r holl olygfa. Heb anghofio'r bargyfreithiwr o ddirgel dras, wrth gwrs, oedd yn rhan annatod o'r rhyfeddod rywsut. Petai gan rywun gamera mi fyddai wedi gwneud llun anhygoel.

Erbyn diwedd y prynhawn, a ninnau wedi mynd trwy *repertoire* Christine Keeler o ganeuon Cymraeg, prin ei bod hi'n gallu cerdded. Bu'n rhaid i John a fi mwy neu lai ei chario i fyny'r grisiau ac yn ôl i'r stryd i chwilio am dacsi iddi, y ddau ohonom y naill ochr a'r llall iddi.

Erbyn hynny roedd hi am inni fynd yn ôl gyda hi i'r fflat oedd ganddi, ond gwrthod wnaethon ni. Yn lle hynny, dyma roi decpunt i yrrwr y tacsi a dweud wrtho am ei thywys adre – a gallaf ei gweld hi'n awr yn canu'n iach inni drwy ffenestr y cerbyd, gydag ôl ei dagrau hiraethus yn dal ar ei hwyneb.

Fel ôl-nodyn i brynhawn o ddifyrrwch unigryw yng nghanol Llundain, aeth John a fi o olwg y tacsi i dafarn gyfagos. Rown i eisoes wedi archebu'r diodydd pan sylweddolais mai tafarn i hoywon oedd hi. Tan imi dynnu sylw at y ffaith nad oedd yr un fenyw yn y bar o gwbl, cyndyn iawn fu John o 'nghredu i, ond gwawriodd y gwirionedd arno yn y diwedd.

Wrth inni gerdded mas, ar ôl gorffen ein diodydd fe gwrddodd John â rhywun a adnabu'n iawn.

'Cofia mai fel athro ysgol dwi'n cael fy adnabod yma,' meddai hwnnw wrtho. Dyn proffesiynol o Ogledd Cymru oedd e, a rhai blynyddoedd yn ddiweddarach daeth i drybini yng nghanol rhyw helynt yn ymwneud â *rent-boys*.

Giro City

Gwir dweud i mi fod yn ddigon ffodus i gael y cyfle i wneud pob math o waith arall dros fy nghyfnod maith yng Nghwmderi. Yn 1981 y gwnes i'r ffilm *Giro City*. Llygredd mewn llywodraeth leol oedd ei thema, Karl Francis oedd y cyfarwyddwr a Glenda Jackson a Jon Finch oedd yn arwain y cast.

Tra dois i i'w hadnabod hi yn dda iawn, ddois i ddim i'w nabod e o gwbl – ac rwy'n dawel fy meddwl na wnes i golli dim o bwys! Prin y torrodd e air 'da fi na neb o'r criw gydol yr amser y buon ni i gyd yn ffilmio gyda'n gilydd yn ardal Merthyr a Hirwaun. Nid yn unig fydde fe byth yn cymdeithasu gyda gweddill y cast a'r criw, doedd e ddim hyd yn oed yn ymarfer 'da ni. Yr unig bryd y bydde fe'n ymddangos fyddai i wneud y *take* ar gyfer y camera. Creadur anghynnes iawn.

Cafodd y ffilm gryn lwyddiant pan ymddangosodd a chafodd ei dosbarthu ar draws yr Unol Daleithiau – dosbarthiad i brifysgolion yn unig. Newidiwyd y teitl (gan na fyddai arwyddocâd y *giro* yn golygu dim yn America) a chwtogwyd hi o ryw hanner awr. Yn ffodus i mi, nid yn y rhannau o'r stori lle'r own i'n ymddangos y cafodd y toriadau eu gwneud ac fe ysgrifennodd un adolygydd yn Chicago … 'the film's real star is the Welsh actor who plays the farmer …' Y fi oedd hwnnw!

Roedd Glenda Jackson yn un o'r menywod rhyfedda ges i'r fraint o'u hadnabod erioed ac roedd hi'n bleser mawr cael cydweithio â hi. Fe ges i groeso mawr 'da hi ac fe gafodd hithau groeso mawr yng Ngwehelog pan ddaeth hi i'n tŷ ni i barti a gynhalion ni yn ystod y shŵt.

Fe fuon ni'n dadlau am oriau am yn ail â gweithio. Rwy i'n genedlaetholwr ac roedd hithau'n galw ei hun yn *internationalist*, wrth gwrs. O ran gwleidyddiaeth, roedden ni begynau ar wahân, ond roedd 'na gydnabod tir canol go sylweddol ar y naill ochr a'r llall. Actores graff a galluog tu hwnt a menyw hyfryd, ddeallus.

Rwy'n cofio bod ganddi *chauffeur* oedd yn rhyw fath o gariad iddi ar y pryd ac roedd hi'n ei drin e fel baw. Dyma fi'n dweud wrthi un diwrnod – ac ro'dd *cheek* y diawl 'da fi i ddweud shwt beth wrthi, ond allen i ddim peidio, 'God, you give him a hard time!'

'Huw,' meddai hi'n ôl wrtha i, 'He's lucky to have me. He won't be there very long, don't you worry!' Ac yn wir, o fewn blwyddyn i orffen ffilmio *Giro City* roedd hi wedi rhoi cic mas i'r creadur hwnnw.

T. James Jones

Rwy'n edmygu gwaith T. James Jones ac wedi cael y fraint o berfformio tipyn ohono. Cafodd gyfnod o ysgrifennu dramâu eithriadol o bwerus yn ystod yr wythdegau.

Drama deledu ddirdynnol gan T. James Jones am dorpriodas oedd *Y Gyfeillach*. Fe'i cynhyrchwyd gan y BBC ar gyfer S4C yn ei dyddiau cynnar, ac rown i'n chwarae rhan y gweinidog, gyda Margaret Williams a Hazel Wyn Williams yn chwarae rhannau'r ddwy fenyw yn ei fywyd.

Mae'n deg dweud, rwy'n credu, fod hon yn ddrama bersonol iawn i T. James Jones ar y pryd. Ar wahân i ysgrifennu grymus Jim, dau beth sy'n sefyll mas yn y cof am *Y Gyfeillach*. Y cyntaf yw'r ffaith inni fynd i Wells i ffilmio rhannau ohoni, a'r ail oedd perfformiad gafaelgar Margaret Williams. Rown i'n meddwl iddi roi perfformiad ardderchog – ac rown i'n falch o gael nodi hynny ar goedd pan wnaethon nhw raglen deyrnged i Margaret yn ddiweddar.

Drama lwyfan gan Jim oedd *Pan Rwyga'r Llen*. Cafodd criw ohonom nawdd gan Gyngor Celfyddydau Cymru i fynd â'r ddrama hon ar daith, ac felly roedd rhaid cael enw ar y cwmni o actorion. Mae'n amlwg nad oeddem hanner mor ysbrydoledig â'r dramodydd wrth i ni geisio meddwl am enw i ni'n hunain, a Cwmni 85 oedd yr enw a benderfynwyd arno yn y diwedd.

Roedd yna gast ardderchog, gan gynnwys Ronnie Williams, Mair Rowlands, Eirlys Britton a Geraint Lewis, a phrofodd *Pan Rwyga'r Llen* yn ddrama a enynnai ymateb emosiynol cryf gan bob cynulleidfa. Wrth gwrs, fel actor, gall rhywun synhwyro hynny, ac mae'n sicr yn sbardun ychwanegol wrth berfformio. Rwy'n cofio i mi gael boddhad aruthrol o fod yn rhan o'r cynhyrchiad hwnnw.

Y Siaced gan Urien William

Drama gyda Dafydd Hywel, Gillian Elisa, Conrad Evans a minnau yn y cast oedd *Y Siaced*, a thrywydd y ddrama'n canolbwyntio ar hanes dyn oedd yn glaf mewn ysbyty meddwl. Roedd hi'n ddrama egr, ac yn effeithiol ar sawl lefel, ond mae'n aros yn y cof i mi am reswm arall, sef mai hon oedd y ddrama lwyfan olaf i 'Nhad fy ngweld i'n actio ynddi.

Mi fyddai e a Mam yn dod i weld bron popeth rown i'n ymddangos ynddo, ond wrth wrando ar ei farn a derbyn ei gymeradwyaeth yn Eisteddfod Llambed yn 1984 doeddwn i ddim i wybod mai dyna fyddai'r tro olaf i mi wneud hynny.

Roedd wedi mwynhau ac yn meddwl ei bod hi'n ddrama gref dros ben. Roedd e'n iawn hefyd.

Pobol y Cwm (2)

Obryd i'w gilydd mi fydden nhw'n dod â gwesteion arbennig i mewn i *Bobol y Cwm* i'w chwarae nhw'u hunain. Rwy'n cofio yn 1975, yn syth ar ôl i Gymru ennill yn Ffrainc, iddyn nhw ddefnyddio sawl un o'r garfan – pobl fel Gerald Davies, Ray Gravell a Gareth Edwards – i ddigwydd galw i mewn yn y Deri Arms am beint neu beth bynnag. Ond y gwestai mwya anhygoel, a'r un adawodd yr argraff fwyaf yn y wasg a chyda'r gynulleidfa, oedd y reslwr Giant Haystacks. Pan ddaeth e i mewn i'r ystafell ymarfer gyntaf, ymddangosai fel chwe Rhys Parry Jones gyda'i gilydd ac Emyr Wyn wedi'i osod ar y top fel pen! Anferth o ddyn. A chyn pen dim roedd Rachel Thomas yn meddwl y byd ohono – ac yntau ohoni hithe.

Roedd rhywbeth addfwyn a hoffus iawn am y dyn ac roedd e'n amlwg yn gwbl wahanol i'r ddelwedd ohono'i hun roedd e wedi ei meithrin ar gyfer y sgwâr reslo. Rwy'n eitha siŵr fod Rachel wedi mwynhau ei hun yn fawr yn y dyddiau hynny y buon nhw'n cydweithio, er na allech chi byth feddwl am ddau mwy gwahanol i'w gilydd o ran cefndir a diddordebau. Hi oedd â'r ymwneud mwyaf ag e ar y set gan fod y stori yn troi o gwmpas hoffter Bella (cymeriad Rachel) o reslo ar y teledu. Mae llun sydd ar gael o Giant Haystacks, Rachel Thomas a fi yn profi mor gysurus oedd y ddau yng nghwmni ei gilydd, rwy'n meddwl – ac mae e'n gwneud i fi edrych fel peg dillad wrth ei ymyl e. Rhyfedd o fyd!

Wrth gwrs, doedd cael pobol i mewn i'r gyfres i fod yn nhw'u hunain yn ddim byd newydd. Roedd y bennod gyntaf un wedi defnyddio Alun Williams a'r rhaglen radio roedd e'n ei gwneud ar y pryd, *Dewch Am Dro*, i gyflwyno lot o'r cymeriadau gwreiddiol. Roedd e'n esgus mynd o gwmpas y pentref yn sgwrsio â phobol – ffordd wreiddiol iawn o'u cyflwyno nhw i'r gwylwyr a sefydlu tipyn o'r cefndir cyn i'r gyfres fwrw iddi go iawn.

Sue Roderick

Un y mae gen i feddwl mawr ohoni yw Sue Roderick, un a fu wrth gwrs yn cydactio â mi ar *Bobol y Cwm* am flynyddoedd, ac un oedd, ymhlith llond dwrn o rai eraill, yn gwneud mynd i'r gwaith bob dydd yn bleser. Mae hi'n actores yr wy'n edmygydd mawr ohoni.

Fe ddes i i adnabod Sue Roderick gyntaf yn ôl yn y saithdegau pan oedd hi'n dechrau ar ei gyrfa. Yn wir, fe gwrddon ni'n wreiddiol pan oedd hi'n gwneud ei gwaith proffesiynol cyntaf un ar lwyfan gyda Chwmni Theatr Cymru. Roedd hi ac Elliw Haf yn yr un cynhyrchiad, a'r ddwy ar fin camu ar y llwyfan proffesiynol am y tro cyntaf.

Rhaid ein bod ni ar fin mynd â'r cynhyrchiad ar daith, neu o leiaf wedi bod yn ymarfer ers rhai dyddiau, pan alwodd Wilbert Lloyd Roberts fi i'w swyddfa un diwrnod.

I mewn â fi gan ei gyfarch, 'Mr Roberts, shwt 'ŷch chi?', ond fe allwn i weld yn syth ei fod e'n anesmwyth.

'Wel, fachgen, mae'n amser teithio unwaith eto,' medde fe braidd yn betrusgar, gan osgoi edrych arna i'n iawn, oedd yn beth anarferol iawn i Wilbert.

'Odi, mae hi,' atebais innau. 'Edrych ymlaen yn fawr iawn … Gobeithio y bydd y cynulleidfaoedd yn gwerthfawrogi'r ddrama …' a rhyw falu awyr fel'na fu rhyngon ni am rai munudau.

'Allwch chi ddweud wrtha i nawr pam 'ych chi wedi 'ngalw i mewn am air?' medde fi o'r diwedd.

'O … ryw feddwl o'n i sen i'n cael gair efo chdi am y busnes teithio 'ma. Ma cast cryf ohonoch chi'n teithio'r tro hwn … ac mae 'na ddwy ferch ifanc yn y cast,' aeth yn ei flaen, '… wyddost ti … fe all fod yn demtasiwn …' Ac yn sydyn reit fe wawriodd arna i beth oedd e am ei ddweud.

Wel! Y blydi *cheek,* feddylies i! Es i'n gacwn wyllt 'dag e. Dyna'r unig dro wnes i erioed golli 'nhymer 'da fe.

'Wilbert Lloyd Roberts,' ddechreues i, 'os 'ych chi wedi 'ngalw i i fan hyn i ddweud wrtha i am beidio cysgu 'da merched ifanc y cast ar y daith, ma 'da chi'r *cheek* mwya weles i erioed yn 'y mywyd. Allwch chi 'ngalw i yn be fynnoch chi a 'nhynnu i'n ddarne o ran y gwaith, ond peidiwch chi â dechrau dweud wrtha i sut i fyw 'y mywyd.'

Ar ôl dod dros y sioc o 'nghlywed i'n siarad ag e fel'na fe lwyddodd i roi brawddeg ynghyd yn gwadu mai dyna oedd ei fwriad. 'Y cyfan rown i'n ei olygu oedd fod isie edrych ar eu hôl nhw ...' medde fe.

'Peidiwch chi â phoeni, fe edrycha i ar eu hôl nhw yn y ffordd rwy wastad wedi neud,' dywedais innau a mas â fi yn ferw 'da chynddaredd.

Ar ôl ymdawelu fymryn fe es i'n ôl i'w weld e.

'Rwy yn tybio 'mod i'n iawn,' dywedais i, 'mai dyna pam o'ch chi am 'y ngweld i?'

'Ia,' atebodd yn araf. 'Rhywbeth yn debyg i hynny, Huw.'

'Iysu, ma wyneb 'da chi,' meddwn i. '*Chi o bawb*!'

Soniwyd yr un gair pellach am y digwyddiad a ches i erioed unrhyw eglurhad am ofid gwarchodol Wilbert dros y merched. Siawns na chaf i byth wybod bellach chwaith.

Cymeriadau *Pobol y Cwm*

Yn y blynyddoedd cynnar roedd yna gydnabod bod rhai cymeriadau'n gryfach nag eraill a châi'r rheini lonydd i ddatblygu a bod yn asgwrn cefn i'r gyfres. Ond daeth ffordd arall o feddwl i mewn i *Bobol y Cwm* rywbryd yn y cyfnod jest cyn i'r gyfres droi'n un ddyddiol. Fe ddechreuwyd cael gwared ag actorion – nid oherwydd eu bod nhw'n rhy hen neu'n actorion gwael, ond ar fympwy personol.

Mae dyn yn derbyn y bydd cael gwared ar gymeriad ambell dro yn anghenraid storïol dramatig, ond roedd hyn ar raddfa ehangach na hynny o lawer.

Dyn pwerus iawn yn hanes *Pobol y Cwm* oedd William Jones (Wil Sir Fôn), un o'r sgriptwyr cynnar a Golygydd Sgriptiau yn ddiweddarach, ond does dim dwywaith na fagodd e lawer o hyder dros y blynyddoedd. Doedd ganddo fe mo'r modd i wneud cymaint â hynny yn y blynyddoedd cynnar, wrth gwrs. Doedd neb yn siŵr iawn i ble fyddai'r gyfres yn mynd, a doedd dim cymaint â hynny o actorion Cymraeg ar gael. Ond wrth i'r gyfres fagu gwreiddiau ymysg gwylwyr gallai Wil ddefnyddio'i bŵer i'r eithaf, ac os oedd Wil yn dweud na, yna na oedd hi, ta pwy oedd yn dweud yn wahanol.

Er gwaetha fy meirniadaeth ohono ar adegau, gallaf dystio i Wil weithio'n eithriadol o galed dros Pobol y Cwm, ac mae ei gryfderau'n fwy niferus o lawer na'i wendidau. Mae'n rhaid fy mod yn meddwl hynny – wedi'r cwbl, mae'r ddau ohonom yn ffrindiau ers dechrau'r saithdegau!

Yn fy marn i, un gwendid cyffredinol yn y gyfres ar hyd y blynyddoedd yw na fu yna ysgrifennu digon creadigol a chadarn i actoresau canol oed, ac rwy'n tybio fod hynny'n rhannol gyfrifol am golli rhai o gymeriadau'r gyfres. Mae'n drueni mawr fod cymaint o actoresau gwych wedi eu colli o'r Cwm ar draws y blynyddoedd.

Maen nhw wedi cael *crème de la crème* actorion Cymru. Gaynor Morgan Rees, er enghraifft – un o'r actoresau gorau welais i erioed. Roedd hi'n dod â *glamour* a math arbennig o bresenoldeb i'r gyfres nad oedd i'w cael gan neb arall ac roedd pob math o botensial yng nghymeriad Nerys Cadwaladr, roedd hi'n ei chwarae, na chafodd erioed ei ddatblygu. A dyna ichi Lisabeth Miles wedyn – actores ddawnys iawn arall y cafwyd gwared arni o *Bobol y Cwm* lawer iawn yn rhy gynnar. Dwy esiampl o actorion y cafwyd gwared arnyn nhw yn gwbl ddiangen. Yn ddiweddarach, roedd pobl fel Toni Carroll, Sharon Morgan, Dewi Rhys, Rhys Parry Jones a Dewi Wyn Williams ymhlith eraill i dderbyn yr un driniaeth.

Cymeriad arall â photensial aruthrol oedd Doreen. Roedd Marion Fenner wedi creu cymeriad crwn ac amrywiol iawn 'da Doreen, i'm tyb i, ac roedd hi'n cael dod yn ôl yn achlysurol i wneud rhai rhannau o storïau, ond doedd y cymeriad byth yn cael y cyfle i ddatblygu'n llawn.

Un arall y cafwyd gwared arno oedd Glan Davies. Fe fu e'n ôl ac ymlaen am wahanol gyfnodau fel Clem Watkins ac rown i'n meddwl ei fod e'n effeithiol iawn fel y cymeriad hwnnw. Mae bywyd pentrefol yn ddibynnol ar gymeriadau fel Clem – rhywun sydd â'i drwyn ym mhopeth yn barhaus. Rwy'n meddwl bod penderfynu nad oedd angen cymeriad fel'na ar y gyfres yn dangos diffyg adnabyddiaeth o'r gymdeithas maen nhw'n honni ei chynrychioli.

Rwy'n cofio nhw'n trafod yn agored ar ddechrau'r nawdegau fod y gogwydd yn mynd i newid i gael mwy o gymeriadau ifanc. Iawn. Mae'n bwysig cael cymeriadau ifanc a straeon sy'n adlewyrchu'r hyn sy'n mynd ymlaen yn y byd. Dros y blynyddoedd fe wnaethon nhw hynny'n glyfar iawn ar brydiau – ond y drafferth yw, unwaith mae hynny drosodd, does 'da chi ddim cymeriadau cryf ar ôl i gario'r gyfres.

Rheswm arall dros newid y pwyslais, mae'n ddrwg 'da fi ddweud, yw cyllid. Mae actorion hŷn, mwy profiadol, yn mynd i gostio mwy iddyn nhw na'r rhai ifanc, wrth gwrs.

Does dim dwywaith nad oedd llawer o actorion ifanc da yn ymuno â'r cast, ac fel hen law arni mi fydde sawl un yn dod ata i am gyngor. Roedd fy stafell i, Ystafell 7, yn cael ei hystyried yn rhyw Gysegr Santeiddiolaf o le, ac os oeddech chi'n cael eich galw i Ystafell 7, roeddech chi'n gwybod bod rhywbeth o'i le! Gan fwyaf, a diolch am hynny, y nhw fydde'n gofyn am gael gair 'da fi, ac fe fyddwn bob amser yn barod i rannu baich neu gynnig cyngor, gorau medrwn i.

Ble ma 'nghinio i?'

Y cwestiwn hwn yw'r agosa ddes i erioed at gael *catchphrase* yn ystod y cyfnod a dreuliais gyda'r BBC.

Hyd y dydd heddiw, bob tro y gwela i Phil Harries mae'r cwestiwn yn siŵr o gael ei ofyn.

Mae'n flynyddoedd maith ers i Phil fod yn rhan o gast *Pobol y Cwm* – ond rown i'n cael cinio 'dag e yng nghantîn y BBC un diwrnod pan alwyd fi i gymryd galwad ffôn. Roedd hyn cyn dyddiau ffôns personol ac roedd rhaid ifi fynd o'r cantîn i gyrraedd derbynnydd.

Pan ddes i'n ôl at fy mwyd roedd y plât wedi mynd. Rhyw weinyddes mwy siarp na'r cyffredin wedi bod yn clirio'r byrddau, mae'n rhaid! A dyna ysgogodd y cwestiwn.

Y drafferth yw, dyw actor ddim bob amser yn sylweddoli cryfder ei lais ei hun, a chafodd y frawddeg ei rhuo dros yr ystafell eang gyda'r fath angerdd fel y clywodd pawb. Rown i'n grac iawn o golli hanner fy nghinio … ond roedd pawb arall yn eu dyblau'n chwerthin. Ches i byth anghofio'r digwyddiad gan amryw.

Erbyn heddiw mae clefyd y siwgwr wedi 'ngorfodi i i fwyta'n rheolaidd, ond ymhell cyn i hwnnw wneud ei hun yn hysbys roedd hi'n amlwg i bawb oedd yn fy 'nabod fod cael bwyd yn ei bryd yn bwysig imi. A dogn llawn, os gwelwch yn dda – nid rhyw hanner peth!

Ioan Gruffudd

Erbyn hyn mae pawb yn meddwl mai Ioan Gruffudd oedd yr unig un i chwarae rhan Gareth Wyn, llysfab Reg, yn *Pobol y Cwm* – ond dyw hynny ddim yn wir. Yn rhyfedd ddigon, y Gareth Wyn gwreiddiol oedd fy merch i, Leah. Hi oedd y babi a ddefnyddiwyd pan ymddangosodd y cymeriad gyntaf oll.

O fewn rhai blynyddoedd, ar ôl un bachgen arall, fe gastiwyd Ioan Gruffudd yn y rhan. *And the rest*, fel maen nhw'n dweud, *is history*!

Rwy'n falch iawn o'r llwyddiant mae Ioan wedi ei gael, er nad wy'n meddwl ei fod e bob amser yn cael ei gastio yn y rhannau fyddai'n gwneud y gorau o'i gryfderau. Daeth yn amlwg o'r cychwyn pan ymunodd e â ni ei fod e'n mynd i wneud ei farc. Roedd ganddo ddiddordeb ym mhopeth, eisiau gwybod shwt oedd popeth yn gweithio, ac yn barod i wrando a dysgu. Doedd hi ddim yn anodd synhwyro y llwyddiant oedd o'i flaen e.

Fe ges i'r fraint o ddod i nabod Ioan yn lled dda. Rown i eisoes yn gyfarwydd â'i rieni. Yn ogystal â'r diddordeb mewn rygbi, roedd ei dad yn brifathro ar Lowri a Leah yn Llanhari.

Yn ôl yn y cyfnod hwnnw, roedd ochr gymdeithasol iawn i *Pobol y Cwm*. Yn ogystal â gweithio gyda'n gilydd mi fydden ni'n cymdeithasu llawer hefyd ac roedd 'na dîm pêl-droed a thîm criced *Pobol y Cwm* i'w cael. (Wrth i batrwm cynhyrchu'r gyfres newid, fe gollwyd llawer iawn o hynny, achos doedd pawb ddim gyda'i gilydd drwy'r dydd mwyach – weithiau mi fydde pobl yn cyrraedd i wneud eu golygfeydd nhw fel roeddech chi'n gadael am y dydd ac ati.)

Fe gafodd sawl trip ei drefnu gan y timoedd pêl-droed a chriced, ac ar un ohonyn nhw fe ddaeth yr Ioan Gruffudd ifanc gyda ni. I Galway, yn Iwerddon, aethon ni – fy ymweliad cynta innau â'r dre sy'n enwog am ei thai bwyta ac am fwydydd y môr yn arbennig. Prin fod angen imi nodi 'mod i'n edrych ymlaen at wledd. Ond y noson gyntaf roedden ni yno roedd y tîm lleol fyddai'n ein hwynebu ni trannoeth wedi'n gwahodd ni i noson gymdeithasol yn neuadd y dre, gyda band Gwyddelig yn canu.

Doedd y noson honno ddim yn dechrau tan un ar ddeg, oedd yn gadael digon o amser am bryd da o fwyd. Lawr yn y bar ar ôl inni setlo i mewn yn y gwesty lle'r oedden ni'n aros fe ofynnes i i Ioan oedd e whant pryd. 'Dwlen i,' oedd yr ateb a dyma benderfynu mynd.

Wrth ymestyn y gwahoddiad, fe ddaeth hi'n amlwg fod disgwyliadau gastronomig gweddill y bois dipyn yn is na'n rhai i ac Ioan. Tships oedd uchafbwynt eu disgwyliadau nhw, mae'n ymddangos.

'Peidiwch â siarad nonsens,' dywedais i. 'Rhaid inni fynd i gael pryd iawn mewn tŷ bwyta.'

O dipyn i beth fe ddiflannodd pawb o'r bar, ac erbyn i Ioan a fi ddod yn barod i fynd i chwilio am rywle deche dim ond Glan Davies a ffrind iddo o Aberystwyth oedd yn gyrru'r bws oedd ar ôl. Roedden nhw ill dau eisoes wedi gwneud eu trefniadau, felly fe aeth Ioan a finne i grwydro. Fu dim rhaid inni fynd ymhell cyn gweld gweddill y tîm. Y drws nesaf i'r gwesty roedd KFC a dyna lle'r oedd Hywel Emrys, Gwyn Elfyn a'r gweddill yn y ffenest yn bwyta cyn gynted ag y gallen nhw er mwyn cael mwy o amser i yfed cyn mynd i'r noswaith yn neuadd y dre yn ddiweddarach.

Fe ddes i ac Ioan o hyd i dŷ bwyta bendigedig – un bach oedd e, ond roedd y bwyd yn ardderchog – a flynyddoedd yn ddiweddarach fe ddywedodd Ioan wrtha i taw dyna'r pryd gorau oedd e erioed wedi ei gael hyd hynny. Geson ni botel o win da ac fe lifodd y sgwrs. Noson bleserus dros ben ac roedden ni'n dal yn gymharol sobor erbyn cyrraedd neuadd y dre, sy'n fwy nag y gallech chi ddweud am weddill y Cymry, oedd wedi cael rhai oriau i foddi eu KFC mewn Guinness.

Y Maryland Hotel, Waterford

Fe gawson ni lond trol o sbort yn sgil y tîm pêl-droed, ond rwy'n credu mai'r daith ryfedda wnaethon ni oedd honno i Waterford, yn ôl yn Iwerddon eto.

Wedi cael gwahoddiad i chwarae'r Frigâd Dân yno oedden ni. Trwy Glan Davies yn Aberystwyth roedd y cysylltiad wedi ei wneud, os cofia i'n iawn. Roedd y Gwyddelod eisoes wedi bod yn Aber yn chwarae i godi arian at achosion da ac wedi cwrdd â Glan yno.

Dyma gyrraedd y gwesty yn Waterford ar ein noson gyntaf – y Maryland Hotel. Anghofia i byth mo'r enw! Rown i'n amheus o'r lle o'r munud y gwelais i e. Fe ges ar ddeall wedyn fod Hywel Emrys wrth wneud y trefniadau wedi dweud, 'We don't want a good hotel – we want a cheap hotel.' A dyna un peth oedd yn wir am y Maryland Hotel, roedd e'n rhad fel baw! Does dim rhaid imi aros mewn llefydd drud neu rwysgfawr o grand, ond rwy yn disgwyl safon o lanweithdra a thipyn o gysur. Ond pan gyrhaeddais i'n ystafell fe suddodd fy nghalon. Roedd pant anferth yn y matras a golwg ddi-raen sobor ar bopeth.

Fe gwrddon ni i gyd i lawr yn y cyntedd a mas â ni am beint. Wrth dynnu sgwrs â dyn lleol yn un o'r tafarndai fe ofynnodd e imi shwt le oedd yn y Maryland.

'My bedroom is a bit sparse,' meddwn i. 'My bed feels as if twenty thousand men have slept in it.'

'What you must know about the Maryland,' atebodd yntau, 'is that up until five years ago it was a brothel – and I don't think they've ever changed the beds since.'

Yn ôl yn y gwesty, dyma ddeall yn fuan fod y perchennog yn yffarn o foi ac yn un o'r bobl hynny fyddai'n barod i gadw'r bar ar agor hyd berfeddion dim ond ichi gadw ar yr ochr iawn iddo. Ac roedd cadw ar yr ochr iawn iddo'n golygu gadael iddo ganu cân Wyddelig. Roedd pob cân yn gyfystyr â gadael y bar ar agor am hanner awr arall ac fe gâi ganu trwy'r nos cyn belled ag o'n ni i gyd yn y cwestiwn, dim ond iddo gadw'r bar ar agor.

Fe aeth ar ein nerfau ni i gyd yn y diwedd, ond dyna ddiawl o gymeriad! Ac ar ddiwedd y dydd roedd gorfod gwrando ar bob blydi pennill o 'Delaney's Donkey' ddwywaith yn bris bach i'w dalu am yr hwyl.

Yr ail noson, pan ddaethon ni'n ôl ar ôl bod mas, dyma fe'n dweud wrtha i'n dawel fach, 'Come into the kitchen now, Huw.' A dyma fi'n ei ddilyn i'r gegin gefn. 'And now what do you think of that?'

Do'n i ddim yn gallu credu'n llygaid. Yn hongian uwch ben bord y gegin roedd siandelïer anferth o wydr crisial Waterford.

'Now will you take that home with you?' gofynnodd. 'Or shall we send it on?'

Roedd y pris roedd e'n gofyn amdano yn anhygoel o fach, rhyw ddeugain punt. Ac roedd hi'n amlwg fod siandelïer mor anferth ac mor gain o wydr crisial gorau'r byd yn mynd i fod yn werth miloedd.

'I haven't got a house large enough to put it in,' meddwn i. 'It would look out of place.'

'Well, now then, Huw! What about this?' aeth yn ei flaen. Ac yn sydyn reit, dyma sylweddoli bod y gegin 'ma fel storfa i Waterford

Crystal. Roedd gwydr ym mhobman – naill ai mewn bocsys neu wedi ei arddangos ar silffoedd. 'There's more Waterford Crystal sold on the black market than there is legally,' medde fe.

Er temtasiwn ei gynnig, phrynais i'r un darn ganddo – ac roedd hi'n rai blynyddoedd wedyn, ar drip golff i Wexford, cyn imi brynu dau wydryn gwin coch o ryw hen siop bric-a-brac yn y dref honno. Dwy hen wreigan oedd yn ei rhedeg hi ac roedd dau batrwm mymryn yn wahanol ar y ddau wydr – y ddau wedi eu diddymu ers blynyddoedd. Gwaetha'r modd, fe dorrwyd un o'r ddau wydryn ymhen amser, ond erys un mewn un darn, yn gofeb gain i'r amseroedd da rwy wedi eu cael yn Iwerddon dros y blynyddoedd.

Tîm pêl-droed *Pobol y Cwm*

Cafwyd torf anferth i'n gweld ni'n chwarae yn Waterford ac mae'n syndod y torfeydd y bydde'r tîm yn eu denu. Rwy'n cofio torf debyg yn Llandysul ryw dro hefyd. Ond y gêm sy'n aros yn y cof gliriaf yw'r un sydd wedi ei chroniclo ar gân gan Bryn Fôn, sef y gêm rhwng Cwmderi a Bryncoch. Dau bentref dychmygol. Dwy gyfres deledu boblogaidd. A dau dîm ar dân isie ennill.

Yn ôl y sôn, dyna'r dorf fwya iddyn nhw ei gweld ym Mhenygroes mewn chwarter canrif. Doedd dim digon o feysydd parcio ac roedd ceir wedi eu gadael blith draphlith ym mhobman. Roedd y lle ar *standstill.* A dyna'r dorf fwyaf imi chwarae pêl-droed o'i blaen erioed – a dweud y gwir, rwy'n meddwl mai dyna'r gynulleidfa fwya erioed imi wneud dim o'i blaen yn fyw.

Yng nghanol y sbort, mae'n bwysig nodi bod ambell bêl-droediwr da iawn ar y cae y diwrnod hwnnw. Mae Mei Jones yn chwip o chwaraewr – er iddo chwarae rhan o'r gêm fel Wali Thomas. Ar ochr *Pobol y Cwm* roedd Dewi Wyn Williams hefyd yn ffwtbôlyr da.

Alun Ffred ddarparodd y sylwebaeth fyw ar y gêm ac fe gafodd y cyfan ei ffilmio. Ac yn bwysicach na dim, wrth gwrs, fe godwyd tomen o arian ar gyfer achosion lleol.

Drwyddi draw, fe fu'r gweithgaredd cymdeithasol oedd ynghlwm â *Pobol y Cwm* yn help i gynnal morâl ar adegau pan oedd e'n isel a phethau'n anodd yn y gwaith.

Troi'n ddyddiol

Gwyn Hughes Jones oedd y cynhyrchydd pan ddaeth y newyddion syfrdanol fod *Pobol y Cwm* am fynd yn ddyddiol. Fel gyda'r rhan fwyaf o 'newyddion syfrdanol' bywyd, roedd 'na sibrydion lu wedi bod yn mudlosgi ymysg y cast a'r criw yn y dyddiau'n arwain at y cyhoeddiad mawr.

Y ddamcaniaeth fwyaf poblogaidd oedd fod y gyfres i fynd allan ddwywaith yr wythnos, fel oedd yn gyffredin 'dag operâu sebon Saesneg ar y pryd. (Os cofia i'n iawn, dim ond y rhai oedd wedi'u prynu o Awstralia ac ati oedd yn ddyddiol bryd hynny.) Roedd ambell un mwy byrbwyll na'i gilydd wedi awgrymu efallai y byddai nifer y penodau wythnosol yn cynyddu i dair – ond y farn gyffredinol oedd y byddai hynny'n amhosibl!

Rhyw siarad felly oedd ar droed pan alwyd pawb draw i Dŷ Oldfield, sydd gyferbyn â safle'r BBC yn Llandaf. Ond y funud y cerddais i i mewn a gweld pwy oedd yn eistedd wrth y bwrdd yn y blaen, fe synhwyrais i'n syth fod rhywbeth gwirioneddol fawr ar dorri.

Fe gododd Gwyn ar ei draed a siarad yn gyffredinol am ryw bum munud cyn dweud rhywbeth fel, 'Mi fyddwch chi i gyd wedi bod yn dyfalu ac yn trafod beth yw'r cyhoeddiad sydd gyda ni heddi, ond os datgelir unrhyw beth a ddywedir y tu allan i'r waliau hyn mi fyddwch chi'n torri'ch cytundeb, ac os ffeindiwn ni mas eich bod chi wedi torri'ch cytundeb mi fydd y cytundeb hwnnw'n dod i ben yn y fan a'r lle …'

Drama yn wir! Aeth yn ei flaen i ddatgelu'r datblygiadau oedd yn yr arfaeth, a derbyn distawrwydd llethol am ei drafferth – distawrwydd a aeth ymlaen am yr hyn a ymddangosai fel oes.

Yna fe dorres i mas i chwerthin, gan droi at Gareth Lewis a dweud, 'Odi hwn off 'i ben, dwed?'

Ar amrantiad, roedd yr ystafell gyfan yn ei dyblau'n chwerthin – yn fwy oherwydd sioc na doniolwch, rwy'n meddwl. Chwarae teg i Gwyn, fe adawodd inni gael ein hymateb cyntaf mas o'n system cyn dweud dim byd pellach. Yna fe ofynnodd e oedd gan rywun gwestiwn. Fe godes innau ar 'y nhraed a dweud: 'Ti yn jocan, on'd wyt ti?'

'Nagw,' dda'th yr ateb pwyllog. 'O fis Medi ymlaen mi fydd *Pobol y Cwm* yn mynd mas bum gwaith yr wythnos ac omnibws ar ddydd Sul.' Fe aeth yn ei flaen i egluro y byddai patrwm newydd o weithio yn dod i rym a'i fod e'n ffyddiog y bydden ni'n creu llwyddiant ysgubol o'r drefn newydd.

Er mor welw oedd wynebau pawb ohonom ar y pryd, roedd Gwyn yn iawn, wrth gwrs. Fe olygodd bum mis o waith caled iawn i gael popeth yn barod a doedd pethau ddim yn rhedeg yn esmwyth o'r cychwyn cyntaf. Roedd hi'n anorfod y byddai angen addasu a newid a dysgu o ysgol brofiad, ond roedd un cyfnod o *Pobol y Cwm* wedi dod i ben am byth ac un arall wedi gwawrio.

Rebecca's Daughters

Hanes terfysgoedd Beca oedd sail y ffilm hwyliog hon o 1991. Cafodd ei chyfarwyddo, fel fy nwy ffilm flaenorol, gan Karl Francis. Aethai deng mlynedd heibio ers inni gydweithio gyntaf ar *The Mouse and the Woman,* ac erbyn 1991 roedd Karl yn rhydd o grafangau'r botel. Roedd yr un peth yn wir am Peter O'Toole, diolch byth.

Roedd gen i gof o weld O'Toole yng nghwmni Richard Harris yn Nulyn rai blynyddoedd cyn hynny, *cyn* i'r ddau ohonyn nhw ganu'n iach i'r dyddiau gwyllt roedden nhw'n ddiarhebol amdanynt. Y penwythnos hwnnw roedd Cymru'n chwarae Iwerddon ar Lansdowne Road ac rown i wedi teithio i Ddulyn yng nghwmni John Bŵts. Roedden ni'n dau wedi cael ein hunain yn y Dublin Arts Club. Dim ond actorion a llenorion a chriw dethol iawn o bobl sy'n cael defnyddio'r lle, ond roedd hi'n nos Sadwrn ac yn noson gêm ryngwladol felly doedd dim syndod fod y bar yn gysurus lawn.

Yn sydyn canodd cloch o rywle a'r peth nesa sylwon ni oedd fod y bar yn cau. Daeth y rheiliau gwyn i lawr a chawsant eu cloi, fel na allai diferyn yn fwy basio dros y bar. Roedd hyn nid yn unig yn siom ond yn ddirgelwch hefyd. Bar llawn gydag ysbryd hwyliog a phawb yn bihafio'u hunain – beth allai'r rheswm fod?

Prin gael amser i drafod y mater wnaeth John a fi na chafodd popeth ei ddatgelu. Daeth Harris ac O'Toole i mewn, yn feddw dwll ac yn amlwg yn barod i gadw reiat. Rhaid fod y bobl wrth y ddesg yn y fynedfa wedi ceisio rhwystro'u mynediad oherwydd cyflwr y ddau a'u bod nhw wedyn, ar ôl methu eu hatal, wedi canu'r gloch fel rhybudd i'r bar gau.

Fe aeth Harris yn arbennig o gynddeiriog. Cyn y noson honno fu gen i erioed fawr o ffydd yng ngwytnwch y rheiliau metal 'na sy'n cael eu defnyddio i gau a diogelu bar. Ond roedd Richard Harris yn ddyn cydnerth, cyhyrog ac fe fu'n ysgwyd a thynnu ar y rhwystr hwnnw'n ddidrugaredd am bum munud a mwy. Methu wnaeth e, a chafodd y bar mo'i ailagor tan i'r ddau adael, ac eco'u bytheirio a'u rhegi i'w glywed o bell wrth iddyn nhw faglu'u ffordd am y grisiau.

Welais i erioed mo Richard Harris ar ôl y noson honno, ond wrth weithio 'da Peter O'Toole ar y ffilm *Rebecca's Daughters* fe soniais wrtho am y noson gofiadwy honno yn Nulyn. Yr unig ateb ges i oedd, 'I would have no recollection of that, Huw!'

O ran y ffilm y buom yn cydweithio arni, doedd neb yn rhyw siŵr iawn beth i'w wneud ohoni pan gafodd ei rhyddhau, ac fe ddiflannodd yn eitha buan, ond roedd wedi bod yn lot o sbort ei ffilmio, gyda Peter O'Toole yn gwmnïwr da ac yn ddyn hyfryd iawn. Seren arall y cynhyrchiad, yn un o'i ffilmiau cynharaf, oedd Joely Richardson.

Rygbi yw un o ddiléits mawr O'Toole – a chyda Ray Gravell yn y cast roedd e ar ben ei ddigon. Fe fyddai'n trin Ray fel duw ac yn ei wahodd e a fi a Dafydd Hywel i'r garafán fawr oedd wedi'i darparu at ei ddefnydd ar y lleoliad. Dyn â thipyn o steil yn perthyn iddo, a'r ddelwedd ohono sydd wedi aros 'da fi yw ohono'n smoco'n drwm, gyda *cigarette holder* aur – un hir, hir. Mae e'n gryn gymeriad.

Un o'r pethau eraill sy'n aros yn y cof am *Rebecca's Daughters* yw problem y blew. Yn y dyddiau hynny roedd barf eitha llawn 'da fi ar *Bobol y Cwm*, ond ar gyfer y ffilm roedden nhw'n benderfynol o dynnu'r barf o gwmpas y gên a 'ngadael i gyda'r whisgers mawr *walrus* 'ma oedd yn fwy addas ar gyfer y cyfnod.

Daeth merched colur y BBC i'r adwy, diolch byth. Fe lwyddon nhw i dorri'r barf dan sylw mor agos i'r croen ag y gallen nhw, a chadw'r blew wedyn mewn bocs. Roedd y bocs yna fel ryw focs trysorau cyfrinachol! Pob tro oeddwn i'n dod 'nôl i'r BBC i wneud *Pobol y Cwm* roedd y merched yn estyn amdano ac yn mynd ati'n ofalus i ludo'r blew yn ôl i'w lle. Yna, ar ddiwedd y dydd, byddai eisiau tynnu'r holl flew eto gyda rhyw stwff ofnadw' tebyg i *white spirit* cyn y gallwn i fynd 'nôl i set y ffilm. Wedon ni ddim byd wrth neb ac, yn rhyfedd ddigon, sylwodd dim un o'r cyfarwyddwyr ar gyfrinach y merched colur a minnau.

We Are Seven

Stori am fenyw oedd wedi cael saith o blant 'da saith gwahanol ddyn oedd sail y gyfres boblogaidd hon aeth mas ar rwydwaith ITV ddechrau'r nawdegau. Er mai yn Iwerddon y lleolwyd y nofel wreiddiol, trawsblannwyd y cyfan i Gymru a ffilmiwyd peth ohoni ym Merthyr Mawr, yn yr ardal rwy'n byw ynddi – un profiad o saethu ar leoliad nad oedd yn golygu bod oddi cartref. Un o'r saith tad oeddwn i, a ffermwr wrth fy ngwaith. Y ffermdy mawr yng nghanol pentref Merthyr Mawr gafodd ei ddefnyddio fel y fferm yn y gyfres.

Sharon Morgan oedd yn chwarae rhan y fam ac roedd cast cryf o actorion Cymreig yn y gyfres, ond un o'r actorion ifanc ddenodd y sylw mwya yn y wasg ar ôl i'r gyfres ddod i ben. Y fe oedd yn actio'r hynaf o'r plant – roedd e'n un ar bymtheg oed ac wedi cael magwraeth hynod gythryblus. Doedd dim un enaid byw yn unman yn arddel perthynas waed ag ef ac roedd wedi treulio'i blentyndod yn ôl ac ymlaen mewn gwahanol gartrefi plant a chartrefi maeth. Roedd e'n hoyw ac ar gyffuriau a does dim amheuaeth 'da fi nad oedd e wedi diodde pob math o gam-drin pan oedd yn blentyn.

Pan oedd ail gyfres ar y gweill, ond cyn dechrau ar y ffilmio, cafwyd hyd i'w gorff ar ochr y ffordd – wedi marw, roedd hi'n ymddangos, o gymryd gor-ddos o gyffuriau. Erys amheuon mawr ynglŷn â'r hyn ddigwyddodd iddo mewn gwirionedd. Yn ôl amryw, cael ei ladd wnaeth e, a'i dowlu mas o gar. Y ddamcaniaeth yw ei fod wedi dod i wybod llawer mwy am rywun nag oedd yn ddoeth iddo wybod. Fe allai fod yn dafodrydd. A dalodd e bris dychrynllyd am hynny, pwy a ŵyr?

Ddown ni byth i wybod, mae'n debyg, a fu dim mwy o *We Are Seven*, ond mae'n un o'r rhannau hynny y bydd pobl yn dal i ddod lan ata i i sôn amdani, sy'n profi mor boblogaidd oedd y gyfres ar y pryd.

Twin Town

Fe ges i gynnig rhan Fatty Lewis sawl gwaith cyn imi allu ei derbyn yn y diwedd. Y rheswm rown i wedi ei gwrthod bob tro oedd nid oherwydd nad o'n i *am* ei chymryd, ond am nad oeddwn i'n gweld y byddai'n bosibl imi wneud y ffilm. Gyda *Pobol y Cwm* wedi hen sefydlu fel cyfres ddyddiol yn rhedeg rownd y flwyddyn erbyn 1996, roedd fy amserlen waith i'n llawn.

Ond yr hyn wnaethon nhw oedd mynd yn uniongyrchol at y BBC, heb yn wybod i mi, i weld a fyddai modd imi gael fy rhyddhau am saith wythnos y cyfnod ffilmio.

Wedi hynny, ar ôl cael caniatâd gan y BBC i fynd amdani, fe es i draw i Abertawe am gyfweliad. Roedd Kevin Allen, y cyfarwyddwr, yno ynghyd â dyn camera o America a'r ddau frawd Rhys Ifans a Llŷr Evans, oedd â'r prif rannau, wrth gwrs. Ar ôl darllen ychydig linellau gallwn weld Llŷr a Rhys yn nodio i gyfeiriad Kevin Allen ac fe ddaeth yn amlwg fod y rhan yno i mi pe bawn i am ei derbyn.

Ma'r hen Fatty Lewis wedi aros gyda fi rywsut. Mae ei fŵg e a'i het e'n dal 'da fi – ac mi fydd pobl yn dal i weiddi ei enw ata i o ochr arall y stryd o bryd i'w gilydd.

Mi fuodd y cyfnod ffilmio'n waith caled (am ei fod yn gyfnod byr), ond bu'n gyfnod hapus iawn yn rhannol, mae'n siŵr, am fod y cast yn cyd-dynnu'n dda. I mi'n bersonol, roedd hi'n braf iawn cael cydweithio â William Thomas – roeddwn wedi gweithio 'dag e sawl gwaith cyn hynny, ond rwy'n edmygydd mawr o'i waith. Tyfodd tipyn o gwlt o gwmpas y ffilm. Fe ges i glywed un tro am dîm rygbi oedd wedi mabwysiadu *Twin Town* fel eu ffilm swyddogol. Bob tro y bydden nhw'n chwarae oddi cartre, dyna'r ffilm fyddai'n cael ei chwarae ar y peiriant fideo ar y bws.

Os yw pobl yn gallu uniaethu â ffilm i gymaint graddau â hynny, mae'n deg dweud ei bod wedi taro tant yn rhywle ac mae'n braf iawn cael bod yn rhan o rywbeth mor arwyddocaol.

Gofalu am Gwmderi

O'r cyfnod cynnar yng Nghwmderi, trwy'r chwyldro a fu yn ethos a strwythur y gyfres, tan y diwrnod yr anadlodd Reg ei anadl olaf, fe ges i gydweithio gydag ugeiniau o bobl o bob lliw a llun, a chael cwmni amrywiaeth fawr o ddoniau. Oedden, roedden nhw'n ddyddiau da ond, fel sy'n anorfod gyda phopeth mewn bywyd, fe fu llawer o fynd a dod dros bron i ddeng mlynedd ar hugain, weithiau er gwell ac weithiau er gwaeth.

Fe aeth *Pobol y Cwm* drwy gyfnod o gael ei hanwybyddu o fewn y BBC. Hynny yw, nid yn yr ystyr eu bod nhw am gael gwared â'r gyfres – ar lawer cyfri roedden nhw'n edrych arni fel *flagship* y Gorfforaeth yng Nghymru – ond fe fydden nhw'n ei thrin hi fel rhywbeth i arbrofi â hi er budd pethau eraill, yn hytrach na deall bod angen ei chynnal a'i meithrin hi er ei mwyn ei hun. O fewn uchel-swyddogion y Gorfforaeth, ychydig iawn o ddiddordeb a ddangosai fawr neb yn uned gynhyrchu'r gyfres. Mi fyddwn i wedi disgwyl bod ambell bwysigyn wedi dangos ei wyneb o dro i dro, jest i holi ein hynt, ond y teimlad a ddeuai o'r top yn aml oedd un o ddiffyg brawdgarwch a chefnogaeth.

Serch dweud hynny, rhaid nodi eithriadau clodwiw – Teleri Bevan a Geraint Talfan oedd y rheini. Roedd Gareth Price yn gefnogol hefyd yn ddiau, ond prin y byddem yn ei weld e serch hynny. Fe fu cefnogaeth Teleri a Gareth i'r gyfres yn weladwy ac yn gyson a gallent ddangos gwerthfawrogiad a chydymdeimlad pan oedd eraill o'u cwmpas yn ymddangos yn gwbl ddi-hid. Bob yn awr ac yn y man mi fydde Teleri'n gwahodd tri neu bedwar ohonom lan i'w swyddfa am ddiod a sgwrs ac mae hi'n un o'r bobl rheini mewn bywyd y mae gen i barch mawr tuag atynt. Dyw'r un peth ddim yn wir am bob un sydd â'i enw ar y rhibidirês o gynhyrchwyr a fu ar y gyfres dros y blynyddoedd.

Nid cyhuddo neb o gael ei wneud yn gynhyrchydd heb fod ganddo fe neu hi dalent ydw i. Roedd gan bawb dalent mewn rhyw faes neu'i gilydd, ond mae bod yn gynhyrchydd llwyddiannus ar gyfres sy'n mynd mas bum gwaith bob wythnos gydol y flwyddyn yn galw am sgiliau amrywiol a phenodol iawn wrth arwain, ysbrydoli, rheoli cyllid a llywio llong mor swmpus trwy ddyfroedd sy'n gallu bod yn uffernol o dymhestlog ar brydiau. Chawson ni mo hynny gan bawb a benodwyd yn gynhyrchwyr ar *Pobol y Cwm* – ddim o bell ffordd.

Am rai blynyddoedd, ymddangosai fod y BBC yn defnyddio *Pobol y Cwm* fel cyfle i 'hyfforddi' cynhyrchwyr bron. Rwy'n sicr yn credu bod lle o fewn y gyfres i gynnig hyfforddiant i gyfarwyddwyr, ond yn bendant nid rhywle i dowlu cynhyrchwyr dibrofiad yw'r gyfres. Dyw hi ddim yn addas o gwbl ar gyfer hynny. Synnwn i fawr nad oedd arbed arian yn un o'r cymhellion y tu ôl i'r polisi hwn. Wrth gwrs, rwy'n sicr fod holl awyrgylch y BBC wedi newid dros y blynyddoedd, gyda'r pwyslais ar gyllid yn mynnu mwy o amser y rheolwyr bellach nag ansawdd y gyfres.

Fe gafwyd dwylo cadarn ar y llyw am gyfnodau, wrth reswm – pobl fel Gwyn Hughes Jones oedd yn deall gofynion y jòb. Cynhyrchydd cryf arall mewn cyfnod diweddarach oedd Terry Dyddgen-Jones – dyn â digon o brofiad teledu a rhywun yr oedd actorion yn gallu teimlo'n gysurus gydag e. Ym mlynyddoedd cynnar *Pobol y Cwm*, roedd e wedi chwarae cymeriad rheolaidd yn y rhaglen ac erbyn dod yn ôl fel cynhyrchydd y gyfres roedd e wedi bod yn gweithio ar *Coronation Street* a *Heartbeat* ac ati.

Pan benodwyd Bethan Jones yn gynhyrchydd, hi oedd y gyntaf o'r tu fas i'r BBC i fod yn y swydd ers rhai blynyddoedd. O ddechrau ei gyrfa broffesiynol gyda fi ar *Ffalabalam*, roedd Bethan wedi mynd i fyd y theatr ac wedi gwneud hewl ohoni. Fel cyfarwyddwr a chynhyrchydd y gwnaeth enw da iddi'i hun, yn hytrach na thrwy barhau i actio rhyw lawer. Does dim amheuaeth nad yw hi'n gwybod ei stwff, a daeth â chefndir drama cryf i'r swydd. Os rhywbeth, ei gwendid hi oedd nad oedd ganddi brofiad teledu digonol, ond rwy'n dal i feddwl bod apwyntio Bethan wedi bod yn gam ymlaen yn hytrach na cham yn ôl. Rwy'n sicr yn cydnabod ei bod hi wedi dod ag adnabyddiaeth dda o ddrama gyda hi i'r gyfres a bod hynny wedi bod o fudd.

Opera sebon

Pan y'ch chi'n flaenllaw mewn opera sebon am gyfnod hir mae e'n llyncu'ch bywyd chi i gyd. Yn llythrennol, chi'n mynd i'r gwaith erbyn wyth, gweithio tan saith y nos, mynd adre 'da sgript y diwrnod wedyn ac yna'n codi i fynd i'r gwaith drachefn trannoeth. Ddydd ar ôl dydd ar ôl dydd, dyw hynny ddim yn hawdd, a rhaid ichi fynd i rigol arbennig o feddwl i allu ei wneud e.

Roedd pethau'n gallu troi'n salw rhwng pobl weithiau – rhywrai ar draws ei gilydd am ba bynnag reswm. Ac rwy wedi colli cownt sawl gwaith dda'th rywun ata i i ddweud, 'Alla i ddim cario ymlaen i weithio gyda hwn neu'r llall.'

Gyda chriw oedd yn gorfod gweithio fel tîm – a gweithio tan gymaint o bwysau ag oedden ni ar *Bobol y Cwm* – allech chi ddim fforddio gadael i ddiflastod fel'na wenwyno'r awyrgylch, ond roedd e'n digwydd o dro i dro. I raddau, gyda chynifer o bobl yn gweithio'n glòs gyda'i gilydd, mae sefyllfaoedd fel'na yn anorfod. Mae llawer o actorion yn hunanol iawn, iawn – maen nhw'n bobl hunanol o ran anian. I raddau, mae hynny'n rhan o'r hyn sy'n eich gyrru chi i eisiau bod yn actor yn y lle cyntaf, efallai, ond mae'n bwysig bod yn ymwybodol o'ch anian gynhenid.

Yn bersonol, rwy'n hoffi meddwl 'mod i wedi gwneud fy ngorau i gadw'r hunanoldeb sydd ynof i dan reolaeth wrth fy ngwaith. Ond rwy'n gwybod y galla i fod yn gas iawn ambell dro. Pan fydda i wedi bod yn llym fy nhafod 'da rhywun, rwy'n tueddu i ddarbwyllo'n hun eu bod nhw wedi haeddu hynny.

Un o'r pethau mwya annymunol a ddigwyddodd i mi erioed fel actor oedd yr erthygl honno gan Phylip Hughes a ymddangosodd yn *Golwg*, yn fy nghyhuddo i o ennill arian mawr ar *Pobol y Cwm*. Roedd e'n gas, yn bersonol ac yn fy ngolwg i yn hynod o ragrithiol. Roeddwn o'r farn ei fod yntau wedi bod yn ennill arian anrhydeddus ei hun am ei waith ar *Pobol y Cwm* am ddeng mlynedd. Fe sialenses i fe i ddadl gyhoeddus ar y cyfryngau, ond gwrthod wnaeth e. Mi fyddwn i wedi bod yn fwy na pharod i amddiffyn fy hun a gweddill y cast, achos ro'n i'n teimlo ei fod e'n bwrw sen ar y cast i gyd.

Peidiwch â 'nghamddeall i. Fi fyddai'r cyntaf i gydnabod doniau

Phylip – roedd e'n sicr yn ardderchog wrth bortreadu'r hen snichyn Stan. Roedd ganddo lais canu da ac fe greodd gymeriad gwirioneddol ddoniol a chofiadwy gyda'r Dyn Sâl hefyd. Er hynny, roeddwn o'r farn fod trafod yr arian yr oedd ei gyd-actorion yn ei ennill – heb sôn am ddannod iddyn nhw sut roedden nhw'n dewis ei wario fe – yn haerllug a chwbl amhroffesiynol.

Gadael *Pobol y Cwm*

Rown i wedi amau beth oedd i ddod. Wedi clywed rhyw sibrwd fan hyn a synhwyro bod y cyllyll yn cael eu hogi fan draw, rywle y tu cefn imi. Ond, ar y llaw arall, roedd eraill wedi'n sicrhau i na allen nhw gael gwared â Reg Harris.

'Feiddien nhw ddim,' oedd geiriau Gareth Lewis wrtha i wrth imi baratoi i ymateb i'r alwad i fynd lan i weld Bethan Jones, y cynhyrchydd. 'Mi fydde lladd Reg yn gyfystyr â lladd y gyfres. Mi fyddi di'n iawn, siŵr.'

Pan ddaeth y newyddion gan Bethan, fe eisteddais i yno'n dawel am rhyw ddeg eiliad ac yna'r geiriau ddywedais i oedd, 'Chi'n neud ffycin mistêc!'

Ar hynny, fe godais i a cherdded mas.

Yn rhyfedd iawn, rown i wedi dweud wrth Bethan ryw ddeunaw mis ynghynt os byth y bydden nhw'n cael gwared â Reg o'r gyfres y carwn i gael chwe mis o rybudd. Doedd gen i ddim hawl disgwyl hynny o dan unrhyw gytundeb, ond fel yr unig actor oedd wedi aros gyda'r gyfres yn ddi-dor rown i'n credu bod gen i hawl i ddisgwyl y parch hwnnw. Fe gytunodd Bethan ac, i fod yn deg, fe gadwodd at ei gair. Fe ges wybod yn niwedd mis Medi 2002 ac fe adewais ym mis Mawrth 2003.

Nid Bethan oedd gwreiddyn y drwg o ran fy nhynged i a Reg, rwy'n argyhoeddedig o hynny. Er na alla i brofi hynny i sicrwydd, mae gen i sail i gredu mai gorchymyn oddi fry oedd wrth wraidd y penderfyniad mewn gwirionedd.

Dw i ddim yn dal dig 'da Bethan am beth ddigwyddodd – ond rwy wedi meddwl aml dro a oedd hi'n cofio ar ddiwrnod fy niswyddo am y diwrnod arall hwnnw dros chwarter canrif ynghynt pan wnaeth hi ei gwaith proffesiynol cyntaf un gyda fi ar *Ffalabalam*. Fe aethon ni'n dau o ddiniweidrwydd *Ffalabalam* i ddicter y 'ffycin mistêc'. Rhyfedd o fyd!

Ydw i'n gweld isie *Pobol y Cwm*?

Mae pawb yn gofyn imi ydw i'n gweld colli *Pobol y Cwm*. Yn ariannol ac o ran gwaith rheolaidd i fynd iddo, wrth gwrs 'mod i. Ond dw i ddim wedi colli cwsg na'r un deigryn dros yr hyn wnaethon nhw.

Teimlo'n flin oeddwn i ar y pryd. Doeddwn i ddim yn meddwl eu bod nhw'n gwneud y peth iawn – a dw i'n dal ddim yn meddwl eu bod nhw wedi gwneud y peth iawn. Roedd y gyfres yn colli poblogrwydd yn siartiau nifer y gwylwyr ac ati ar y pryd a dw i ddim yn meddwl mai cael gwared ar Reg Harris oedd y cam calla i'w gymryd yn wyneb y ffaith honno.

Mae'r blynyddoedd y bues i'n chwarae Reg Harris yn rhai allweddol yn fy hanes, go brin fod angen dweud hynny – ac rwy'n ffodus iawn o allu dweud, at ei gilydd, iddyn nhw fod yn flynyddoedd hapus iawn. Fe ges gwmnïaeth dda i weithio gyda hi bron yn ddieithriad a rhai unigolion rown i'n eu hedmygu'n fawr fel actorion ac a ddaeth yn ffrindiau personol da.

Ond mi es i drwy gyfnod, rhyw ddeng mlynedd cyn imi adael, pan own i'n teimlo y dylwn i symud ymlaen a mynd i wneud rhywbeth arall, gwerth chweil. Nid nad own i'n ystyried *Pobol y Cwm* yn rhywbeth gwerth chweil, achos mi own i. O ran ei phoblogrwydd gyda chynulleidfaoedd Cymraeg a di-Gymraeg rown i'n meddwl bod lle anrhydeddus iawn i *Pobol y Cwm*, ond o ran gyrfa bersonol roedd rhyw ysfa yno' i i fynd yn ôl i'r theatr neu i weithio ar rywbeth cwbl wahanol. Ar ôl cynifer o flynyddoedd rown i'n teimlo 'mod i'n dal i chwarae'r un hen Reg a thin-droi yn yr un hen rigolau cysurus. O edrych yn ôl, mae'n debyg mai rhyw deimlo 'mod i'n rhy gyfarwydd â phopeth yng Nghwmderi own i ar y pryd, ond aros yng nghysur y rhigolau wnes i. Ydw i'n difaru hynny nawr? Na, ddim mewn gwirionedd. Mi ddylwn i fod wedi mynd. Mae hynny siŵr o fod yn wir. Ond mae difaru'n air rhy gryf. Mae'r pethau rwy'n eu gwir ddifaru yn llawer mwy ingol na hynny.

Cowbois ac Injans

Pan adewais i *Pobol y Cwm* fe wnes i benderfyniad bwriadol i beidio gwneud dim ar y sgrin yn Gymraeg am flwyddyn gron. A dyna ddigwyddodd, er imi ymddangos yn y cyfresi poblogaidd *Emmerdale*, *Doctors* a *Heartbeat* yn Saesneg yn ystod y cyfnod y bues i bant.

Yn fwy diweddar, rhaid cyfaddef ei bod yn braf cael bod 'nôl o flaen camerâu yn gweithio yn Gymraeg eto gyda *Cowbois ac Injans*. Dyna deitl y gyfres deledu ddiweddaraf imi weithio arni.

Pan es i i ddarlleniad cyntaf y gyfres yn yr hen Glwb Trydan ym Mhontcanna, fe ges i'r sioc fwya imi ei gael ers i Dr Ionescu ddweud wrtha i pa mor dost o'n i yn 2005. O'r 35 actor yn y cast, dim ond ychydig o'r wynebau yr o'n i'n 'u nabod – Simon Fisher, Catherine Ayers, Janet Aethwy, Mared Swain, Ian Saynor, Rhys ap William, Eifion Price a Sara Hunter. Roedd y lleill i gyd yn wynebau anghyfarwydd imi – adlewyrchiad o'r ffaith fod cymaint o waed ifanc wedi dod i mewn i'r busnes dros y blynyddoedd diwethaf. Peth da yw hynny, wrth gwrs. Rown i wrth fy modd.

Rwy'n hoff iawn o'r rhan sy 'da fi yn *Cowbois ac Injans*. Gyda'r pwyslais yn fwy ar y doniol na'r difrifol, hanes garej a gwerthwyr ceir yw sail y gyfres wyth pennod a addaswyd gan Sharon Morgan o sgriptiau godidog Catherine Tregenna a'i brawd Jon.

Erbyn i hyn o lyfr ymddangos, fe fydd y gyfres gyntaf o *Cowbois ac Injans* i'w gweld ar y teledu, ac rwy'n ffyddiog y caiff dderbyniad da.

Nid dyma, gobeithio, fydd diwedd y daith o ran gyrfa i mi. Fel pob actor arall, mae'n siŵr, rwy'n teimlo bod cymaint eto i'w gyflawni. Dyw'r blynyddoedd heb amharu ar yr awydd i berfformio a diddanu, a thra 'mod i'n mwynhau'r gwaith rwy'n hyderus y bydd y sialensau a'r cyfleoedd amrywiol yn parhau.

Fi a Dewi Pws – fy ffrind direidus – ar ein gwyliau yn Symi.

Gyda Walter James, fy nghyfaill a laddwyd mewn damwain awyren yn yr Eidal. Chwerthinwr heb ei ail.

Hapus? Wrth fy modd! Gwisgo cap enillwyr cwpan yr FA yn 1990 ac yn bwrw iddi gyda'r dawnsio Groegaidd.

Leah, fi a Lowri –
cwmni da!

Y diweddar Kyriakos Fotaras a'i wraig Vasilia – ffrindiau da, a dau o'r rhesymau pam i ni gwympo mewn cariad â Symi.

Ar daith gyda Chlwb Criced Taverners, Pen-y-bont.

Ffrindiau ardal Trelales tu fas i'r Tap – ar ein ffordd i chwarae golff yn Llanrhystud. Taith i ddychwelyd y gwpan yno wedi i ni ei hennill y flwyddyn flaenorol.

Llangrannog 2004. Hen Dad-cu y Cilie a Huw Ceredig – p'run yw p'run tybed?

Gyda George Best –
ffrindiau oes?!

Huw Ceredig yn
gwneud beth mae e'n
ei wneud orau – joio!

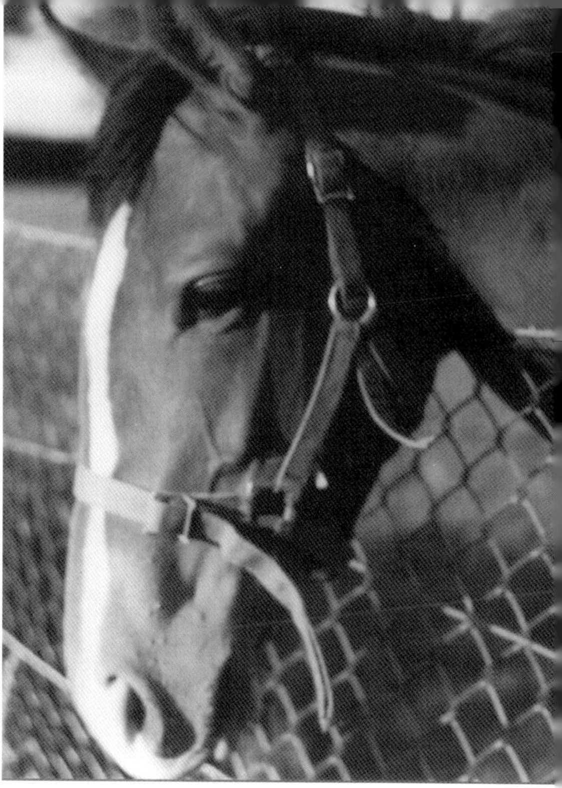

Cwm Deri – un o'r ceffylau yr oeddwn i'n rhan-berchen arno gyda Kevin Mercer.

Fi yn arwain y ceffyl Kossolian i mewn i gylch yr enillwyr yng Nghas-gwent

Siôn Huw ar lin ei dad-cu.

Ffalabalam. Huw a Huwcyn un-lygeidiog. Ydw i'n edrych yn euog?!

Alun Ffred yn sylwebu ar y gêm enwog rhwng Cwm Deri a Bryn Coch.

Gyda Norah Isaac – ein dau yn wahoddedigion mewn cinio ym Maesteg.

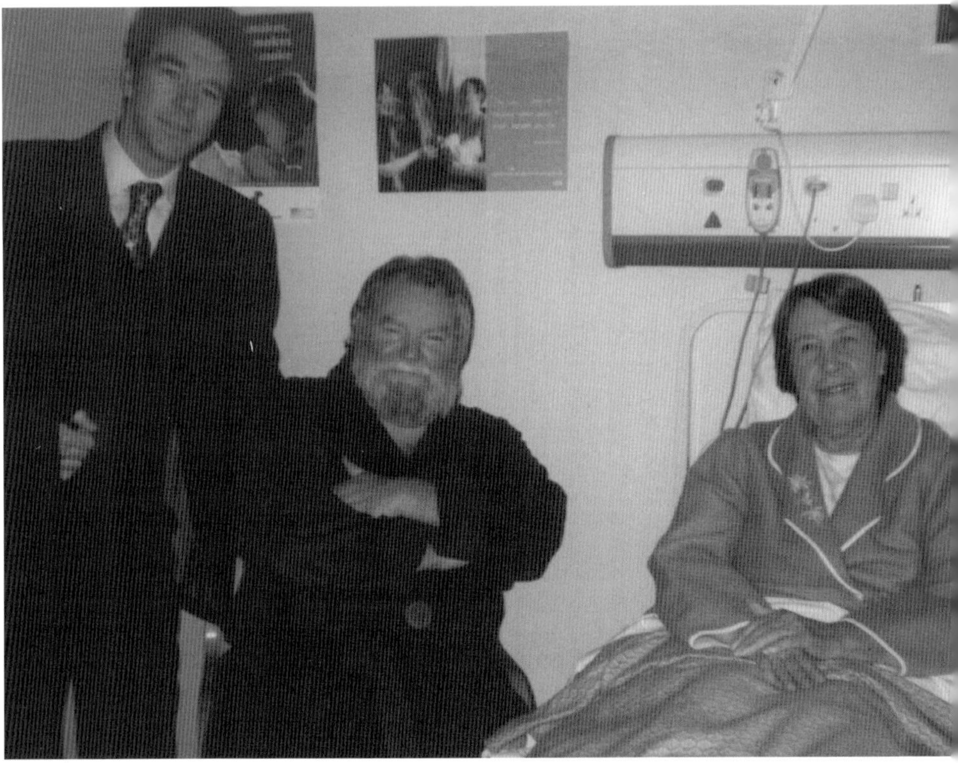

Norah arall y tro hwn! –Norah Batty! Fi, Kathy Staff a Sean Gleeson ar set y gyfres 'Doctors'

Lowri a'r genhedlaeth nesaf – Siôn Huw ac Elin Mai

Hamddena

Criced

Yn yr ysgol doeddwn i ddim yn chwaraewr criced ffôl o bell ffordd, ond do'n i ddim ymysg y goreuon yno chwaith. Rhaid dweud bod y gwersi chwaraeon, a chriced yn benodol, ymhlith yr ychydig bethau yr o'n i'n eu mwynhau yn Llanymddyfri.

Fe barhaodd y diddordeb, ac yn y blynyddoedd cynnar pan oeddwn yn byw yn ardal Pen-y-bont rown i'n un o sefydlwyr tîm y Taverners. Y drafferth yw, wrth gwrs, fod y criw o ddynion ifanc, brwdfrydig fu'n gyfrifol am sefydlu'r tîm i gyd wedi tyfu'n hen gyda'i gilydd. Fe rois i'r gorau i chwarae pan ges i broblemau gyda 'nghoes am y tro cyntaf, ryw chwe mlynedd yn ôl. Erbyn hyn rwy'n Llywydd Anrhydeddus ar y clwb ac rwy'n falch o ddweud bod gwaed newydd wedi dod i mewn i'r tîm yn ddiweddar.

Dros y blynyddoedd bu nifer o brif chwaraewyr rygbi'n chwarae inni, pobl fel Mark Titley a Kevin Hopkins, a gwir yw dweud bod Clwb Criced y Taverners – y gêmau a'r gwmnïaeth – wedi dod â llawer iawn o bleser i mi.

O ran mwynhau gwylio a chefnogi criced, Morgannwg yw'r clwb sydd wedi cael fy nghefnogaeth i, ac rwy wedi bod yn ffrindiau da gyda chwaraewyr fel Alan ac Eifion Jones a Roger Davies. (Mae Roger yn un sy'n dal i ddod ar sawl trip criced gyda mi.) Rown i'n nabod Jeff Jones yn dda iawn hefyd – tad Simon Jones sy'n chwarae i Loegr ar hyn o bryd. Mi fyddai Jeff yn galw yn y Mackworth yn aml i chwarae cardiau.

Ar ôl rhyddhau *Twin Town*, rown i'n eistedd ar fy mhen fy hunan yng Ngerddi Sophia un diwrnod yn gwylio'r criced pan ddôth dau neu dri o fois ifanc ata i. Roedd rhywun wedi dweud wrthyn nhw fod Fatty Lewis yn y dorf – ac roedd y rhain yn ffans mawr o'r ffilm. Dyna pryd ces i wybod mai *Twin Town* oedd y ffilm a fyddai'n cael ei dangos ar y bws yn barhaus bob tro y bydde'n nhw'n chwarae oddi cartref.

Fe alla i eistedd drwy'r dydd yn gwylio criced. Erbyn hyn, mae cryn fri ar y gêmau undydd. Wam-bam a dyna'r cyfan drosodd o fewn prynhawn, ond rwy i'n foi all eistedd yno'n gweld gêm yn mynd rhagddi dros dridiau yn ddidrafferth. Lawer tro rwy wedi eistedd yng Ngerddi Sophia yn sythu ar ddiwrnod oer o Ebrill. Un tro mae gen i gof mai dim ond pump ohonom oedd yno.

Yn ystod dyddiau *Pobol y Cwm*, os oedden ni wedi gorffen ffilmio erbyn amser cinio, i lawr â fi i Erddi Sophia i weld y criced. Neu os nad oedd ffilmio'n dechrau tan yn hwyrach i mi, fe awn i yno am awr neu ddwy cyn mynd i'r gwaith. Os oedd egwyl o griced i'w chael, rown i yno i'w mwynhau. Ac roedd hynny'n wir oddi ar y llain griced yn ogystal ag arni. Do, rwy'n cyfaddef, fe ges i sawl noson ddigon gwyllt yng nghwmni Robert Croft a'r criw!

Rygbi

Does dim gwadu nad yw rygbi wedi rhoi dyddiau dirifedi o bleser i mi ar hyd y blynyddoedd. Fel gyda'r criced, dyma i chi eto un o'r ychydig atgofion cadarnhaol sydd gen i o'r cyfnod yng Ngholeg Llanymddyfri. Wrth gwrs, a minnau'n grwt o Frynaman, roedd fy niddordeb yn y gêm wedi ei gynnau ymhell cyn hynny ac, yn naturiol, roedd y ffaith fod Carwyn ar staff y coleg yn destun cyffro ac ysbrydoliaeth i nifer ohonom yno. Ond yn wahanol i griced, mae rygbi wedi dod â rhwystredigaeth ddybryd i'm rhan dros y blynyddoedd diwethaf, ac erbyn heddiw gwir dweud mai gwaddod chwerw iawn sy'n lliwio fy agwedd tuag at y gêm.

Fe fues i ar bwyllgor Clwb Pen-y-bont am dros 25 mlynedd, gan gyrraedd yr uchel swydd o Gadeirydd y Clwb am ddwy flynedd yn nechrau'r nawdegau, cyn i'r gêm droi'n broffesiynol. Rwy hefyd wedi bod ynghlwm â Chlwb Rygbi'r Pîl a Chlwb Rygbi Cefn Cribwr ers blynyddoedd maith. Roeddwn i'n Is-Lywydd Clwb Rygbi'r Pîl ar un adeg. Clwb lleol arall rwy'n dal i gadw diddordeb ynddo yw Brynaman. Rhaid edrych ar y canlyniadau bob prynhawn Sadwrn i weld shwt maen nhw wedi gwneud, ond y rhyfeddod i mi erbyn heddiw yw fod y timoedd bychain hyn yn gallu parhau o gwbl.

Rwy'n cofio gwneud araith pan oeddwn yn Gadeirydd ar Glwb Pen-y-bont yn rhybuddio bod cynghreiriau ar eu ffordd i mewn a bod angen inni fod yn ofalus sut roedden ni'n trin ein chwaraewyr. Wfftio wnaeth pawb, ond ddeunaw mis yn ddiweddarach roedd y cynghreiriau mewn bodolaeth. Ddwy flynedd wedi hynny eto roedd y gêm wedi troi'n broffesiynol.

Digwyddodd y cyfan yn rhy glou, i'm tyb i. Nid yr egwyddor rwy'n ei gwrthwynebu'n gymaint, ond y ffaith i'r cyfan gael ei droi wyneb i waered heb amserlen iawn i alluogi'r clybiau i wneud hynny mewn ffordd ddilys na theg.

Dyna'r unig feirniadaeth sy gen i o Vernon Pugh – un yr wy'n ei gydnabod fel dyn galluog iawn – ond pan wnaethon nhw'r datganiad fod y gêm yn troi'n broffesiynol cafodd y grym i gyd ei drosglwyddo i'r chwaraewyr. O'r diwrnod hwnnw ymlaen roedden nhw mewn sefyllfa i allu mynnu pa bynnag ffi roedden nhw isie, ac i chwarae i bwy bynnag roedden nhw isie – yn enwedig y chwaraewyr gorau.

Rwy'n credu i hynny wneud llawer o ddrwg yng Nghymru – ac mae e'n dal i wneud drwg. Mae llawer o'r clybiau llai wedi mynd ac mae'r clybiau rwy i'n gyfarwydd â nhw o gwmpas Pen-y-bont wedi diodde'n ofnadwy. Does dim posibl iddyn nhw godi'r arian i gystadlu. Flynyddoedd yn ôl roedd gan y Pîl, Mynyddcynffig, Cefn Cribwr a Thon-du bedwar neu bump tîm yn chwarae bob prynhawn Sadwrn, ond bellach mae'r feithrinfa wych yna, oedd wedi ei magu dros genedlaethau, wedi mynd.

Ymhen deng mlynedd rwy'n meddwl y byddwn ni'n edrych ar sefyllfa lle bydd problem aruthrol wrth geisio dod o hyd i dalentau newydd.

Dyw Undeb Rygbi Cymru ddim wedi sylwi ar y newidiadau cymdeithasol sy'n digwydd o'u cwmpas nhw – a dyw hynny'n ddim byd newydd. Dy'n nhw erioed wedi gweld dim pellach na'u trwynau ac erbyn hyn rwy'n teimlo eu bod nhw wedi lladd rygbi de Cymru yn llwyr.

Rwy wedi bod yn feirniadol ohonyn nhw ers y saithdegau. Doedden nhw ddim yn gweld diwedd yr 'oes aur' yn dod bryd hynny – ddim nes ei bod hi'n rhy hwyr. Y cyfan maen nhw wedi ei wneud ar hyd y blynyddoedd yw edrych ar eu holau eu hunain – gofalu bod eu swyddi nhw'n saff a hynny ar draul rygbi yng Nghymru.

Er bod llawer yn clodfori y gwaith a wnaethpwyd gan Moffet fel Prif Weithredwr Undeb Rygbi Cymru, rydw i o'r farn ei fod e wedi gwneud mwy o niwed nag o les i'r gêm. Ef oedd yn bennaf gyfrifol am waredu Cymru o dalaith Rhyfelwyr Pen-y-bont a Phontypridd. Chlywais i'r un gair o wrthwynebiad i'w gynlluniau gan yr un o'r taleithiau 'cyfeillgar' honedig a fodolai ar y pryd chwaith. Faddeua i byth iddo ef am y cam hwnnw nac i'r taleithiau eraill am eu tawelwch.

Waeth be maen nhw am eu galw eu hunain, clybiau yw'r pedwar sydd ar ôl – Llanelli, Caerdydd, Casnewydd ac Abertawe a Chastell-nedd. Y

Gweilch, i'm tyb i, yw'r unig rai sydd unrhyw beth yn debyg i ardal.

Pan ddiddymon nhw'r Rhyfelwyr fe chwalwyd y tîm oedd yn cynrychioli'r gyfran uchaf o boblogaeth cefnogi rygbi Cymru ym Mhen-y-bont a Phontypridd. Fe gawson nhw wared ar y tîm oedd yn cynrychioli'r nifer fwya o glybiau rygbi o'r pum parth a grëwyd. Fe aethon nhw ati i ddiddymu'r tîm oedd yn cyfuno'r ddau glwb gynhyrchodd fwy o chwaraewyr rhyngwladol dros y deugain mlynedd diwethaf na'r un clwb arall, a dileuwyd y clybiau oedd wedi ennill pob cwpan a chynghrair yn rheolaidd drwy gydol hanes y gêm. Does gen i ddim cydymdeimlad felly gydag unrhyw un o'r rhanbarthau presennol, gan gynnwys y Sgarlets, sy'n mynd i ddyledion enfawr. Yn fy marn i, diffyg rheolaeth gadarn ar sawl lefel sydd i gyfrif am hynny, ac fe fyddwn i'n hapus gweld yr Undeb yn eu trin nhw yn yr un modd ag y gwnaethon nhw drin y Rhyfelwyr.

Af i byth i weld gêm yn cael ei chwarae'n fyw yng Nghymru rhwng y 'parthau' honedig 'ma, ar wahân i weld Pen-y-bont yn y bencampwriaeth a dal i gefnogi Cymru'n rhyngwladol. Petai pob un o'r parthau'n colli pob gêm maen nhw'n ei chwarae am weddill eu hoes, fydde dim iot o wahaniaeth gen i. Ac mae i un fel fi, fu'n selog i'r gêm drwy'i oes, ddweud hynny yn ddweud go fawr. Dyna faint y briw.

Hedfan ...

Er imi gael fy nadrithio gan rygbi erbyn heddiw, ar lefel bersonol mae'r gêm wedi sbarduno teithiau bythgofiadwy. Tripiau rygbi roddodd imi'r teithiau awyren rhyfedda ges i erioed, a thrip rygbi roddodd imi'r profiad cyntaf o hedfan – a doedd hwnnw ddim yn brofiad pleserus, ddim o bell ffordd!

Roedd hi'n 1975 arna i yn hedfan am y tro cyntaf – oeddwn, roeddwn i dros ddeg ar hugain oed cyn mentro hedfan i unman, a hyd yn oed wedyn doeddwn i ddim wedi bwriadu gwneud hynny. Fe gychwynnais i Baris gyda chriw o Ben-y-bont ar nos Wener i wylio Cymru'n chwarae Ffrainc. Croesi'r sianel a thrên wedyn i'r Gare du Nord ym Mharis, gan gyrraedd yno mewn da bryd i wylio'r gêm. A dyna i chi gêm oedd honno! Cymru'n maeddu'r Ffrancod ar eu tir eu hunain am y tro cyntaf ers blynyddoedd lawer. Wrth gwrs, bu hen orfoleddu wedi'r gêm, ond erbyn tua 11.00 y nos roedd hi'n bryd i griw'r llong gychwyn yn ôl am y Gare du Nord.

Rhaid cyfaddef, roedd y *vin rouge* wedi cydio erbyn hynny a doeddwn i ddim yn awyddus i adael y rhialtwch o gwbl. A phan fydd y ddiod gadarn wedi cael gafael mewn dyn, mae synnwyr cyffredin yn diflannu trwy'r ffenest – mae'n debyg mai dyna pam, pan gynigiodd cyfreithiwr o De Cymru y gallwn i hedfan yn ôl gydag e y bore canlynol, yr oedd hynny'n swnio'n gynnig delfrydol. Cytuno i aros wnes i, ffarwelio gyda chriw'r llong, a bwrw iddi i fwynhau gweddill y dathliadau.

Y bore wedyn, yng ngolau dydd, fe ddechreuais i sylweddoli 'mod i mewn twll – ro'n i'n styc ym Mharis, dim arian, dim tocyn i hedfan a, gwaeth na hynny, dim pasport chwaith gan fod hwnnw yng ngofal trefnydd y daith wreiddiol. A'r hyn oedd yn flaenllaw yn fy meddwl i oedd fod rhaid cyrraedd yn ôl i Gymru y diwrnod hwnnw gan fod angen i mi fod wrth fy ngwaith y bore canlynol.

I ffwrdd â fi gyda'r cyfaill cyfreithiwr a gweddill ei griw i faes awyr Orly. Yn rhyfeddol, fe lwyddais i weithio fy ffordd trwy'r mannau rheoli cynnar yn y maes awyr yn weddol ddidrafferth. Wrth gyrraedd at *passport control* dyma roi'r dogfennau i gyd mewn un bwndel, cael eraill yn y criw i greu ryw ffwdan a llwyddo i gael fy hun heibio rywsut. Roeddwn i'n fwndel o nerfau – wedi'r cwbl, roedd yna filwyr arfog ar hyd yr adeilad a minnau'n mentro'n ddirfawr.

Pan ddaeth hi'n fater o fynd heibio i'r giât i fynd ar yr awyren y daeth y drafferth fwyaf. Rywsut, fe lwyddon ni i ddefnyddio'r un tactegau o dynnu sylw a drysu'r gweinyddesau a dyma gael fy hun drwodd i'r twnnel ac ar y ffordd i'r awyren. Teg dweud 'mod i'n cachu brics! Yn sydyn dyma glywed un o'r milwyr yn gweiddi 'Arrête! Arrête!' a minnau, o gofio'r arfau, yn penderfynu ildio. Dyma droi a gofyn i'r giard, 'Moi?', ond yn rhyfeddol, cyfeirio at fy ffrind y cyfreithiwr yr oedd o, felly 'mlaen â mi, gan sleifio'n ddiolchgar i sedd ar yr awyren.

Doedd y rhyddhad ddim i bara'n hir. Dim ond nes daeth yr olaf o'r teithwyr ymlaen ar yr awyren a chanfod nad oedd sedd iddo. Anghofia i fyth mo'r dyn hwnnw – gŵr o Bont-y-pŵl oedd e ac roedd e'n cario rhyw wyth torth Ffrengig mewn bagiau papur. Sa 'i erioed wedi bod mor dost yn fy myw – cyfuniad o nerfau oherwydd y strach a'r twyll a dogn helaeth o sgil effeithiau'r noson gynt mae'n siŵr. Fe fu'r gŵr o Bontypŵl a'r *stewardess* yn ôl a 'mlaen yn ceisio ffeindio pam nad oedd sedd iddo, a minnau'n teimlo'n gwbl sâl ac yn ceisio peidio tynnu sylw. O'r diwedd, a ninnau'n hwyr yn codi i'r awyr, dyma benderfynu y câi'r gŵr hwnnw eistedd yn y cocpit gyda'r peilot ac i ffwrdd â ni.

Yr hyn na allwn i na neb arall ar fwrdd yr awyren fod wedi ei rag-weld y diwrnod hwnnw oedd y 'digwyddiad' rhyngwladol tra oeddem yn yr awyr. Dyna'r diwrnod y saethwyd awyren El Al gan derfysgwyr ym maes awyr Orly – ac, wrth gwrs, erbyn i ni gyrraedd Maes Awyr Caerdydd roedd y lle wedi'i amgylchynu gan heddlu arfog, a diddordeb mawr 'da nhw ym mhob un oedd yn cyrraedd o Orly.

Unwaith eto, yn rhyfeddol, roedd ffawd o'm plaid – doedd gen i ddim bagiau i'w casglu ac felly fe allwn symud yn gyflym. Gwell fyth, ro'n i'n digwydd nabod y bachgen ar *passport control* Caerdydd y diwrnod hwnnw. Diolch i'r drefn, fe chwifiodd hwnnw fi drwodd gyda gwên a dyma finnau'n ei baglu hi i'r car at Margaret. Fues i rioed mor falch o gyrraedd adre, ond dyw'r hanes ddim cweit yn gorffen yn fanno.

Y bore canlynol roedd y cyfryngau'n llawn o stori'r awyren yn Orly a thrafodaethau am ddiogelwch meysydd awyr. Fel y digwyddodd, John Ifans oedd un o'r teithwyr ar yr awyren gyda mi, gohebydd gyda'r BBC yng Nghaerdydd, ac roedd yntau wedi adrodd yr hanes am y 'teithiwr ychwanegol' ar y newyddion y bore hwnnw. Chwarae teg iddo, wnaeth e ddim fy enwi, ond roedd digon o'r teithwyr yn gwybod pwy oeddwn i. Yn ddiweddarach y bore hwnnw daeth galwad ffôn gan *Tonight* yn gofyn a fydden i'n fodlon ymddangos ar y rhaglen i siarad am brofiad y daith 'nôl o Baris. Gwrthod wnes i, a hynny ar sail cyngor gan gyfreithiwr a heddwas gan fod y ddau yn unfrydol y gallen i golli fy mhasport pe bawn i'n cyfaddef yr hyn wnes i.

Rwyf wedi hedfan i bedwar ban byd wedi hynny, wrth gwrs, ond anghofia i fyth mo'r tro cyntaf hwnnw – a'r atgof sy'n parhau gryfaf yw pa mor sâl o'n i'n teimlo!

Fe fu ail hedfaniad hynod yn ymwneud â thaith rygbi hefyd, ac rwy'n meddwl 'mod i'n iawn i ddweud mai dyma un o'r ffleits cyntaf gan jymbo i mewn i Gaerdydd erioed.

Rhaid fod Cymru'n chwarae Iwerddon ym Mhencampwriaeth y Bum Gwlad ar faes Lansdowne Road y flwyddyn honno. Roedden ni'n griw o rhyw bump neu chwech wedi mynd i Ddulyn gyda'n gilydd – gan gynnwys Phil Clarke. Boi mawr, cryf, cyhyrog oedd Phil ac fe fuodd e'n wythwr i Aberafan am flynyddoedd – yr wythwr gorau na chafodd erioed gap dros Gymru. Un arall yn y cwmni oedd Howard Jenkins, cymydog inni yn Nhrelales.

Erbyn y daith adre ar yr awyren roedden ni i gyd yn llwythog gyda photeli o hyn a'r llall a digon o ffags i roi sawl tas wair ar dân. Ond yn sydyn reit fe synhwyrais i fod rhywbeth o'i le, a mentro mynegi hynny i Phil.

'Pam wyt ti'n dweud 'na?'

'Dy'n ni ddim yn mynd y ffordd reit,' atebais i. 'Rwy jest yn gwybod nad dyma'r ffordd 'nôl i Gymru.'

O fewn dim, dyma'r cyhoeddiad yn dod bod problem gydag un o'r injans. Roedd y capten yn siarsio pawb i beidio â phryderu ac y bydden ni'n iawn, ond erbyn hyn, rown i'n grediniol fod rhywbeth mawr o'i le.

'I'm telling you, we're not going to Cardiff …'

'How can you tell, Ceredig?'

'I just know,' dywedais i, ond doedd fawr o chwant gwrando arna i ar y bois eraill. Tan, hynny yw, i'r capten wneud cyhoeddiad arall: 'We've now developed a fault with the other engine,' medde fe, 'and will need to land in a larger airport than Cardiff where facilities will be at hand should there be any further problems when we arrive.'

Mae'n wir dweud bod rhai ar yr awyren yn cael cathod bach erbyn hyn, ond doeddwn i ddim yn gofidio cymaint â hynny. Gweld y peth yn od o'n i. Os oedd problem yng Nghaerdydd gyda derbyn yr awyren, pam ddim glanio ym Mryste? Dim ond ergyd carreg dros y dŵr o Gaerdydd yw Bryste, ond roedd hi'n amlwg erbyn hyn nad i'r fan honno o'n ni'n mynd ychwaith.

Daeth y capten yn ôl eto: byddai'n rhaid mynd i Lundain. Doedd hyn yn gwneud dim synnwyr i ni o gwbl. Os oedd y sefyllfa mor wael â hynny, siawns nad trio glanio yn y lle agosa fyddech chi, yn hytrach na pheryglu bywydau pawb trwy fynd â nhw ymhellach fyth. Ond yna fe roddodd y capten daw ar unrhyw drafod rhwng y teithwyr gyda'r cyhoeddiad nesaf: 'Those of you wishing to smoke may now do so.'

Yn wahanol i heddiw, doedd pob awyren ddim yn gwahardd smygu bryd hynny, dim ond y rhai oedd yn hedfan siŵrneiau byr – felly roedd hon yr oedden ni arni yn rhan o'r gwaharddiad. Er hynny, roedd y capten yn dweud y câi'r sawl oedd am smygu wneud hynny, a'r awgrym, wrth gwrs, oedd mai honno fyddai eu sigarét olaf. Wel, sôn am banig!

Dechreuodd Howard Jenkins ganu 'The Old Rugged Cross' ar ei organ geg, ac roedd nifer o'r Cymry Cymraeg wedi dechrau morio canu rhyw emynau pruddglwyfus oedd yn ddigon i godi'r felan ar unrhyw un.

Dechreuwyd agor y poteli oedd i fod yn anrhegion i eraill, a synnwn i fawr nad oedd ambell un yn dweud ei bader am y tro cyntaf ers blynyddoedd. Dyna beth oedd cyfuniad o'r Swper Olaf a pharti, gyda chabin llawn mwg a chanu – ond roedd nifer wrthi'n chwydu i mewn i'r bagiau papur hefyd. Anodd gwybod faint oedd yn sâl oherwydd ofn a faint oedd wedi goryfed.

P'run bynnag, ar waetha'r gymysgfa hon o ddathlu ac anobeithio, fe gyrhaeddwyd Heathrow yn ddiogel – gydag ambiwlansys a cherbydau'r frigâd dân yn amgylchynu'r llain lanio. Ar ôl glanio dyma ddarganfod bod bysiau ar gael i'n cludo ni i gyd 'nôl i'r Rhws, lle roedd Margaret yn disgwyl amdana i.

Ar y daith yn ôl i Gymru fe ddechreuais i siarad â'r meddyg 'ma oedd yn grediniol mai twyll oedd y cyfan roedden ni newydd fyw trwyddo – rhyw sgam gan y cwmni awyrennau i gael yr awyren i Heathrow. A rai misoedd yn ddiweddarach, dyna lle'r oedd y stori ar flaen y *Western Mail*. Angen yr awyren yn Llundain oedden nhw er mwyn iddi fynd ymlaen i rywle arall lle'r oedd ei hangen ar frys. Roedd y meddyg hwnnw y siaradais i ag e wedi mynd i gyfraith i gael at y gwir ac wedi cael iawndal sylweddol gan y cwmni awyrennau am y gofid a'r anghyfleustra.

Ofer fu'r canu a'r cyfog, y mwg a'r meddwi, y panig a'r paderau – doedd dim affliw o ddim byd yn bod ar yr un injan, ond fe fu'n daith i'w chofio os dim byd arall!

... a pheidio â hedfan

Weithiau mae rhagluniaeth yn estyn llaw o rywle i arbed dyn rhag ei dranc, a Glenda Jones fu llawforwyn rhagluniaeth yn fy achos i, yn ôl ym mis Mai 1992.

Hi oedd cynhyrchydd *Pobol y Cwm* ar y pryd, a phan ofynnais iddi oedd modd ailwampio'r drefn ffilmio am yr wythnos i 'ngalluogi i i gael dydd Gwener yr wythfed o Fai yn rhydd, gwrthododd. I fod yn deg â Glenda, roedd hi'n hynaws iawn yn hynny o beth fel arfer – yn barod bob amser i hwyluso pethau i bobl eraill. Ond er fy nhaer erfyniadau, daliodd Glenda ei thir yn gadarn ar yr achlysur hwn. (Os cofia i'n iawn, golygfeydd nos oedd i'w ffilmio ar yr wythfed ac rwy'n fodlon cydnabod bod trefnu hynny'n fwy astrus na'r cyffredin ar y gorau.)

Ffrind annwyl imi, Walter James, oedd wedi fy ngwahodd i'r Eidal i fwrw'r Sul. Roedd Walter yn ŵr ffeind, yn ddyn gwerth ei nabod ac yn berson llawn hwyl. Y penwythnos hwnnw roedd e'n hedfan i Fenis ar jet breifat gyda thri ffrind arall i mi – brodyr Eidalaidd oedd berchen gwesty ym Mhorth-cawl ac Eidalwr arall o Fargam. Trip busnes oedd e iddyn nhw, ond gan ei bod hi'n benwythnos roedd yna argoel hefyd am dipyn o golff a gwahoddiad i minnau fynd gyda nhw.

Nid ar chwarae bach rown i'n fodlon colli mas ar hedfan mewn jet breifat i Fenis i fwynhau gogoniannau'r ddinas honno a chael rownd neu ddwy o golff gyda'm ffrindiau – ond diolch i bendantrwydd Glenda, dyna fu raid.

Y gŵr a gymerodd fy sedd i ar yr awyren ar y funud olaf oedd golffiwr proffesiynol o'r enw Graham Poor. Felly, y fe, Walter James, Evo Farini, Stefano Rinaldi, Giuliano Rinaldi a pheilot o Firmingham yr oedd y brodyr wedi ei logi ar gyfer y daith oedd y chwech a hedfanodd o Gaerdydd ar fore'r wythfed o Fai. Ddaeth yr un ohonynt yn ôl.

Cododd yr awyren o Fenis ar y dydd Llun gyda'r bwriad o fynd i dref Bergamo ger Milan, sef cam cyntaf eu taith adref. Chyrhaeddodd hi byth a welwyd mohoni wedyn mewn un darn. Bu chwilio dyfal yn yr ardal fynyddig ac anghysbell rhwng y ddwy ddinas am rai dyddiau – a gallwch ddychmygu mor gymysg fy nheimladau i yn y dyddiau hynny. Ofni'r gwaetha am fy nghyfeillion, ac arswydo meddwl mai fy lle i gymerodd Graham Poor – a thrwy'r cyfan, yr ansicrwydd o beidio gwybod beth ddigwyddodd.

Erbyn y dydd Gwener canlynol roedd pennawd bras y *Western Mail* yn dweud y cyfan: 'Plane pals dead'.

Gydag amser yn rhydd cyn eu cyfarfod yn Bergamo, credir i'r Eidalwyr godi i'r awyr yn gynnar er mwyn dangos golygfeydd godidog yr Alpau, am y ffin rhwng yr Eidal a'r Swistir, i'r ddau Gymro. Ddown ni byth i wybod i sicrwydd beth ddigwyddodd, ond yn uchel yn y mynyddoedd uwchben Ferona y daethpwyd o hyd i olion yr awyren a chyrff y chwech.

Heb ymyrraeth Glenda, does dim amheuaeth na fyddwn innau hefyd yn gelain yn eu mysg. Y mae ffawd yn greadures ryfedd iawn. Alla i ddim honni ei deall, ond gallaf dystio gyda dogn cyfartal o dristwch a diolch mai felly y bu.

Vancouver

Rygbi aeth â fi i Ganada, a Chlwb Pen-y-bont yn benodol. 1979 oedd blwyddyn canmlwyddiant y clwb ac aeth y tîm ar daith i British Columbia. Roedd modd hedfan o'r Rhws i Vancouver bryd hynny ac mae honno'n ddinas y gwnes i syrthio mewn cariad â hi. Un o'r dinasoedd hyfrytaf y bues i ynddi erioed, ac fe gofia i'r olygfa liw nos wrth edrych i lawr arni o'r tŷ bwyta ar ben Grouse Mountain tra bydda i byw.

Ymfudodd llawer o Gymry yno dros y blynyddoedd ac fe ges i'r fraint o gwrdd â sawl un. Ces ar ddeall mai Jones oedd cyfenw'r wraig hynaws oedd yn gweithio yn nerbynfa'r gwesty lle'r oedden ni'n aros, cyn iddi briodi. Nid oedd erioed wedi bod i famwlad ei thad-cu, ond deallais fod hwnnw wedi ei gladdu ym mynwent yr eglwys yn Llangurig. Treuliodd oes yng Nghanada gan fagu teulu yno, ond penderfynodd ddychwelyd i Gymru ar ddiwedd ei ddyddiau. Gwnaeth hynny ar ei ben ei hun, sy'n egluro pam mae ei fedd yng Ngheredigion a'i ddisgynyddion yn Vancouver.

Gwahoddodd y wraig fi i'w chartref am swper un noson – barbeciw hwyliog gyda hi a'i gŵr – ac roedd wedi trefnu ymlaen llaw y deuai rhywun i'r gwesty i roi pàs imi i'r faestref lle'r oedd hi a'i theulu'n byw. Yr hyn drodd lan wrth fynedfa'r gwesty, i ddifyrrwch gweddill criw Pen-y-bont, oedd Cadillac mawr pinc. Nid fy mrawd ond y fi gafodd deithio mewn steil y noson honno!

Tra oeddwn yn ymweld ag Ynys Vancouver fe ddigwyddais daro ar sawl Cymro arall. Dyma gwrdd â Phrif Weithredwr yr Adran Addysg ar y pryd, dyn o'r enw Dennis o Cross Hands. Fel mae'n digwydd, roedd yntau'n gyn-fyfyriwr o Goleg y Drindod hefyd. Ond dyn â chysylltiadau eraill â Chaerfyrddin a greodd yr argraff fwyaf arnaf. Pan o'n i'n cerdded o gwmpas y stadiwm yn Vancouver lle byddai'r tîm yn chwarae dyma rywun yn rhoi ei law ar fy ysgwydd i a gofyn shwt o'n i. Rhaid cyfaddef nad oeddwn i'n nabod ei wyneb yn syth, ond cyn-chwaraewr i'r Athletics yng Nghaerfyddin oedd e, Richard Jones – hen gyfaill rown i wedi treulio aml i noson yn ei gwmni yn hel tafarndai'r dref ac yn chwarae dartiau am ambell beint. Roedd e wedi mudo i Ganada flynyddoedd ynghynt ac yn dal yn flaenllaw ym myd rygbi – ond byddai hefyd yn dychwelyd i Gymru'n bur reolaidd ac roedd yn gyfarwydd â 'ngweld i ar y teledu. Dyna sut y gwyddai 'mod i ar y daith i Vancouver ac, wrth gwrs, roedd ganddo fantais trosof – roedd e wedi bod yn edrych mas amdana i.

Cofio brawd Tad-cu

Un o frodyr Fred Jones, fy nhad-cu, oedd John Tydu Jones, ac unwaith eto, diolch i 'nghysylltiadau â rygbi, fe ges i'r fraint o allu ei anrhydeddu mewn modd arbennig iawn.

Af i ddim i adrodd ei stori'n llawn yma, ond teg dweud iddo gael bywyd helbulus a gwreiddiol dros ben. Ac yntau ond yn un ar hugain oed, ac eisoes wedi treulio naw mis o lafur caled yng ngharchar Caerfyrddin am ymosod ar ddyn oedd wedi cweryla ag e a'r teulu, ffodd i Ganada yn 1904.

Aeth â Chymru gydag ef, i raddau helaeth, gan ddal i gadw cysylltiad clòs â'i deulu a diddordeb ysol yn hynt a helynt ei famwlad. Aeth â thalp o awen bois y Cilie gydag ef hefyd, ac ef yw'r unig un o'r nythaid ryfeddol honno o feirdd a farddonai'n gyson yn Saesneg. Cyhoeddwyd llawer o'i waith yng Nghanada, gan gynnwys cerdd a ysgrifennodd am y milwyr o Ganada a ddychwelodd adre ar ôl y Rhyfel Mawr, o'r enw 'The Returning Man'.

Cwpled o'r gerdd honno yw …

All's well, for over there among his peers
A happy warrior sleeps

... sydd i'w weld yn y Siambr Goffa yn Nhŵr Heddwch senedd-dy Canada yn Ottawa.

Yn 1984 dychwelais i Ganada gyda Chlwb Pen-y-bont – i'r ochr ddwyreiniol y tro hwn. Roedd gêmau'r tîm yn Toronto gan fwyaf, ond roedden ni hefyd i fynd i Ottawa, a rhaid oedd gwneud rhywbeth i anrhydeddu'r coffa am John Tydu Jones.

Cafodd llyfryn ei gyhoeddi yn olrhain hanes teulu'r Cilie, ac ar gyfer y daith, fe gyfieithodd fy nhad e, er mwyn i'r Canadiaid allu ei ddarllen.

Trefnwyd derbyniad i'r sgwad yn y senedd-dy ac yno y cyflwynais i'r llyfryn a'r cyfieithiad i Lefarydd y tŷ. Fe wyddwn i a Gerwyn Rowlands (cadeirydd Clwb Pen-y-bont ar y pryd a brawd y Prifardd Dafydd Rowlands) beth oedd arwyddocâd y foment – ond wn i ddim faint o'r chwaraewyr oedd yn sefyll y tu cefn inni'n dyst i'r seremoni oedd yn hyddysg yng ngwaith bois y Cilie.

Yn ystod yr un daith, ond yn Nhoronto y tro hwn, fe fu rhai o chwaraewyr rygbi'r ddinas honno'n dyst i ddigwyddiad ychydig yn llai ffurfiol na'r seremoni yn Ottawa.

Mae angen mynd yn ôl ymhellach, i'r chwedegau, i gael dechrau'r stori. Roedd cyfaill i mi, Paul Griffiths o'r Tymbl, wedi ceisio am swydd prifathro ysgol gynradd Abergorlech yn Sir Gaerfyrddin. Roeddwn i wedi dod i nabod Paul trwy wersylloedd yr Urdd a thrwy gariad y ddau ohonom at rygbi – roedd Paul yn gapten ar dîm rygbi'r Tymbl am gyfnod. Beth bynnag am rinweddau Paul i'm tyb i, mae'n amlwg nad oedd Cyngor Sir Gaerfyrddin o'r un farn, a chafodd e mo'r swydd. Rwy'n credu mai adwaith i'r siom hwnnw yrrodd e allan i Ganada gan iddo adael Cymru yn fuan wedi hynny, ac fe gollais i gysylltiad 'dag e.

Yn 1984, yn ystod ymweliad Pen-y-bont â Thoronto, digwyddais fynd i grwydro cyn dechrau un o gêmau'r daith. Ymhen ychydig, canfyddais fy hun yn sefyll i wylio gêm vets lleol, ac o fewn dim o dro, roedd *line-out* yn digwydd yn union o'm blaen. Dyna i chi sioc ges i wrth sylwi ar wyneb Paul Griffiths ymhlith y chwaraewyr! Fe waeddais arno, ac yn sydyn reit, aeth y gêm yn gwbl angof. Dyna i chi lle'r oedd Paul a minnau'n cofleidio ar ymyl y cae a'r chwaraewyr eraill yn bytheirio ac yn methu'n lân â deall beth oedd yn digwydd o'u blaenau!

Drefnon ni i gwrdd lan wedi'r gêm, ac er mawr ryddhad i weddill y tîm aeth Paul yn ei ôl i chwarae. Y prynhawn hwnnw aeth y ddau ohonom i wylio Pen-y-bont yn chwarae ac fe eglurodd Paul wrtha i ei fod yn briod a chanddo ddau o blant a'i fod wedi'i ethol yn faer nesaf Toronto.

Roedd y gŵr a wrthodwyd gan Bwyllgor Addysg Sir Gaerfyrddin wedi hen anghofio'i siom ac wedi torri cwys lwyddiannus iddo'i hun ymhell oddi cartre. Oedd, roedd syndod y bore hwnnw'n fythgofiadwy, ac yn un o ryfeddodau'r daith i Toronto i mi.

Manchester United

O'r prynhawn Sadwrn cyntaf yna pan es i gyda Tegwyn Evans i Fanceinion i'w gweld nhw'n chwarae, Man U oedd y tîm i mi. Rwy'n aelod oes ac mae gen i sedd yno, ond oherwydd y driniaeth ar y droed, tymor 2005–06 yw'r un lle rwy wedi gweld leiaf ar Old Trafford ers dros ugain mlynedd.

Ffan ifanc iawn oeddwn i ar y chweched o Chwefror 1958 – dim ond ers cwta ddwy flynedd rown i wedi bod yn ymddiddori mewn pêl-droed o gwbl – pan laddwyd wyth o chwaraewyr ifanc disglair Manchester United mewn damwain awyren pan oedden nhw ar eu ffordd yn ôl o Munich. Matt Busby oedd wrth y llyw yn y clwb bryd hynny, a buan iawn roedd y talentau aruthrol roedd e wedi'u meithrin yno wedi cael eu bedyddio'n Busby Babes. Does dim dwywaith nad oedd colli cynifer o chwaraewyr da yn ergyd enbyd ar y pryd – ac os yw pawb yn gallu cofio lle'r oedden nhw pan glywson nhw fod Kennedy wedi'i ladd yn 1963, fe alla i fynd un yn well a dweud 'mod i hefyd yn cofio'n iawn lle o'n i pan glywais i am gyflafan Man U.

O dan oruchwyliaeth Mam yn ôl ym Mrynaman, a ofalai 'mod i'n ymarfer fel y dylwn i, rown i wedi dod ymlaen yn dda iawn gyda 'ngwersi piano. Ond, wrth gwrs, stori arall oedd hi yng Ngholeg Llanymddyfri. Âi ymarfer y piano, fel pob gwaith cartref arall, i'r gwynt heb Mam wrth fy mhen i ofalu 'mod i'n cadw 'nhrwyn ar y maen.

Roedden nhw wedi trefnu imi gael gwersi piano yn yr ysgol, a'r athro oedd Tomi Jones o Landysul – cymeriad o ddyn oedd yn cael ei gyflogi fel rhyw fath o athro cerdd. Ac yng nghwmni Tomi o'n i, ar ganol gwers biano, pan ddaeth un o'r bechgyn eraill i mewn i'r ystafell yn unswydd i dorri'r newyddion am y ddamwain. Fe dorrais fy nghalon yn y fan a'r lle, a fedrai Tomi ddim deall pam yn y byd o'n i'n llefen y glaw o'i flaen e.

'Pam wyt ti'n llefen, Huw?' gofynnodd e.

'Ma 'nhîm i wedi cael ei ladd,' atebais innau. 'Maen nhw i gyd wedi marw.'

Roedd fy ngalar i dros dîm pêl-droed yn dipyn o ddirgelwch iddo, rwy'n meddwl, ond fe alla i weld y ddau ohonon ni yn yr ystafell 'na nawr – y fe a fi a'r piano mud.

Dros y blynyddoedd fe gafodd y clwb gnwd o sêr eraill, ac fe atgyfododd o lwch y drychineb i fynd ymlaen i ogoniannau newydd. Rwyf innau wedi cael mwynhau teithio'n gyson i Old Trafford i'w gwylio'n chwarae, gan wneud hynny'n aml yng nghwmni pobl fel Dewi Wyn Williams a Dewi Rhys (Dewi Hymps), dau sy'n rhannu'r un angerdd â mi at y tîm. Fe aeth Dewi Hymps, Owain Llewelyn a mi ar daith wallgo draw i Barcelona yn 1999 i wylio Man U yn chwarae Bayern Munich a chipio Cwpan Ewrop. Teithio yno ac yn ôl mewn pedair awr ar hugain – cyrraedd, gwylio'r gêm a gadael eto – gan ganiatáu i Dewi Hymps a mi fod yn ôl yn stiwdios y BBC mewn da bryd y bore canlynol. Chawson ni ddim winc o gwsg drwy'r nos, ac wn i ddim beth oedd safon perfformiadau Dewi a minnau'r diwrnod hwnnw, ond fe fu'r siwrne i gefnogi'r cewri yn werth pob ymdrech.

Cefais y fraint o gwrdd â sawl un o'r chwaraewyr disglair a fu gyda'r clwb a dod yn gyfarwydd â nhw. Rwy hefyd wedi dod i nabod Syr Alex Ferguson yn weddol dda.

Syr Alex Ferguson

Mae'r modd y cwrddes i â Syr Alex gyntaf yn cyfuno dwy agwedd ar chwaraeon y mae gen i ddiddordeb angerddol ynddyn nhw – pêl-droed a rasio ceffylau.

Yn Haydock Park o'n i, a'r diwrnod arbennig hwnnw, flynyddoedd yn ôl, roedd 'da fi a'n ffrind Kevin Mercer geffyl yn rhedeg yno. Ar ôl bod yn y stablau i sicrhau bod y ceffyl yn iawn, fe ddywedes i wrth Kevin 'mod i'n mynd am dro.

Pwy ddois i ar ei draws ar ei ben ei hunan bach, yn sefyll wrth ymyl un o'r llwybrau, ond Alex Ferguson, ac rown i'n gwybod yn syth fod yn rhaid imi fynd ato i siarad. Yn un peth, roedden ni newydd ennill y bencampwriaeth ac ro'n i am ei longyfarch.

Fe allai yntau glywed o'n acen i mai Cymro o'n i ac fe ofynnodd o'n i'n dilyn Man U. Atebes inne 'mod i a bod 'da fi docyn tymor a sedd.

'You must come and see me in the VIP room,' medde fe a dyma fe'n rhoi ei rif ffôn preifat yn y gwersyll hyfforddi imi. Yno, mae'n ymddangos, y bydd e'n treulio'r rhan fwyaf o'i amser, ar wahân i ddiwrnodau gêm, gan fod ganddo swyddfa fawr yno.

Yna fe ofynnodd e imi pam o'n i yn Haydock a finne'n ateb fod gen i a'n ffrind geffyl yn rhedeg yn y 3.25. Wel! Fe allech gredu 'mod i wedi cynnig y *crown jewels* iddo ar blât. Er bod 'i ddiddordeb e mewn rasio ceffylau yn hysbys ers amser, dim ond newydd ddechrau prynu ceffylau ei hunan oedd e'r adeg honno.

'Shall we go for a walk?' gofynnodd e wedyn, a dyna wnaethon ni – cerdded o gwmpas y maes ac o dan y stand a heibio i'r *winning post* tra roedden ni'n disgwyl dechrau'r ras gyntaf.

Fe gawson ni sgwrs ddifyr iawn, a phan es i'n ôl at Kevin doedd e ddim yn fy nghredu i, wrth gwrs, ond rown i wedi gwahodd Syr Alex rownd i'r *parade ring* ynghynt ac, yn wir, pan o'n i yn fan 'nny cyn dechrau'r ras pwy ddôth tuag aton ni ond y dyn ei hun. Erbyn hyn roedd gydag e'r gorila mwya' o 'ofalwr' weles i erioed.

'Crikey! You weren't joking!' dywedodd Kevin wrth i'r ddau nesu.

Fuodd y gofalwr cas yr olwg ddim gyda ni'n hir. Unwaith roedd e wedi gweld bod ei gleient yn saff fe enciliodd – ond gan aros y tu fas i'r parêd mewn man lle gallai ddal i weld a gwylio popeth.

Trwy lwc, fe lwyddon ni i roi ryw swllt neu ddau ychwanegol ym mhoced Syr Alex y prynhawn hwnnw. Rhoddodd bunt neu ddwy ar ein ceffyl – a thrwy ryfedd ras, fe ddaeth hwnnw i mewn yn drydydd. Prynhawn bach buddiol i bawb, a difyr dros ben.

Bythefnos yn ddiweddarach rown i'n mynd lan i Old Trafford gyda thri o'm ffrindiau i weld gêm rhwng Manchester United a Newcastle. Kevin Mercer, Chris Beecher a Glyn Jones oedd 'da fi. Dyma fi'n ffonio Alex Ferguson ymlaen llaw i ddweud 'mod i'n dod ac fe addawodd e y bydde pedwar tocyn VIP imi wrth ddrws y swyddfa. Erbyn imi gyrraedd yno roedd tyrfa anferth wrth y fynedfa honno a dyma fi i flaen y ciw a dweud wrth y dyn mewn lifrai a safai yno fod amlen ar fy nghyfer i gan Alex Ferguson.

Dyma fe'n edrych arna i gyda golwg o ddirmyg ar ei wyneb a finne'n gorfod ailadrodd 'mod i'n adnabod Alex Ferguson yn iawn a bod amlen yn y swyddfa ar fy nghyfer i, wedi ei chyfeirio naill ai at 'The Welshman' neu 'Huw, the Welshman'.

Fe rowliodd ei lygaid gyda dirmyg pellach, a chydag ochenaid aeth i mewn i chwilio am amlen nad oedd e'n amlwg yn credu ei bod hi yno. Pan ddaeth e'n ôl roedd y newid yn ei ymarweddiad yn syfrdanol.

'Yes, sir! There's a note for you as well, sir.' Sôn am ymgreinio! Bu bron iddo fe'n saliwtio i. Roedd hi'n amlwg ei fod e wedi penderfynu bod y Cymro hwn 'da'r barf yn llawer mwy pwysig nag oedd e'n edrych.

Doedd yr un o'r tri chyfaill rown i wedi mynd gyda fi'r diwrnod hwnnw wedi bod i Old Trafford o'r blaen, nac erioed wedi bod mewn gêm o'r safon yna. Roedd y gêm yn dipyn o agoriad llygad iddyn nhw, a phan aethon ni wedyn i'r derbyniad yn y lolfa VIP roedd mwy o ryfeddodau yn ein haros.

Yr hyn wnâi'r lolfa'n fwy 'posh' nag arfer y diwrnod hwnnw oedd y ffaith fod Posh Spice yno – Victoria Beckham fel yw hi erbyn heddiw, ond doedden nhw ddim yn briod bryd hynny. Dyma fi'n troi rownd a dweud wrth un o'r tri chyfaill, 'Have you seen who's standing behind you?' Doeddwn i ddim wedi 'ngwefreiddio ganddi cymaint ag oedd e, mae'n amlwg, achos y cyfan alle fe wneud oedd troi i edrych arni bob yn awr ac yn y man mewn anghrediniaeth.

Daeth Syr Alex o rywle a dod yn syth aton ni a dyma finne'n cyflwyno'n ffrindiau iddo. Roedden nhw wedi cael modd i fyw!

Cyn gadael fe aeth Chris Beecher drwy'r twnnel sy'n cysylltu â chanol y stand lle mae'r cyfarwyddwyr i gyd yn eistedd, ac eistedd mewn cadair yno sydd wedi ei neilltuo'n arbennig er cof am Syr Matt Busby. Chaiff neb eistedd yn y gadair honno, ond dyma fe'n gwneud hynny a chael ei ddal ar ei union gan un o'r swyddogion. 'I'm dreadfully sorry. He didn't know. He's never been here before,' meddwn i ar ei ran.

Chwerwodd y digwyddiad bach hwnnw 'run iot ar gyfeillgarwch Syr Alex a minnau. Rwy wedi ei weld droeon ers dod i'w nabod. I mi, mae'n rhaid ei fod e'r rheolwr gorau welodd Prydain erioed.

George Best

Drwy'r holl flynyddoedd y bu George Best yn arwr i mi, wnes i erioed feddwl y bydden i'n cael y cyfle i gwrdd ag e. Nid yn Old Trafford na'r un cae pêl-droed arall y digwyddodd hynny yn y diwedd, ond yng ngwesty Heronston ger Pen-y-bont, a hynny rhyw saith mlynedd cyn ei farwolaeth.

Roedd George ar daith ar y pryd, yn ceisio hybu gwerthiant ei lyfr – byddai ciniawau'n cael eu cynnal ac yntau'n siarad ynddyn nhw. Yno, yn y ginio ei hun, yr awgrymodd rhywun y byddai'n syniad imi gyflwyno copi o *Twin Town* iddo, gan ei fod yn ffan mawr o'r ffilm yn ôl y sôn. Cafodd rhywun ei ddanfon i siop leol i brynu copi yn y fan a'r lle a ches innau air 'da David Sadler, trefnydd y daith (a chyn-chwaraewr da ei hun) i egluro'r bwriad.

Ysgrifennais, 'Thanks for all the years of glory' y tu mewn i glawr y fideo – a llofnododd yntau gopi o'i lyfr i mi. Hyfryd o ddyn i siarad ag e. A phetai unrhyw un yn gofyn imi pwy, â'm llaw ar fy nghalon, oedd y gorau welais i ar gae pêl-droed erioed, rwy'n meddwl, ar ôl hir bendroni, mai George Best fyddai'r ateb, gyda Roy Keane yn ail agos iawn iddo.

Gamblo

Byw'n fras, menywod, gamblo a cheffylau – dyna'r diléits y dysges i eu mwynhau'n gynnar, ac er imi gael fy nenu'n anorfod at y pleserau hynny gydol fy oes, daeth pob un ohonynt yn ei dro â rhyw drybini i'm bywyd rywbryd neu'i gilydd. Er imi fwyta'n dda, does dim dwywaith nad yw'r ddiod wedi cyfrannu at y niwed achoswyd i'm hiechyd gan glefyd y siwgwr. Ac o'r pleserau eraill, nid y menywod achosodd y stormydd mwya rhyngof i a Margaret, ond y gamblo a'r gwario ar geffylau. Un o'r ychydig bethau rwy'n ei ddifaru yn fy mywyd yw'r arian gwirioneddol fawr sydd wedi ei wastraffu ar brynu a chadw ceffylau dros y blynyddoedd, ac eto, alla i ddim llai na chydnabod 'mod i wedi cael yffarn o amser da yn gwneud hynny.

Mater o gydbwysedd yw e yn y diwedd, ac efallai mai gwell yw derbyn mai felly y bu hi yn hytrach na difaru unrhyw beth.

Dim ond unwaith yn unig yr aeth y gamblo'n drech na mi – un haf yn niwedd y chwedegau, tra own i'n dal yn athro ysgol. Fel gyda chymaint o ddiangfeydd eraill hafau fy ieuenctid, yr hyn wnes i oedd ffonio Glan-llyn a gofyn a gawn i fynd yno am bum wythnos – sef cyfnod fy ngwyliau haf i gyd. Synnwn i fawr nad fi yw'r unig un erioed drodd at yr Urdd fel petai'n gangen o Gamblers Anonymous!

Bu'r haf hwnnw fel *rehab* imi. Dim siop fetio o fewn milltiroedd i'r lle. Dim ond llyn a mynyddoedd ac awyr iach. Doedd hyd yn oed papurau newydd ddim yn cyrraedd yno'n rheolaidd iawn imi allu dilyn y fform o ddydd i ddydd. Dim ond cwmnïaeth pobl ifanc a llond cae o waith.

Wnaeth e ddim lladd yr elfen gamblo yno' i'n llwyr, ond fe laddodd yr awch yna i orfod gamblo ar rywbeth bob awr o'r dydd. Does 'da fi ddim amheuaeth na fu e'n fodd o'n achub i rhag colli'n iawn bwyll, fy ngyrfa a 'mhriodas.

Perchennog ceffylau

Un ceffyl fues i erioed yn llwyr berchen arno – *point-to-pointer* oedd hwnnw, ac fe enillodd e ras lawr yn Erw Lon, Llandysul. Y gwahaniaeth rhwng *point-to-point racing* a rasio ceffylau cyffredin yw nad yw'r *point-to-point* yn dod o dan reolaeth y British Racing Board. Mae'r drefniadaeth yn llawer mwy lleol ac yn aml iawn bydd *hunts* lleol yn trefnu cyfarfodydd *point-to-point*. Maen nhw'n boblogaidd iawn yn ne Cymru ac roedd un o'm ffrindiau gorau i, Mike Poacher, fu farw'n sydyn iawn rhyw bum mlynedd yn ôl, yn berchen ceffylau *point-to-point* am flynyddoedd.

Pan enillodd y ceffyl cynta hwnnw yn Erw Lon fe ymddangosodd fy llun i yn y papur lleol gyda'r ceffyl, ac rwy'n cofio Mike yn tynnu 'nghoes i yn y dafarn: 'I've been involved with point-to-point racing for thirty years, and you come along with your first horse and get your picture in the paper straight away!'

Gyda rhyw ddwsin neu fwy o geffylau eraill, fe fues i'n un o nifer o berchnogion. Ar y dechrau, y fi a'n ffrind Kevin Mercer oedd y partneriaid – a chyda cyn lleied o bobl mae'r gost yn aruthrol. Nid yn gymaint cost prynu'r anifail sy'n eich godro chi, ond cost bwydo, ffioedd hyfforddi ac ati. Mae'r baich ariannol yn wirioneddol uffernol.

Fe werthais i 'nghyfran olaf mewn ceffyl rhyw dair neu bedair blynedd yn ôl – ac erbyn y cyfnod olaf aelod o syndicet o'n i, felly doedd y gost o gynnal a chadw ddim cynddrwg.

Yn Newmarket y câi'r ceffylau fuodd 'da fi eu cadw, y lle drutaf ym Mhrydain i gadw ceffyl. Yn sgil y ceffylau hynny fe ddes i nabod nifer dda o hyfforddwyr enwog – pobl fel Michael Bell, hyfforddodd Motivator i ennill y Derby yn 2005, James Eustace a David Elsworthy.

Yn anffodus, prin fu'r llwyddiannau a gawson ni, a dau geffyl yn unig allen i honni dda'th ag unrhyw glod inni. Ceffyl o'r enw Kossolian, a enillodd yng Nghas-gwent, a cheffyl arall a enillodd yn Newbury.

Roedd y bywyd cymdeithasol a fwynhaodd Margaret a fi yn ystod blynyddoedd y ceffylau rasio yn arbennig. Mi fydden ni, er enghraifft, yn cael tridiau yn Efrog unwaith y flwyddyn – o ddydd Llun tan brynhawn Iau – a ninnau'n colli ras olaf dydd Iau i ddechrau ar ein siŵrnai'n ôl gan y byddwn i'n gweithio ar y dydd Gwener. Gwesty moethus iawn i aros ynddo ac yna treulio diwrnod y rasys yn nhŷ bwyta Ebor. Unwaith roeddech chi wedi cael eich tywys at eich bwrdd, chi oedd piau'r bwrdd yna wedyn am weddill y diwrnod. Roedd 'da chi olygfa dros y cwrs, yn edrych dros y *winning post*, fel arfer, a byddai'r bwrdd yn gwegian gan bwysau bwydydd o bob math drwy'r dydd.

O edrych yn ôl, roedd y tridiau'n costio'n ddrud inni a dyna ddaeth â'r blynyddoedd hynny i ben yn y diwedd. Roedd sawl un o'r parau roedden ni'n rhan o'r un cylch cymdeithasol â nhw wedi dechrau tynnu'n ôl o'r trefniant ac fe ddaeth i ben o dipyn i beth.

Unwaith y buodd gen i ran mewn perchnogaeth ceffyl yn Ascot, yn y Queen Mary Stakes, ond roedd bod yno hefyd yn dipyn o brofiad. Ac fe gafodd llun ei dynnu ohona i'n sefyll nesaf at Sheikh Mohammed – un o ddynion cyfoethoca'r byd – i brofi 'mod i yno! Fe dyngech chi o weld y llun ein bod ni'n ffrindiau penna. Cyd-ddigwyddiad yn unig oedd e fod ei gylch cyfeillion e yn digwydd sefyll wrth ein cylch ni – ond mae'r llun dynnodd Margaret yn awgrymu stori wahanol!

Byddai rhai'n dweud mai Kevin Mercer yw'r dyn aeth â fi ar gyfeiliorn gyda phrynu a chadw'r holl geffylau 'na, ond rwy'n gweld pethau'n wahanol. Erbyn hyn, mae e a'i wraig Sue wedi codi tŷ braf yn Ne Affrica, gan fyw yno am bum mis o bob blwyddyn, ond dyw'r pellter daearyddol rhyngom ddim wedi amharu ar ein cyfeillgarwch. Fe aeth Margaret a fi mas yno ddwy flynedd yn ôl a chael amser bendigedig, ac er bod y cyswllt busnes rhwng Kevin a minnau bellach wedi dod i ben, mae'r cwlwm o gyfeillgarwch rhyngom yn parhau mor gryf ag erioed.

Casinos a Las Vegas

Yr un peth na ddylai dyn fynd gydag e i gasino yw llyfr siec. Mae'r demtasiwn i newid siec a dal i golli arian yn gallu bod yn ormod. Dyna un wers a ddysgais i'n gynnar – dim ond i fynd â rhyw £50, neu faint bynnag o'n i'n fodlon ei golli, gyda fi a dim mwy.

Yn ôl yn yr wythdegau a'r nawdegau cynnar, pan fyddwn i mwy neu lai yn byw yng Nghaerdydd yn ystod yr wythnos tra 'mod i'n gweithio ar *Bobol y Cwm*, rown i yn y casino'n gyson – gyda chriw da o Gymry, gan gynnwys Emyr Wyn ymysg eraill.

Roedd gan fois y casino enwau inni i gyd, yn ôl y sôn. 'The Goat' oedd eu henw nhw ar Emyr Wyn, ond chofia i ddim beth fydden nhw'n fy ngalw i.

Rwlét neu gardiau fydden i'n eu chwarae gan fwyaf, ond yn aml iawn fyddwn i'n chwarae dim. Ambell noson, cymdeithasu a chael diod yn y bar yn unig fyddwn i, heb fynd yn agos at y byrddau. Mae'n dibynnu pa hwyl oedd arna i.

Unwaith fûm i'n gamblo ar y Cyfandir erioed, a hynny ar ynys Rhodos yng nghwmni Dafydd Iwan pan oedden ni ar ein ffordd i gael gwyliau ar Symi ac yn disgwyl am ein gwragedd i ymuno â ni. Un neu ddwy o fets roies i drwy'r nos achos roedd cyflymder y chwarae mor chwim.

Dro arall rwy'n cofio bod ym Mharis a mynd i drafferth mawr i ddod o hyd i gasino yno. Does 'na'r un casino yng nghanol Paris. Rhaid ichi fynd rhyw 20 milltir mas o ganol y ddinas i ddod o hyd i un. Rown i wedi cael y cyfarwyddiadau ar sut i'w gyrraedd a bant â fi, yn ddestlus mewn siwt a chyda 'mhasport yn fy mhoced, mewn tacsi'n cael ei yrru gan foi oedd yn gallu tipyn o Saesneg.

'I'll wait ten minutes for you, Sir, in case you have difficulty getting in,' medde fe.

Fe ofynnais iddo oedd e'n meddwl y byddwn i'n cael problem ac fe ddywedodd y gallwn i. A gwir y gair. Ches i ddim mynediad. Er yr ymdrech a'r gost, ofer fu fy ymdrechion oll. Es i byth yn ôl.

Rhaid fod yr awch wedi pylu gydag amser, achos prin iawn fues i ar gyfyl casinos yn y blynyddoedd diweddar hyn – dim mwy na rhyw unwaith neu ddwywaith y flwyddyn. A hyd yn oed yn Las Vegas, yr hyn ddifyrrodd fi fwya yn y casinos oedd gweld y gwahanol deips o bobl mae'r lle yn eu denu.

Yno ar gyfer priodas Lowri a Nick oedden ni, yn 2001, ac ychydig iawn o chwarae wnes i yno, er i'r ddoler gyntaf un imi ei gamblo yno brofi'n lwcus!

Newydd ddod oddi ar yr awyren o'n i – ac, wrth gwrs, prin dan do'r maes awyr oedden ni pan welais i'r *slot machine* cyntaf. Dyma roi'r unig ddoler oedd gen i yn fy mhoced ar y pryd i mewn a thynnu'r fraich ac, yn wir ichi, fe lifeiriodd y doleri'n ôl ata i ar eu canfed.

Fe fues i yn Caesar's Palace un noson yn chwarae rwlét, ond ar wahân i hynny edrych a sylwi ar eraill fues i gan fwya. Roedd astudio'r rhai oedd yn chwarae pocer yn arbennig o ddiddorol. Mi fyddwn i wrth fy modd cael medrusrwydd rhai o'r bois yna – ond doedd dim perygl yn y byd y byddwn i'n ymuno â nhw. Chwaraewyr proffesiynol oedd llawer ohonyn nhw ac roedden nhw mewn cynghrair wahanol i fi.

Ond un peth y sylwais i arno, ymysg y chwaraewyr o gwmpas pob bwrdd, oedd bod wastad un â golwg ddi-raen iawn arno, yn gwmws fel petai e wedi cerdded i mewn o'r Iwcon neu rywle. A'r un blêr a di-raen oedd y chwaraewr gorau yn aml.

Mewn capel yng ngwesty Circus Circus y priodwyd Lowri a Nick, ac roedd y gweinidog oedd yn gweinyddu'r gwasanaeth yn gyfarwydd â Chymru. Roedd ei ferch wedi treulio tair blynedd ym Mhrifysgol Caerdydd ac roedd yntau wedi bod draw yn ymweld â hi lawer tro. Felly fe gawson nhw'u priodi gan ddyn ffeind iawn oedd hyd yn oed yn gwybod ble roedd Pen-y-bont ar Ogwr – a welson ni'r un cip o neb oedd yn edrych yn debyg i Elvis ar gyfyl y diwrnod!

Fe aethon ni i fyny i *suite* Margaret a finnau ar gyfer llwncdestun neu ddau o siampên ar ôl y seremoni a mas am bryd o fwyd yn ddiweddarach. I'r Bellagio roedden ni wedi meddwl mynd i swpera, ond pan oedden ni ar fin mynd i mewn i'r tŷ bwyta yno dyma Mike, tad Nick, yn gafael ynof i wrth fy ysgwydd ac yn gofyn, 'Have you had a look at the menu, Huw?'

'No,' meddwn innau'n ddiniwed, 'but I'm sure it will be fine.'

'Well, I think you should take a look before you say anything to this guy,' mynnodd Mike drachefn, gan gyfeirio at y maître d'.

Wel, jawch erioed! Rwy wedi bwyta mewn llefydd drud yn fy nydd, ond roedd y lle hwn yn codi £10 am anadlu. Roedden ni'n barti o rhyw ddeg neu ddeuddeg o bobl a doedd dim peryg mod i'n mynd i dalu'r prisiau yna, felly mas â ni a mynd i far gwesty Treasure Island.

'Rhowch bum munud imi,' ddywedais i ar ôl i bawb gael diod.

Fe welais i giw i fynd i mewn i un o'r tai bwyta yn y Treasure Island ac rwy wastad yn meddwl bod hynny'n arwydd da. Es i heibio'r bobl 'ma oedd yn aros am fyrddau a mynd i lle roedd e'n dweud 'Pre-booked only'.

'Have you got a minute?' gofynnes i i'r boi yn fan 'nny a dyma fi'n dweud rhyw gelwydd golau wrtho am dŷ bwyta arall oedd wedi'n gadael ni i lawr ar ddydd priodas fy merch i. Rwy wastad yn meddwl bod yr acen Gymreig yn help ar achlysuron fel hyn!

'Good God! We can't have this!' oedd ei ymateb yn syth. Fe aeth i ffwrdd am funud neu ddwy cyn dod 'nôl a dweud, 'Give us twenty minutes, sir. We'll have a beautiful table waiting for you.'

Pan gyrhaeddon ni'n ôl i gymryd ein bwrdd roedd y wledd fwya anhygoel yn ein disgwyl. Fe gafodd bron pob un ohonom dri chwrs – fe gas rai ohonon ni bum cwrs! A chyda photeli o win a siampên ar ben hynny, ychydig dros ganpunt fu pris y cyfan. Anhygoel o rad am safon arbennig o uchel. A phan roies i dip o 20 doler i'r dyn a diolch iddo am fod mor hynaws, yr ateb ges i oedd, 'It's been my pleasure'. Yn sicr, fe roeson nhw ddiwrnod i'w gofio inni yn un o ddinasoedd rhyfedda'r byd.

Drychiolaeth dros Ddyffryn Tywi

Rwy'n fodlon tyngu llw ar bentwr o feiblau fod y stori nesa 'ma'n wir. Ac fe all y person oedd gyda fi ar y pryd – fu'n weinidog unwaith – dystio i'w gwirionedd hefyd. T. James Jones yw hwnnw ac roedd e wedi bod yn y gogledd yn ymweld â sgriptwyr ar gyfer *Pobol y Cwm.*

Rown i, ar y llaw arall, wedi bod yng Nghricieth am wythnos yn gweithio gyda'r ŵyl ddrama. Dydd Sul oedd hi, rwy'n cofio'n iawn, pan bigodd e fi lan er mwyn inni deithio'n ôl i'r de gyda'n gilydd. Ac roedd hi'n ddiwrnod hyfryd o wanwyn.

Mae'r ffordd i mewn i dre Caerfyrddin wedi newid yn sylweddol erbyn hyn, ond bryd hynny roeddech chi'n dod i lawr y rhiw 'ma o gyfeiriad Peniel ac yn dod o fewn golwg Ysbyty Glangwili a thros bont. I lawr ar y darn ffordd sy'n arwain at y bont yna oedden ni pan welais i hi – awyren fawr â *camouflage* drosti, fel *carrier*, yn hedfan dim mwy na dau gan troedfedd oddi ar y ddaear ac yn ymddangos fel petai hi'n dod yn syth amdanom.

Fe stopiodd Jim y car a dyma'r ddau ohonon ni mas. Fe aeth hi reit uwch ein pennau a diflannu draw dros y bryniau.

'Iysu! 'Na beth od!' meddwn i. A dyna lle'r oedd y ddau ohonom yn rhythu mewn tawelwch. Yn sydyn dyma sylweddoli ymhellach na chlywson ni'r un smic. Dim affliw o sŵn o fath yn y byd. A dyna lle oedden ni, yn ddau ddyn yn ein hoed a'n hamser, yn edrych ar ein gilydd mewn cryndod a syndod. Ac yna dyma Jim yn gofyn: 'Welaist ti rywun yn y cocpit?'

'Naddo,' atebais inne'n ara ar ôl ystyried am eiliad.

Fe wnaethon ni jôc o'r digwyddiad yn syth, gan ddweud bod yn rhaid fod y ddau ohonom ar LSD neu rywbeth. Doedden ni ddim, wrth gwrs.

Er imi sôn am y digwyddiad wrth un neu ddau yn y dyddiau a ddilynodd, wnes i ddim byd pellach am y profiad a chlywais i ddim pellach am y peth am tua blwyddyn. Yna, un diwrnod, fe ffoniodd Jim fi.

'Rwy'n hela rhywbeth iti yn y post,' medde fe. 'Wy isie iti ei ddarllen pan gyrhaeddith e ti.'

Yr hyn dda'th oedd rhifyn o gylchgrawn am UFOs. A'r pennawd bras ar ben y stori oedd 'Phantom Aeroplane of the Tywi Valley'.

Mab Jim oedd wedi dod o hyd i'r cylchgrawn – roedd hwnnw ar y pryd yn ymddiddori mewn UFOs a phethe tebyg. Ac yntau wedi clywed y stori am ein taith yn ôl o Gricieth, dangosodd yr erthygl i'w dad yn syth. Roedd hi'n rhyw dair tudalen o erthygl ac yn casglu ynghyd dystiolaeth sawl un oedd wedi gweld y ddrychiolaeth 'ma o awyren yn Nyffryn Tywi.

Rwy'n argyhoeddedig mai dyna welsom ninnau'r diwrnod hwnnw o wanwyn pan na chafodd tawelwch hyfryd Dyffryn Tywi ei rwygo, fel y bydd yn aml, gan dwrw awyren ryfel yn mynd drwy'i phethau. Dim ond tawelwch meddwl Jim a fi gafodd ei aflonyddu'r dydd Sul hwnnw.

Garddio

Gyda 'Nhad yng ngardd y Mans ym Mrynaman y dechreuodd y diddordeb mewn garddio. O'i ran e, mae'n siŵr mai rheidrwydd oedd wedi gwneud iddo droi at fforch a rhaw yn y lle cyntaf. Digon prin oedd cyflog gweinidog, a chyda boliau barus pedwar mab i'w bwydo rhaid fod pethau'n fain arno fe a Mam yn aml. Yn ffodus, roedd gardd reit sylweddol yn mynd gyda'r Mans ac roedd gan 'Nhad y ddawn yn ogystal â'r awydd i wneud i'r tir dalu ar ei ganfed.

Ches i erioed blannu dim ganddo. Dim ond palu. Ond rhaid fod hynny wedi bod yn ddigon i fagu diléit. Pan symudon ni i Wehelog rown i'n gwybod mai creu gardd dda fyddai un o'r blaenoriaethau imi.

Rwy wedi bod yn arddwr organig ers ymhell cyn i'r term ddod yn ffasiynol. Fydda i byth yn defnyddio gwrtaith cemegol neu artiffisial – dim ond tail naturiol. Ac rwy'n tyfu digon i'n cadw ni mewn llysiau gydol y flwyddyn, bron â bod. Dim ond ychydig o ofal a chynllunio mae e'n ei gymryd i gael pedwar llysieuyn i'w bwyta rownd y flwyddyn, a hynny gyda gardd led fechan. Erbyn dechrau Mawrth mae'r cennin, y bresych gaeaf, y pannas a'r sbrowts i gyd yn dod i ddiwedd eu tymor, a rhwng yr adeg honno a diwedd Ebrill yw'r unig adeg nad yw'r ardd yn cyflenwi'r bwrdd yn ddigonol i Margaret a fi.

O'r holl nodweddion a'r diddordebau sy'n rhedeg trwy 'mywyd i, mae'n debyg mai garddio yw'r un sydd wedi peri fwya o syndod i bobl. Pam ei bod hi'n haws derbyn 'Huw Ceredig y Dilynwr Man United' neu

'Huw Ceredig y Gamblwr' na 'Huw Ceredig y Garddwr', sa i'n siŵr! A finne'n dilyn cymaint o chwaraeon – heb sôn am fod oddi cartref llawer 'da 'ngwaith am gyfnodau – rwy'n credu mai dirnad shwt rwy wedi cael yr amser i edrych ar ôl gardd yw'r benbleth fwya iddyn nhw.

Mae'n wir fod rhywbeth angen ei wneud mewn gardd byth a beunydd, ac yn y blynyddoedd cynnar rwy'n gwybod bod fy mrwdfrydedd i wedi bod yn rhemp. Rhaid oedd gwneud popeth i'r ardd gyfan – troi'r pridd i gyd, plannu'r tir i gyd. Ond buan y dysgais i mai cyfrinach gardd yw amseru'r hyn ry'ch chi am ei wneud. Rhaid gwrando ar y tymhorau a chymryd pethau gam wrth gam. Os taw dim ond un awr sbâr sydd 'da fi a hithau'n amser plannu, dim ond un rhych gaiff ei hagor heddiw, gan obeithio y daw awr fach arall yfory i agor y nesaf.

Mae 'na ryw ddyfalbarhad i fywyd mewn gardd, ac mae hynny'n rhoi boddhad mawr imi. Un o'r pethau sydd wedi darlunio hynny orau i mi yw hanes coeden gyrents duon. Pan symudodd fy rhieni i Frynaman roedd y llwyn eisoes yn ei lawn dwf ac yn llewyrchus tu hwnt. Pan ddaeth yn amser mudo i Lanuwchllyn rai blynyddoedd wedyn cafodd y goeden ei chodi o'i gwraidd a'i hailgartrefu. A digwyddodd yr un peth eto fyth pan symudon nhw i Gwyddgrug, ond y tro hwnnw, gyda Margaret a minnau bellach wedi ymsefydlu yn Nhrelales, ein cartref ni dderbyniodd y goeden gyrents duon i'w phlannu drachefn yng ngardd Gwehelog. Roedd cnwd ardderchog o gyrents i'w mwynhau bob blwyddyn – ond, yn bwysicach na hynny, roedd y llwyn yn ddolen gyswllt flasus gyda gardd fy mhlentyndod ym Mrynaman, gan dystiolaethu rywsut i ba mor wydn y gall bywyd fod.

Rwy'n mwynhau cwmni criw o arddwyr penigamp sy'n cwrdd yn nhafarn y New House yng Nghorneli bob nos Fawrth. Soniais wrthyn nhw'n ddiweddar 'mod i wedi datblygu ffeuen newydd – un frown a melyn. Hybrid yw hi, a thrwy ddamwain y datblygodd hi i ddechrau, ond fe hoffwn i ei chael hi wedi ei chydnabod yn iawn fel rhywogaeth o ffeuen.

Fy ngobaith dros y flwyddyn neu ddwy nesaf yw gallu cynhyrchu digon i fod yn fasnachol a rhoi'r enw Alwen ar y ffeuen newydd – ar ôl fy niweddar chwaer-yng-nghyfraith, gwraig Alun Ffred. Bu farw Alwen ym mis Mai 2005 ar ôl brwydr egr gyda chancr.

Parhaodd y chwiw arddio i'r genhedlaeth nesaf, rwy'n falch o ddweud. Mae Leah yn byw yn Llundain ar hyn o bryd ac yn ymddiddori'n fawr mewn tyfu pethau mewn potiau ac ati. Os byth y caiff hi gartre gyda gardd, rwy'n gwybod y bydd hi'n troi ei llaw at hynny. Blodau yn fwy na llysiau yw diléit Lowri, ac mae Siôn Huw, fy ŵyr i, wedi bod yn fy helpu yn yr ardd ers pan oedd e'n ddwy flwydd oed. Erbyn hyn, ac yntau'n bump oed, mae'n ddigon mawr i gael helpu Tad-cu i blannu hefyd. Rwy'n ymfalchïo yn y ffaith bod 'mwydyn' a 'morgrug' ymysg ei eiriau cyntaf e, ac i mi mae'r diolch am hynny mae'n siŵr!

Taith hwylio i'r Aegean

Y gwyliau rhyfedda y bues i arno erioed – os gwyliau hefyd – oedd taith hwylio rownd ynysoedd gwlad Groeg rhywbryd yng nghanol yr wythdegau. Alan Gwallt o Bwllheli, sy'n ffigur profiadol ac adnabyddus yn y byd hwylio ym Mhrydain, oedd y sgipyr ar ein cwch ni. Gyda ni roedd Dafydd Iwan, Erfyl Roberts o Gorwen, a Dei Cem, yffarn o gymeriad arall o Gorwen. Mewn cwch arall roedd Emyr Griffith a Dafydd Lewis (Craftcentre Cymru) a'u gwragedd. Dw i ddim wedi chwerthin gymaint ar yr un gwyliau erioed ag y gwnes i ar y gwyliau hwnnw.

Ar ôl hedfan i Bodrum yn Nhwrci, fe ymunon ni â'r llynges fechan 'ma i hwylio i Kos er mwyn cofrestru yng ngwlad Groeg. Yna, gan fod 'da ni sgipyr trwyddedig yn Alan Gwallt, doedd dim rhaid inni aros gyda gweddill y llynges fechan. Dim ond inni gadw mewn cysylltiad radio, fe gaem ni fynd i lle bynnag y dymunen ni.

Er bod gen i ychydig brofiad o hwylio, yn mynd yn ôl i ddyddiau Glan-llyn, ac er 'mod i wrth fy modd ar ddŵr, doedd treulio'r amser yn ymwneud ag ochr dechnegol y morio ddim yn apelio'n fawr ata i, a dyma fi felly'n cynnig fy hun fel y cogydd ar gyfer y criw. Bob yn ail noson y bydden ni'n bwyta ar y cwch – bwyta i mewn un noson a bwyta mas noson wedyn, dyna oedd y drefn.

Wrth gyrraedd pob ynys newydd, rown i'n gorfod mynd i'r farchnad i brynu nwyddau, ac fe lwyddes i greu prydiau gwyrthiol saith cwrs ambell noson. Pawb wrth eu boddau – a finnau yn eu plith!

Ymysg yr ynysoedd y buon ni arnyn nhw roedd Samos a Leros – y naill yn ynys werdd iawn o'i chymharu â'r hyn sy'n gyffredin yng ngwlad Groeg, a'r llall yn enwog oherwydd ei chysylltiadau â Mussolini. Fe gododd hwnnw garchardai a gwersylloedd milwrol yno ac roedd dylanwad pensaernïol y cyfnod hwnnw yn gryf o gwmpas yr harbwr, gyda llawer o'r adeiladau milwrol gododd e yn dal yno. Leros yw'r unig un o ynysoedd Groeg fyddwn i ddim yn dymuno mynd yn ôl iddi.

Mae Patmos, ar y llaw arall, yn ynys fendigedig. Fe ddywedodd rhai o arlunwyr mwya'r Dadeni fod yr olygfa o Eglwys San Ioan ar Patmos yn un o'r golygfeydd godidocaf yn y byd i gyd. Ac ar Patmos hefyd mae'r graig a holltwyd yn dair.

Roedd y daith yn dilyn llwybrau teithiau Paul i raddau helaeth iawn. Alla i ddim â honni bod hynny o fwriad, ond fe drawodd Dafydd Iwan a fi yn ystod y gwyliau ein bod ni'n gorgyffwrdd cryn dipyn â'r mannau y cofnodir i Paul ymweld â nhw. Roeddwn i wedi trio dwyn perswâd ar Mam a 'Nhad i ddod gyda ni i wlad Groeg droeon, ac er iddyn ddweud y delen nhw, ddigwyddodd mo hynny byth. Roedd y cof am fy nhad yn pregethu o bulpud Sul ar ôl Sul a ninnau'n cael y fraint o hwylio trwy fannau yr oedd e'n gyfarwydd iawn â'u henwau yn cyflyru ambell funud o ddwyster ar wyliau a oedd yn ei hanfod yn un hwyliog iawn.

Alan Gwallt, 'y morwr mawr', oedd â gofal y mapiau ac oedd yn gyfrifol am lywio'r fordaith. Ond, fel mae'n digwydd, rown i wedi cymryd golwg ar y map ar y diwrnod arbennig hwnnw ac wedi gofyn iddo oedd e wedi sylwi ar y banc tywod 'ma yn ymyl un o'r ynysoedd roedden ni'n mynd heibio iddi.

'Paid â siarad nonsens!' ges i'n ateb.

Wrth inni basio un o draethau'r ynys, fe sylwes i fod yno noethlymunwyr – dau ddyn a dwy fenyw. Pawb yn edrych i gyfeiriad y traeth, wrth gwrs! Ac fe wedes i wrth Alan, oedd fan 'nny gyda'i sbienddrych, 'Clyw, wy'n credu bod isie inni dynnu mas i'r whith neu fe fyddwn ni'n bwrw'r *sandbank.*'

'Fi 'di'r morwr, nid ti!' ges i'n ateb

'Wy'n gwbod mai ti yw'r morwr,' dywedes i, ond erbyn hyn rown i'n gallu gweld yr harbwr roedden ni i fod anelu ato ac rown ni hefyd yn beryglus o agos at y banc tywod.

Ac yn union wrth imi yngan y geiriau, dyma'r hergwd uffernol 'ma'n taro'r cwch. Roedd dau o'r bois wedi bod yn eistedd a'u coesau'n hongian dros ochr y cwch – i mewn i'r môr â nhw ar eu pennau!

'Damia! Beth oedd hwnna?' holodd Alan Gwallt.

'Hwnna,' meddwn i, 'oedd y blydi *sandbank* wy wedi bod yn sôn amdano ers chwarter awr a chael fy anwybyddu.' Wherthin! Peidiwch â sôn!

Doedd dim amdani ond neidio i mewn i'r dŵr at y lleill a chymryd golwg i weld beth oedd y difrod. Roedd y cwch yn sownd. Doedd dim dadlau 'da hynny. Ond y peth nesa welson ni oedd fod y ddau ddyn ar y traeth wedi gwisgo rhywbeth am eu canol ac yn nesu aton ni mewn cwch bach.

Dau Almaenwr oedden nhw ac fe glymwyd cefn ein cwch ni i'w cwch modur nhw. Gyda thri ohonon ni'n gwthio o'r ffrynt a'r cwch modur mewn *reverse*, fe lwyddwyd i dynnu'r cwch yn rhydd. Ond y peth nesa welon ni oedd y cwch yn mynd ffwl pelt am y porthladd gyda dim ond Alan ar ei fwrdd. Mewn cymysgedd o fod wedi gwylltio a bod yn falch inni ddod yn rhydd mor gymharol hawdd, roedd hwnnw'n clatshio bant drwy'r dŵr gan anghofio'n llwyr fod cwch bach y ddau Almaenwr, a hwythau ar ei fwrdd, yn dal wedi'i glymu i'n cwch ni.

I unrhyw un ddigwyddai fod yn llygad-dyst i'r olygfa, rhaid ei bod hi'n drysor o ddoniolwch. Y cwch 'ma'n rhuthro drwy'r dŵr; dau Almaenwr yn gweiddi 'Nein, nein!' am eu bywydau wrth gael eu llusgo'n beryglus o gyflym dros y môr; dwy fenyw noethlymun mewn hysterics ar y traeth yn gweld y sefyllfa; a phedwar Cymro yn y dŵr yn sgrechen, 'Gwallt! Gwallt! Arafa! Dere'n ôl!'

Roedd Alan wedi colli'i ben yn lân am sbel, ond fe ymdawelodd yn y diwedd, cyn arafu a throi'n ôl – a rhyddhau'r ddau gymwynaswr mawr, oedd erbyn hynny wedi mwy na dechrau difaru gwisgo cerpyn amdanynt i ddod i'n helpu ni, rwy'n siŵr. Fe gawson nhw fynd yn ôl i heddwch eu traeth yn fuan, gyda'n diolch a'n hymddiheuriadau ni – ond chafodd Alan Gwallt byth anghofio'r diwrnod y buodd e'n ddilornus o rybudd Huw Ceredig am y banc tywod.

Symi

Yn 1981 yr aethon ni gynta i ynys Symi fel teulu – gan syrthio mewn cariad â'r lle o'r dechrau. Mae wedi bod yn rhan o'n bywydau ni byth ers hynny.

Dafydd Iwan oedd yn gyfrifol am ddarganfod yr ynys yn y lle cyntaf. Roedd e wedi bod yno rywbryd yn y saithdegau ac wedi dod adre'n sôn am y lle 'ma oedd yn edrych fel llun oddi ar gerdyn post. Ac roedd hi felly o hyd yn 1981, adeg ein hymweliad cyntaf fel teulu. Un lori a thacsi oedd ar yr ynys i gyd bryd hynny, a'r rheini'n gyfrifol am bob gwaith cludo oedd ei angen. Wel! Doedd fawr o bwrpas cael mwy nag un lori, achos doedd yno ddim ffyrdd p'run bynnag – dim ond trac llychlyd oedd yn croesi'r ynys.

Ar ein hymweliad cyntaf fe ddaethon ni oddi ar y fferi yn y lle anghywir – ym Mae Pedi yn lle'r prif harbwr – a gorfod inni gael y tryc 'ma i gludo'n stwff ni i gyd i'r dref. Shwt na syrthion ni i gyd i mewn i'r môr, Duw a ŵyr. Roedd llwybr y lori wrth ddod i lawr y mynydd 'ma, oedd mor serth â'r Mynydd Du, yn droellog a pheryglus, gyda dim i'n nadu ni i gyd rhag disgyn wyneb i waered i'r môr.

Cyrraedd yn ddiogel fu ein hanes ni, diolch i'r drefn, ac ar ddiwedd ein hantur i mewn i'r pentref dyma gwrdd â Kyriakos Fotaras. Gydag amser fe ddaeth e a'i frawd ienga, Gabriel, a'u teuluoedd yn ffrindiau mawr, mawr i'n teulu ni.

Ar gyrion Ynysoedd yr Aegean y mae Symi – o fewn golwg i'r hen elyn, Twrci. O ran lleoliad, mae hi mewn man strategol iawn. Rhoddodd hyn arwyddocâd hanesyddol iddi, ond mae hi hefyd wedi dioddef yn sgil y ffaith. Un o'r pethau sydd yno i'ch atgoffa o arwyddocâd ei lleoliad daearyddol yw ysgol filwrol anferth – un o'r rhai pwysicaf yng ngwlad Groeg.

Y trefnwr gwyliau John Glyn o Borthmadog oedd y cyntaf i wneud y cysylltiad Cymreig â Symi, mewn gwirionedd. Roedd rhyw gytundeb masnachol rhyngddo fe a Kyriano, os deallais i'n iawn, a dyna sut y bu i Dafydd Iwan fynd yno yn y lle cyntaf.

Yr International Hotel oedd enw gwesty Kyriakos a'i wraig Vasilia – enw tipyn crandiach na'r lle ei hun. *Taverna* yn y bôn, ond gyda bwyty mawr braf. Roedd eu plant nhw'n ifanc iawn 'nôl yn 1981 ac ry'n ni wedi'u gweld nhw i gyd yn tyfu dros y blynyddoedd – fel y maen nhwythau wedi gweld Lowri a Leah yn tyfu lan.

Gydag ystafelloedd rhad iawn a chroeso mor dwymgalon bob amser, anodd iawn erbyn hyn yw torri'r arfer o aros yn yr International Hotel, er bod yno bellach westai tipyn mwy moethus wedi'u codi. Dros y chwarter canrif a aeth heibio fe newidiodd yr ynys y tu hwnt i bob adnabyddiaeth – a phob rheolaeth. Roedd hynny'n anorfod i raddau helaeth. Unwaith roedd pobl fel ni yn dechrau cyrraedd yno fesul llond fferi, roedd yn anochel.

Tan ddiwedd yr wythdegau, rwy'n amau a oedd y lle wedi newid fawr ers yr 1870au. Fe gyrhaeddai holl ddŵr yr ynys mewn tancer unwaith yr wythnos, ac ym mlynyddoedd cynnar ein gwyliau yno fe allech chi fentro y byddai deuddydd neu dri bob wythnos pan doedd dim dŵr ar gael. Mae'n wir fod cwch yn croesi yno o Rhodos ddwywaith yr wythnos, ond dod ag ymwelwyr dydd fyddai hwnnw. Yn wahanol i lawer o ynysoedd gwlad Groeg, doedd potensial economaidd twristiaeth ond prin yn dechrau cael ei sylweddoli yno.

Ar y gwyliau cyntaf hwnnw, rwy'n cofio gofyn am omled a tships i un o'r plant yn un o'r tai bwyta – a chael yr omled wedi'i weini gyda'r sglodion ynddo. Doedd syrpreisys o'r fath ddim yn anghyffredin bryd hynny. Mi fydde'r pwdin yn aml yn cyrraedd cyn y cwrs cyntaf!

Ond roedd rhywbeth mor ffres am yr holl le fe syrthion ni i gyd mewn cariad â'r ynys. Mae ei gogoniant a didwylledd ei phobl yn dal yr un fath – ond mae yna olwg bur wahanol i'r lle erbyn heddiw. Yn wahanol i'r codi didrugaredd ar westai a fuodd ar hyd arfordir deheuol Sbaen, bu'r Groegwyr yn gallach, gan gadw rheolaeth lem ar y datblygu a ganiateir. Tua'r adeg y dechreuon ni fynd yno fe benodwyd yr actores Melina Mercouri, o bawb, yn weinidog yr Ynysoedd yng ngwlad Groeg, ac un o'i phenderfyniadau cyntaf oedd cyfyngu adeiladu i adnewyddu neu ymestyn yr hyn a fodolai eisoes neu ailgodi adeiladau a chwalwyd adeg y rhyfel. Er bod yno bellach nifer o westai, *tavernas* Groegaidd traddodiadol yw trwch y llety sydd ar gael mewn gwirionedd – cartrefi'r teuluoedd sy'n rhedeg y lle, gyda mwy o ystafelloedd gwely nag a gelech chi mewn tŷ cyffredin, efallai.

Yn wahanol i lawer o ynysoedd bychain gwlad Groeg, roedd Symi yn lle llewyrchus cyn dyfodiad twristiaeth – un o'r rhesymau pam na ruthron nhw i fanteisio ar dwf y *package holidays* yn y chwedegau, efallai. Yn ogystal â'r diwydiant pysgota, roedd Symi hefyd yn enwog am ei sbwng. Mae'r moroedd o gwmpas yn ferw o sbwng naturiol, ac am ddegau o flynyddoedd yr ynys oedd canolbwynt diwydiant sbwng gwlad Groeg.

Mis Awst oedd ein mis traddodiadol ni i fynd i Symi tra oedd y plant yn yr ysgol, ac yn ddiweddarach ym mis Medi, ond fe fuon ni yno fwy nag unwaith ambell flwyddyn. Yn rhyfedd iawn, yn 2005 fe benderfynon ni fynd ym mis Mai – a ninnau heb dalu ymweliad ym mis Mai ers blynyddoedd lawer. Roedd Dewi Pws a Rhiannon yno ar y pryd, a ninnau'n gweld cyfle i gael wythnos hefo'n gilydd. Rwy'n falch mai felly y buodd hi, achos ar ôl y salwch mawr a'r llawdriniaeth es i trwyddi rhyw fis ar ôl dod adre fydde ddim gobaith caneri 'da fi o fod wedi gallu mynd yn ddiweddarach yn y flwyddyn.

Erys 1984 – blwyddyn marw 'Nhad – fel yr unig flwyddyn na lwyddais i i gyrraedd yr ynys ers 1981. Ond gan i Margaret a'r merched fod yno'r flwyddyn honno hefyd, rwy'n ystyried bod ein cyswllt ni fel teulu yn ddi-dor. A buan iawn yr oedd eraill yn dod 'da ni i brofi gwefr Symi. Yn y blynyddoedd cynnar fe ddaeth sawl teulu arall gyda phlant go fân gyda ni i rannu'r gwyliau – Dafydd Iwan a Marian, Dafydd Hywel a Beti, Ceridwen Gregory (chwaer Hefin Elis) a'u plant ymysg eraill.

O'r cnewyllyn dechreuol o Gymry oedd yn gwneud y bererindod i Symi bob haf, fe dyfodd y dyrfa'n lluosog – pobl fel Dewi Pws, Iestyn Garlick, Rhys Dyrfal, Simon Fisher a gwahanol ffrindiau a phartneriaid. A'r un mor fuan, fe dyfodd y criw Cymraeg yn ffefrynnau gyda'r ynyswyr. Mae wedi troi'n gryn gystadleuaeth ymysg y tafarnwyr gyda'r nos i ddenu'r criw o Gymry. Lle bynnag 'yn ni, mae 'na ganu da, yn aml gyda Dafydd Iwan ar y gitâr – ac mae hynny'n ei dro yn denu mwy o dorf. Mwya'r dorf, mwya'r hwyl a mwya'r hwyl, mwya'r elw yr ochr arall i'r bar, wrth gwrs!

Unwaith yn unig fues i'n sâl ar Symi. Flynyddoedd yn ôl bellach, rown i yno am wythnos gyda Dafydd Iwan, Alun Ffred a Dewi Pws – jest ni'n pedwar. Roedd e'n gyfle delfrydol i wneud digonedd o'r hyn rwy'n arfer ei wneud ar Symi – bwyta, yfed, diogi yn yr haul a llwyr ymlacio. Ond pan es i i weld y meddyg ifanc gyda Saesneg da oedd yno ar y pryd, dyma fe'n dweud bod gwenwyn bwyd arna i ac nad oeddwn i i gyffwrdd â diod na bwyd ar wahân i ychydig fara a dŵr am dridiau.

Fe es i'n ôl at y lleill, yn drwm fy nghalon, a dweud beth oedd dedfryd y doctor. Chafodd fawr ddim ei ddweud i 'ngwyneb i, ond yr hyn wnaeth Dewi ac Alun Ffred oedd mynd o gwmpas y *tavernas* roedden ni'n arfer eu mynychu ar hyd y ffrynt i gyd yn rhybuddio'r tafarnwyr i beidio rhoi bwyd na diod imi. Pan ddaeth hi'n fin nos, a ninnau'n cerdded heibio'r bariau, dyna lle oedd y tafarnwyr i gyd mas ar ben y drws yn gweiddi pethe fel, 'Free drinks tonight! Free food!"

Os yw'r stori 'na'n dweud llawer amdana i, fe gafwyd digwyddiad arall yr wythnos honno sy'n dweud llawer am agwedd America tuag at weddill y byd. Roedd y pedwar ohonom ar y traeth un diwrnod, a fawr neb arall yno ar wahân i Americanwr a'i fab oedd tua naw neu ddeg mlwydd oed. Roedd Môr yr Aegean yn llonydd o'n blaenau a Thwrci i'w gweld yn y pellter, ac yn sydyn fe ofynnodd y crwt i'w dad, 'Are there sharks in this lake, Dad?'

Roedd y ffaith mai 'llyn' oedd yr Aegean iddo yn dweud cyfrolau, ond yn waeth 'na hynny oedd yr ofn am fwystfil yn llechu ymhob man. Fe allaf ei glywed nawr yn ei acen Americanaidd gref yn gofyn y cwestiwn – a chwerthin wnaeth y pedwar ohonom. Fe drodd y tad rownd i weld pam oedden ni'n chwerthin, ond chafodd dim ei ddweud.

Ymhlith y nifer helaeth o ffrindiau a wnaethom yn Symi ar draws y blynyddoedd, gweinydd yn un o'r *tavernas* oedd un o'r cymeriadau mwyaf hoffus – bachan mawr, llond ei groen, a gafodd yr enw Dimitri Dew i'w wahaniaethu oddi wrth y ddau Dimitri arall y daethon ni i'w hadnabod hefyd. Bu farw un gaeaf yn ddisymwth ac rwy'n gweld ei eisiau yn fawr.

Mae Kyriakos Fotaras wedi ein gadael hefyd erbyn hyn, ac mewn sawl ffordd dyw gwyliau ar Symi ddim yr hyn fuodd e, ond erys yr ymlyniad yr un peth. Mae dyn yn teimlo'n rhan o wead bywyd y lle, fel y mae'r lle'n rhan o wead ein bywydau ninnau. Ac un o'r ffyrdd sydd 'da ni o gadw mewn cysylltiad yw derbyn y *Symi Visitor* yn fisol. Mae miloedd ledled y byd yn tanysgrifio iddo, ac mae cynhyrchu'r papur newydd wyth tudalen wedi creu diwydiant newydd i'r lle ynddo'i hun. Mae meddwl bod cymaint o bobl nad oes a wnelon nhw ddim oll yn gynhenid â'r lle am gadw mewn cysylltiad â phob datblygiad yn fesur o hudoliaeth yr ynys.

Llewyrch ar fy Llwybrau

Mam a 'Nhad

Dyw pobl ddim bob amser yn sylweddoli'r dylanwad mae eu rhieni yn ei gael arnyn nhw. Wrth edrych 'nôl rwy'n gallu gweld 'mod i wedi hedfan trwy 'mhlentyndod a blynyddoedd fy ieuenctid heb ystyried hynny o gwbl. Yn wir, rwy'n gwybod i mi wrthryfela yn erbyn eu dylanwad yn gyson, ond mae'n siŵr bod hynny'n beth digon cyffredin. Dim ond gyda threigl amser y des i i werthfawrogi'r hyn a etifeddais gan Mam a 'Nhad, ac mae eu gwerthoedd a'u Cymreictod cadarn wedi parhau i liwio 'mywyd i ymhell wedi i mi eu colli nhw.

I Gaerwedros y dewisodd fy rhieni ymddeol ar ddiwedd cyfnod gweinidogaeth fy Nhad yn Gwyddgrug – i fwthyn isel to sinc a hwnnw wedi ei orchuddio â phitsh i'w gadw'n ddiddos. Y dynfa i Gaerwedros i 'Nhad oedd cael bod yn ymyl rhai o'i gyfeillion bore oes, ac yn arbennig felly ei gefnder, y Capten Jac Alun. Roedd y ddau yn dipyn o bartners!

Roedd yno ardd dda – fel oedd wedi nodweddu eu cartrefi oll – a phan fydden ni fel teulu'n ymweld â Nain a Thaid mi fyddai Lowri a Leah wastad wrth eu boddau, gyda'r ddwy am y gorau i weld pa un ohonyn nhw fyddai'r gyntaf i weld enw Caerwedros ar arwyddbost.

Roedd e'n lle delfrydol i chwarae ynddo, gyda den naturiol i fynd i guddio ynddo wrth ymyl llwybr yr ardd. Doedden nhw ddim ymhell o'r môr ychwaith ac roedd pob math o lefydd diddorol yn agos yn aros i'r plant eu darganfod.

Yn y wefr a gawson nhw o fynd i aros yno, rwy'n meddwl bod yna adlais o'r mwynhad roedd eu tad wedi ei brofi genhedlaeth ynghynt yng ngwesty Pantyfedwen.

Dros dro yn unig y pery llawer dedwyddwch, gwaetha'r modd – a chymharol fyr fu cyfnod ymddeoliad Dad. Bu farw'n ddisymwth yn fuan ar ôl Eisteddfod Genedlaethol Llambed ac yntau'n 74 mlwydd oed. Rwy'n dal i feio Ysbyty Bronglais, Aberystwyth. Rown i ar y ffôn gyda nhw am ddau o'r gloch y bore a nhwythe'n fy sicrhau y byddai'n iawn. Erbyn chwech o'r gloch yr un bore roedd wedi ein gadael. Petawn i wedi sylweddoli am ddau pa mor ddifrifol oedd y sefyllfa, mi fyddwn i wedi mynd lan i'w weld. Roeddwn i ar fin gadael i ymuno â Margaret a'r merched allan yn Symi – ond aros gartre ar gyfer yr angladd wnes i, yn naturiol. Fe'i claddwyd yng Nghapel y Wig.

Fe symudodd Mam i fýngalo yn Nhal-y-bont ar ôl colli 'Nhad a bu fyw am rhyw chwe neu saith mlynedd ar ei ôl. Anodd iawn oedd dygymod â'i gweld hithau yn ei chystudd olaf, ar ôl iddi gael strôc wael. Fedrai hi ddim siarad, ac roedd meddwl am Mam o bawb yn methu siarad yn erchyll o beth, ond roedd ei hymennydd yn iawn a gallai ateb cwestiynau'n synhwyrol trwy wasgu llaw – un gafaeliad am ateb negyddol a dau am un cadarnhaol. Rwy'n cofio gofyn iddi oedd hi'n gwybod pwy oedd yna a phwy oedd y merched ifanc oedd wedi dod i'w gweld a hithau'n ateb ei bod hi. Dyw gwasgu llaw ddim yn ymddangos yn fawr o ffarwél, ond weithiau rhaid derbyn mai dyna i gyd o ddal gafael a ganiateir – a bod yn ddiolchgar.

Fy mrodyr

Rwy wedi cael fy mendithio â theulu, ac â thri brawd rwy'n falch o allu dweud imi gael perthynas gymharol glòs a chadarn gyda phob un ohonynt ar hyd y daith. Roedd teulu'n bwysig i Mam a 'Nhad fel ei gilydd ac mae'n rhywbeth a etifeddon ni ar y cyd oddi wrth ein rhieni, rwy'n tybio.

Gyda Dafydd Iwan y ces i'r cyswllt cryfa tra o'n i'n blentyn – am mai fe oedd yr agosaf ata i o ran oedran yn fwy na dim. Roedden ni wedi'n magu'n glòs at ein gilydd ac er y bydden ni'n aml yn tynnu'n groes fel plant, yn y bôn fe fuon ni'n ffrindiau da erioed. Fel tipyn o swot a'r un da fydde bob amser yn awchu i wneud ei waith cartref y byddwn i'n meddwl amdano'n blentyn. Mi fyddwn weithiau'n dannod y ffordd roedd e'n llwyddo i blesio Mam a Dad mor gyson tra 'mod i yn y pegwn arall, yn siŵr o'u siomi nhw'n ddi-ffael.

Daeth tro ar fyd pan aeth e i'r coleg. Aeth Dafydd Iwan ar chwâl i gyd, ac o'r diwedd fe deimles i fod gyda ni fwy yn gyffredin nag oeddwn i wedi'i sylweddoli cynt.

Treuliodd flwyddyn yn Aberystwyth – lle daeth e'n ffrindiau mawr â Gwyn Jarvis, a ddaeth maes o law yn ffrind agos i finne hefyd – cyn mynd i ddilyn cwrs Pensaernïaeth yng Nghaerdydd. O fewn dim roedd

Dafydd Iwan yn ymddangos ar *Y Dydd* (ar TWW) yn wythnosol ac wedi sefydlu ei hun fel canwr protest. Pan ddes i i ardal Pen-y-bont i fyw a dechrau crwydro'r wlad gyda Dewi Pws yn cynnal cyngherddau, roedd Dafydd yn dal yn fyfyriwr yng Nghaerdydd – ond pur anfynych y deuai gyda Dewi a fi a gweddill y criw rheolaidd oedd yn mynd fin nos i ddiddanu. Cwrs trwm iawn yw Pensaernïaeth a chyda'i holl waith gyda Chymdeithas yr Iaith (oedd yn dod i'w bri bryd hynny) ac ati, prin iawn oedd yr amser sbâr oedd ganddo.

Fe fagodd yr hunanddisgyblaeth ddangosodd e, trwy lwyddo i wneud cymaint, edmygedd mawr yno' i – ac felly hefyd ei ddawn e fel cyfansoddwr. Mae e wedi ysgrifennu caneuon a fydd byw byth, mae'n debyg. Rhwng popeth, mae Dafydd Iwan yn dipyn o arwr yn fy ngolwg i.

Rwy wedi ceisio bod yno'n gefn iddo ar adegau anodd yn ei fywyd, fel yr amser pan chwalodd ei briodas gyntaf. Rwy'n meddu ar berthynas hapus a chlòs gyda'r plant o'i briodas gyntaf â Marian – sef Llion, Telor ac Elliw Haf. Mae Telor, fel ei Wncwl Huw, yn gwirioni ar Man U ac rydan ni'n dau wedi rhannu ambell i wefr yn deillio o hynny! Erbyn hyn wrth gwrs, mae cangen a chenhedlaeth arall o'r teulu Iwan wedi'n cyrraedd sef Caio a Celt, plant Dafydd a Bethan. Braf yw eu gweld bob amser, ac rwy'n falch fod y cwlwm rhyngom yn parhau yn un tyn.

Cythryblus, efallai, yw'r gair i ddisgrifio perthynas Arthur Morus a finnau. Mewn sawl ffordd, mae e'n debyg iawn i fi. Y rebel. Yr un sy'n gwrthod cydymffurfio. Efallai mai dyna oedd i gyfrif am yr anesmwythyd rhyngom. Er gwaetha hynny, fe lwyddon ni'n dau i barhau'n ffrindiau drwy'r blynyddoedd cynnar; dim ond wrth inni nesu at y canol oed yr aeth pethe'n wirioneddol ddrwg rhyngon ni.

Mewn pentre bach o'r enw Cwmpengraig, ger Dre-fach, Felindre, y mae e'n byw. Mae'n berchen ar ffatri wlân yno. Yn ogystal â'i ddawn ar y gitâr, y soniwyd amdani eisoes, mae e hefyd yn wehydd arbennig o dda, ac yn arlunydd glew hefyd.

Mae 'na gymaint o bethau amdano i'w hedmygu, ond efallai na welais i hynny'n iawn tan yn lled ddiweddar. Dim ond yn ystod y saith neu wyth mlynedd diwethaf y daethon ni'n ffrindiau eto. Pan ddaeth e i 'ngweld i mor gyson yn Ysbyty Treforus yn ystod haf 2005, rhoddodd bleser aruthrol i mi. Nid unwaith neu ddwywaith y daeth e, ond sawl gwaith – deirgwaith mewn wythnos weithiau, a hynny yng nghanol yr haf, y tymor pan fyddai ei fusnes ar ei brysuraf. Fe werthfawroges i hynny ac roedd ei gwmni a'i gefnogaeth drwy gyfnod anodd yn hwb gwerthfawr iawn i mi.

Alun Ffred a fi sydd â'r berthynas agosaf ohonom i gyd, rwy'n credu. Pan oedden ni'n blant mi fydde fe'n edrych lan ata i. Y fi, wedi'r cwbl, oedd y brawd mawr. Y fi aeth ag e i'w gêm ryngwladol gyntaf. Y fi aeth ag e i sawl lle am y tro cyntaf. Drwyddi draw, ry'n ni wedi treulio llawer o oriau difyr iawn yng nghwmni'n gilydd.

Ac yntau ond yn flwydd neu ddwy oed, mi fyddwn i'n mynd ag e am dro ambell ddydd Sadwrn, gan wthio'r dyn sydd bellach yn Aelod dros Gaernarfon yn y Cynulliad Cenedlaethol mewn *push-chair* ar hyd Ffordd Llandeilo reit i'r pen draw, i lawr Cwm Nant Moel i Frynaman Isaf ac yn ôl drachefn. Rhyw wyth neu naw oed fydden i wedi bod ar y pryd a bydde pobl yn dod i siarad â ni a'n cyfarch ar y siwrne.

Yn ddiweddarach, daeth yn amlwg ein bod ni'n rhannu diddordeb mewn chwaraeon. Ar un adeg fe fuodd Alun Ffred yn chwarae pêl-droed i dîm Llanuwchllyn fel gôl-geidwad ac mae e hefyd yn gricedwr da.

Pan gafodd e 'i ethol i'r Cynulliad roedd amryw yn dweud ei bod hi'n golled i deledu Cymraeg. Yn ogystal â sgriptio a chynhyrchu gyda'i gwmni, Ffilmiau'r Nant, roedd ganddo rywbeth arbennig iawn i'w gynnig fel cyfarwyddwr – dyna mae pob actor neu actores a weithiodd gydag e erioed wedi'i ddweud wrtha i. Ond, yn rhyfedd iawn, dim ond unwaith mae'r ddau ohonom wedi cydweithio ar ddim, sef cyfres o'r enw *Rhew Poeth*, 'nôl yn nyddiau cynnar S4C.

Ar wahân i'r diddordeb ar yr aelwyd gartref, cafodd Alun Ffred ei drwytho ym myd y ddrama gan Mr Maurice Jones, ei athro Saesneg yn Ysgol y Berwyn, y Bala. Mi fydde hwnnw'n mynd â chriw o ddisgyblion i'r theatr yn rheolaidd yn Stratford a Llundain.

Mae tri o blant gan Alun Ffred – Deio, Ifan a Gwenllian. Roedd 2005 yn flwyddyn aruthrol o anodd iddyn nhw yn dilyn colli eu mam, Alwen, ond mae'r tri wedi dangos cadernid ac urddas wrth ddelio gyda'u galar. Fel sy'n digwydd gyda'r pethau hyn, daeth yr ergyd i'w rhan ar ddechrau blwyddyn dyngedfennol i'r tri ohonynt – Gwenllian yn cwblhau ei chyrsiau TGAU, Ifan ar ei flwyddyn olaf yng Ngholeg Menai a Deio'n graddio yn Aberystwyth. Maen nhw wedi dal ati trwy'r cyfan, ac wedi llwyddo. Rwy'n ymfalchïo yn eu llwyddiannau a mawr yw fy edmygedd ohonynt.

Mae'n bosib mai dim ond gyda threigl amser y daw dyn i lawn werthfawrogi'r cwlwm sy'n ei uno â'i dylwyth. Yn fy achos i a'm brodyr, mae byd y ddrama, teledu, adloniant, chwaraeon, gwleidyddiaeth a busnes ymhlith yr elfennau hynny sy'n plethu trwy fywydau'r pedwar ohonom. Wrth gwrs, bu digon o wahaniaethau rhyngom hefyd ar draws y blynyddoedd, ond mater o gydbwysedd yw hi yn y diwedd, ac fe sicrhaodd y cydbwysedd hwnnw fod y perthyn rhyngom bob amser yn gyfystyr â chwmnïaeth dda.

Ffrindiau ar hyd y daith

Yn ogystal â theulu agos, rhaid cydnabod dylanwad ffrindiau clòs cyn cau pen y mwdwl. Wrth sôn am fagwraeth a gyrfa, rwy wedi crybwyll amryw byd ohonyn nhw'n barod, ond fyddai fiw imi honni 'mod i wedi 'cofio pwy ydw i' yn llawn heb gydnabod fel y cafodd fy mywyd ei gyfoethogi gan eraill hefyd.

Dyna ichi Gerallt Davies a'i deulu, er enghraifft. Des i nabod Gerallt yn wreiddiol dros chwarter canrif yn ôl, trwy ein diddordeb mewn rygbi. Erbyn hyn mae e'n ymgynghorydd ariannol imi, ond pwysicach hyd yn oed na hynny imi yw ein cyfeillgarwch.

Mae ganddo fe a'i wraig, Wendy, ddwy ferch, Catrin a Cari-Fflur, sy'n nofwyr tan gamp. Mae'r ddwy wedi cynrychioli Cymru ac roedd Cari-Fflur yn rhan o'r sgwad Brydeinig mas yn y Gêmau Olympaidd yn Athen. Hi hefyd yw cariad David Davies, y Cymro o'r Barri sydd wrthi'n prysur gwneud enw iddo'i hun ym myd nofio.

Pan o'n i'n dal yn berchen ar y fflat yng Nghaerdydd mi fydde Wendy a'r merched yn dod i aros yn aml. Dim ond tafliad carreg o'r fflat yn Westgate Street oedd yr hen Empire Pool (gafodd ei ddymchwel i wneud lle i'r Stadiwm newydd), lle bydden nhw'n dod i gael hyfforddiant. Bydd y ddwy yn aml yn tynnu fy nghoes mai diolch i fi y maen nhw wedi cyrraedd y safon wnaethon nhw. Cyfraniad pellach gan Huw Ceredig i fyd chwaraeon yng Nghymru!

Yn Aberystwyth y mae Gerallt a Wendy'n byw. A does dim yn

anghyffredin yn hynny. Gallaf ddweud yn ffyddiog 'mod i'n ddigon ffodus i gael ffrindiau ym mhob cwr o Gymru. Ond, ar lawer cyfrif, dyn ei fro yw Huw Ceredig yn y bôn, yn fwy felly, efallai, nag y byddai amryw yn ei sylweddoli.

Pan nad yw gwaith neu ddiddordebau yn 'y nhynnu i o 'nghynefin, mae llwyth o gyfoedion yn Nhrelales i gyfoethogi bywyd gyda'u berw o gwmnïaeth. Ar ben y rhestr fe rown i Norman Davies a'i deulu – Pam, Alun, Wyn, Keith a Lisa. Des i adnabod Norman pan ddes i i fyw yn y pentref gyntaf, ac mae ymhlith y criw bychan hwnnw sy'n ffrindiau penna imi.

Ymgartrefodd ei chwaer, Gwyneth Poacher, yn yr ardal hefyd, a bu hi'n ddiflino yn ei gwaith dros hosbis Sandville. Mae llawer iawn o ymdrechion codi arian y pentref yn mynd i gefnogi'r fenter wirfoddol hon, a braint bob amser yw gallu gwneud beth alla i i helpu Gwyneth yn yr ymdrechion hynny.

Un y dois i'w adnabod yn fy nyddiau cynnar yn y pentref oedd John Spedding. Byddem yn treulio oriau yn chwarae cardiau yn y Mackworth gyda'n gilydd – y fi'n athro ifanc yn dechre mas ar fy ngyrfa a John yn tynnu i oed gyda bywyd anhygoel o liwgar y tu cefn iddo. Roedd e'n arddwr ardderchog, fel ei feibion ar ei ôl e, ac fe ddysgais i lawer wrth droed y meistr.

Un arall fu'n gyfaill da iawn i mi oedd Dai Hayward, y chwaraewr rygbi rhyngwladol. Gŵr o Grymlyn oedd Dai, ond daethom yn ffrindiau oherwydd ei fynych ymweliadau â Threlales tra oedd yn caru 'da Afis Davis, ffrind i Margaret a minnau. Dai fu'n gyfrifol am fy nghyflwyno i i hyfrydwch cymoedd Sir Fynwy am y tro cyntaf erioed, ac ar draws y blynyddoedd fe dyfodd fy ngwybodaeth i am Sir Fynwy yn union fel ag y gwnaeth y cyfeillgarwch rhyngof fi a Dai. Roedd yn ddyn arbennig iawn, yn berson yr oeddwn yn chwilio am ei gwmni yn aml, ac erbyn heddiw mae'n un y mae gen i hiraeth aruthrol ar ei ôl.

Byddwch wedi casglu, ar ôl y mynych gyfeiriadau ati, mai'r Mackworth yn Nhrelales yw fy nhafarn leol. Dyna lle bydda i'n cwrdd â chyfeillion fel Geoff Maddock, Jeff Stoddard a Colin Whittingham. Mae fy adnabyddiaeth o Geoff Maddock yn mynd yn ôl i 'nyddiau cynnar yn y fro, tra daeth Jeff Stoddard, sy'n ddeintydd, i mewn i'r cylch cyfeillgarwch rai blynyddoedd yn ddiweddarach. Ond mae sawl tafarn arall yn y cyffiniau lle rwy wedi llyncu ambell beint a meithrin ffrindiau.

Dyna ichi'r Tap, sef The Old Winehouse, yn y Pîl. Hen enw'r porthmyn ar y lle oedd y Tap – ac er i oes y porthmyn fynd heibio, arhosodd yr enw'n fyw ar lafar gwlad hyd heddiw. Tony a Brenda sydd wedi rhedeg y lle yn y blynyddoedd diwethaf hyn – dau hoffus dros ben a dau ffrind da i Margaret a minnau. Mae'r un disgrifiad yn gwneud y tro i'r dim i David a Ricky, y ddau sy'n rhedeg y New House yng Nghorneli.

Yn ogystal â threulio amser mewn tafarndai, rwy hefyd wedi treulio oriau lawer mewn bwytai, ac mae'n debyg mai oherwydd hynny yr wyf bellach yn canfod fy hun yn ffrindiau da â nifer fawr o Eidalwyr ar hyd a lled de Cymru. Gallaf olrhain fy adnabyddiaeth i o rai ohonyn nhw yn ôl bron i hanner canrif erbyn hyn – digon o amser i ni fod wedi dod i nabod ein gilydd yn dda iawn, iawn!

Fe soniais eisoes am y cyfeillion hynny a gollwyd ar y trip i Fenis, ond dylwn yn sicr gydnabod fy nghyfeillgarwch â Tony Venditto. Pan ddes i i nabod Tony gyntaf roedd e'n ŵr ifanc, newydd gyrraedd i Gymru o'r Eidal, ac yn gweini arna i yn hwyr y nos yn Mario's ar Ffordd Casnewydd. Erbyn heddiw mae'n ddyn busnes llwyddiannus iawn a chanddo nifer o glybiau a thai bwyta yng Nghaerdydd. Trwyddo fe yr es i i'r Eidal gyntaf, ac rwy wedi mwynhau sawl ymweliad yno oddi ar hynny. Rwy wedi rhannu amseroedd da iawn gyda Tony, ac mae'r cyfeillgarwch cysurus rhyngom wedi parhau.

Dau ffrind arall da i mi yw John Davies a'i bartner, Val. Trwy Tony Venditto y dois i i'w nabod nhw flynyddoedd yn ôl ac maent wedi agor eu bwyty llwyddiannus eu hunain yn Llandaf erbyn hyn. Maen nhw ymhlith y ffrindiau amrywiol hynny sy'n diwallu anghenion y *bon viveur* yno i, gan wneud hynny mewn awyrgylch groesawgar a chartrefol.

Lle arall rwy'n teimlo'n hynod gartrefol ynddo yw yng nghwmni merched. Rwy jest wedi dwlu ar eu cwmni erioed ac fe fuon nhw'n bwysig yn fy mywyd i o oedran ifanc. Merched yw'r rhain y gallaf godi'r ffôn arnyn nhw a chael sgwrs neu drefnu i'w cwrdd i fynd mas am bryd o fwyd heb unrhyw gwestiwn o berthynas o fath gwahanol rhyngon ni. Cyfeillgarwch pur. Dros y blynyddoedd mae sawl un wedi dod ata i i fwrw'u bol, rhai yn eu dagrau weithiau, a fi fyddai'r Marjorie Proops yn ceisio'u cynghori nhw beth i'w wneud!

Trwy weithio ar raglenni plant gyda'n gilydd y des i nabod Siw Hughes ac Olwen Rees gyntaf, dros ddeng mlynedd ar hugain yn ôl. Gyda rhai pobl, mi fyddwn ni i gyd, mae'n siŵr, yn teimlo ein bod ni ar yr un donfedd yn syth – ac felly y bu hi gyda Siw ac Olwen. Pobl hynod hawdd gweithio 'da nhw a dwy y mae'n hyfrydwch pur cael bod yn eu cwmni.

Roedd yr un peth yn wir am Myfanwy Talog – mae'r atgofion sydd gen i o nosweithiau diddan yn ei chwmni yn ddirifedi. Fe geisiodd fy mherswadio i fynd ar ddeiet 'da hi rywdro – bwyta dim byd ond pinafalau am ddeuddydd ar y tro! Pharodd hynny ddim yn hir. Pan fu farw mor drasig o gynamserol rown i'n teimlo colled anferth, nid yn unig dros actores ddawnus, ond yn fwy personol hefyd, am fod ffrind da wedi mynd.

Actores arall sy'n glamp o gymeriad yw Iola Gregory – fel perfformwraig mae hi'n ddewr ac fel cymeriad mae hi'n gadarn. Pan adawodd hi *Pobol y Cwm* fe gawsom ni yffarn o barti cofiadwy. Roedd pawb yn bresennol yno – ac roedd hynny'n bendant yn arwydd o'r parch oedd iddi ymhlith ei chyfeillion a'i chyd-weithwyr.

Fyddai fiw i mi gloi'r rhestr actoresau sydd wedi bod yn gyfeillion agos heb enwi Christine Pritchard. Rwy wedi cydweithio llawer â hi o'r cyfnod cynharaf yn fy hanes fel actor proffesiynol, ac rydyn ni'n adnabod ein gilydd yn bur dda erbyn hyn. Mae hi'n actores ddawnus, yn un yr wy'n ei hedmygu, ac ar ben hynny mae hi'n gymeriad hoffus iawn.

Dim ond gyda merched y rhannes i 'nghartref erioed. Ar wahân i Margaret a thair o ferched, mi fu hen fodryb i Margaret, Anti Nel, yn byw 'da ni hefyd am gyfnod. Fuodd yr un gwryw erioed *in residence* yng Ngwehelog heblaw amdana i, ac rwy'n cofio nodi hynny yn fy mharti pen blwydd yn hanner cant i lawr yn y Mackworth, gan ddweud bod hyd yn oed pob cath fu gennym yn gathod benywaidd! Does ryfedd felly 'mod i'n dwlu ar gwmni menywod – fe welwch 'mod i wedi hen arfer 'da nhw!

Dal i deithio ...

Fe ges lifft gan Gwyn Llywelyn o stiwdios y BBC yng Nghaerdydd i Gaernarfon un tro. Gwyn yn gwibio fel cath i gythraul – mae ei yrru cyflym yn ddiarhebol! – a finnau'n parablu'n ddi-baid. Adrodd hanes ambell i ffermdy neu fwthyn wrth ruthro heibio iddynt oeddwn i, neu sôn am dafarn neu siop tships y gallwn eu cymeradwyo fan hyn a fan 'co.

Chwarae teg i Gwyn, fe ddywedodd wrtha i ar ôl cyrraedd nad oedd erioed wedi bod ar daith ddifyrrach rhwng de a gogledd Cymru.

Ydw, rwy'n adnabod Cymru'n dda iawn – ac rwy wedi dod i 'nabod fy hunan yn lled dda hefyd wrth deithio trwy'r hen fyd yma.

Rhennais deithiau 'da amryw byd o bobol ar hyd y ffordd – yn llythrennol felly, gan nad wy'n gyrru – a licsen i feddwl 'mod i wedi bod yn gwmni da i lawer ar hyd fy oes. O'm rhan fy hunan, rwy'n gwybod 'mod i'n ddyledus i luoedd am wneud fy nhaith bersonol i yn un uffernol o ddifyr.

Yn anorfod, wrth i ddyn deithio'n bellach ar hyd llwybrau bywyd, mae'n rhaid dygymod yn amlach â'r orchwyl drist o ffarwelio â ffrindiau a pherthnasau. Bu'r ergydion yn taro'n fwy cyson yn ddiweddar ac all dyn wneud dim, dim ond ceisio rhannu baich galar a thrysori atgofion. Daw profiad â dealltwriaeth yn ei sgil, ac fe wn i erbyn hyn fod gwir gyfeillion yn ennill eu lle yn y galon ac yn aros yn fyw yn y cof.

Rwy wedi ceisio crybwyll cymaint o'r 'cyd-fforddolion' ag y medrwn i, ond all y rhestr byth â bod yn gyflawn, yn un peth oherwydd bod cymaint ohonoch chi, ond hefyd am fod y daith ddifyr hon yn dal i fynd yn ei blaen. Mae llefydd i ymweld â nhw o hyd. Gwaith i'w gyflawni. Rhannau i'w chwarae. A siawns nad oes yna sawl Huw Ceredig ar ôl eto i'w datguddio yn y dyfodol – rhai a fydd yn synnu pawb, efallai, gan gynnwys fi'n hunan!

Go brin y gall fod 'na unrhyw Huw Ceredig ar ôl i synnu Margaret. Hi yw'r graig a'r angor a'r ffrind gorau a ges i erioed. Hebddi hi, allwn i ddim bod wedi teithio'r llwybrau hynny sydd wedi dod â chymaint o foddhad i mi. Yn anorfod, edrych tua'r gorffennol y mae rhywun yn ei wneud wrth hel atgofion ac adrodd hanes bywyd, ond wrth edrych i'r dyfodol fy ngobaith mawr yw y cawn ni'n dau flynyddoedd lawer eto gyda'n gilydd. Rwy'n gobeithio y cawn ni gyfleoedd amrywiol i joio a theithio byd, y cawn ni'n dau barhau i fod yn rhan o fywydau Lowri a'i gŵr Nick, a Leah a'i phartner Ash, ac y cawn ni'n dau rannu'r pleser o weld ein hwyrion yn tyfu.

Cafodd Siôn Huw ac Elin Mai eu geni mewn canrif wahanol i'w tad-cu – fe welan nhw fywyd a fydd, mewn llawer ffordd, yn wahanol iawn i'r un y mae e wedi'i fwynhau. Maen nhw'n cael dechreuad da, rwy'n gwybod hynny, ac mae 'da fi bob ffydd y cawn nhw, yn eu tro, deithio llwybrau difyr bywyd. A phetai un ohonyn nhw byth yn digwydd gofyn am air o gyngor, yr unig ateb y byddwn i'n mentro ei gynnig yw geiriau doeth eu hen dad-cu: 'Cofia pwy wyt ti'.